U0716689

契诃夫：藏在书信里的心灵散记

〔俄罗斯〕契诃夫◎著　天宇◎译

中国华侨出版社
北京

图书在版编目（CIP）数据

契诃夫：藏在书信里的心灵散记／（俄罗斯）契诃夫著；
天宇译. —北京：中国华侨出版社，2020.11
　　ISBN 978-7-5113-8156-9

　　Ⅰ.①契… Ⅱ.①契… ②天… Ⅲ.①契诃夫（Chekhov,
Anton Pavlovich 1860—1904）—书信集 Ⅳ.①K835.125.6

中国版本图书馆 CIP 数据核字（2020）第 143768 号

契诃夫：藏在书信里的心灵散记

著　　者／（俄罗斯）契诃夫
译　　者／天　宇
责任编辑／王　委
策　　划／周耿茜
封面设计／胡椒设计
经　　销／新华书店
开　　本／880 毫米×1230 毫米　1/32　印张／12　字数／245 千字
印　　刷／三河市华润印刷有限公司
版　　次／2020 年 11 月第 1 版　2020 年 11 月第 1 次印刷
书　　号／ISBN 978-7-5113-8156-9
定　　价／56.00 元

中国华侨出版社　北京市朝阳区西坝河东里 77 号楼底商 5 号　邮编：100028
法律顾问：陈鹰律师事务所
编辑部：（010）64443056　64443979
发行部：（010）64443051　传真：（010）64439708
网　　址：www.oveaschin.com
E-mail：oveaschin@sina.com

前　言

　　安东·巴甫洛维奇·契诃夫是 19 世纪俄国最伟大的现实主义作家之一，也是杰出的剧作家，与法国作家莫泊桑和美国作家欧·亨利并称世界三大短篇小说巨匠。可以说，他是 19 世纪末俄国现实主义文学的杰出代表。

　　1860 年 1 月 29 日，契诃夫在塔甘罗格市出生，父亲帕维尔·耶戈罗维奇·契诃夫是一个小商人，开了一间杂货铺。老契诃夫家中共有六个孩子，其中五个是男孩，契诃夫排行第三。原本在父亲的操持下，一家人还算衣食无忧。但是在 1876 年，杂货铺破产，父亲带着一家人迁往莫斯科，只有契诃夫留在塔甘罗格，一个人为生活打拼，还要支付学费。对于契诃夫来说，这是一段艰难的时光。

　　1879 年，契诃夫进入莫斯科大学，并于五年后毕业，走上了文学创作的道路。契诃夫非常有幽默感，创作的小说情节紧凑，简单朴素，节奏感十足，能够引发读者的思考。契诃夫善于挖掘具有典型意义的人和事，塑造具有典型性格的小人物，以小见大地反映当时俄国社会的真实情况，他的代表作《变色龙》《套中人》《第六病室》都属此类。他的作品有三大特征：嘲笑丑恶，同情贫苦大众，揭露沙皇统治下不合理的社会制度和社会的丑恶现象。

除了文学作品，契诃夫还给我们留下了一笔宝贵的财富，就是他的书信。终其一生，契诃夫写了四千多封书信。在这些书信中，他真情流露，表达了自己很多可贵的主张，还总结了自己的创作经验，并对高尔基进行了指导。他肯定高尔基是个天才，并对其十分维护，给了初登文坛的高尔基极大的鼓励和支持。此外，他在信中还提到了很多名家，如列夫·托尔斯泰、果戈理、屠格涅夫、布宁、库普林等，并给出了较为客观公正的评价。如果我们仔细研读这些书信，就能体会契诃夫在不同人生阶段的心路历程，对于更好地了解契诃夫有很大的帮助。

在这些书信中，需要重点指出的是契诃夫跟苏沃林的通信。他们相识于1885年，此后就经常书信往来，关系十分亲密，和苏沃林的通信在本书中的占比也最高。后来两个人关系有所疏远，但从未决裂。

除了一些工作上的来信，还有契诃夫给后来成为他妻子的奥·列·克尼佩尔的很多书信，信中情意绵绵，还有对克尼佩尔的鼓励，从中我们能够看到契诃夫柔情的一面，也能看出这对夫妻的相互鼓励与扶持，读来令人心动。

到了晚年，契诃夫的书信中越来越体现出这样一种观念：文学家一定要有正义感，并身体力行，在生活中伸张正义。

这本书收录了安东·巴甫洛维奇·契诃夫四千多封书信中的两百多封，从中不难看出契诃夫的思想发展脉络及其生活的变化。通过这些书信，我们能看到一个更加真实、更接地气的伟大作家。这些书信中闪耀着契诃夫的智慧之光，能够让我们获益良多。仔细阅读这些书信，我们就能更好地了解他，了解他的思想和他的为人，从他身上学到一些弥足珍贵的东西。

目 录

致米·巴·契诃夫①

1876 年 7 月 1 日，塔甘罗格

亲爱的兄弟米沙：

我在百无聊赖之时收到了你的信，当时我正坐在门口打哈欠，所以你可以判断出这封信来得多么恰到好处。你的文笔很好，在整封信中我没有发现一个拼写错误。但有一件事我不喜欢：你为什么把自己称为"你那没用、无足轻重的兄弟"？你意识到自己的渺小了吗？你知道应该在什么场合承认自己的渺小了吗？应该在上帝面前；在美丽、智慧、自然面前，但不是在人面前。在人群中，你必须意识到自己的尊严。哎呀，你不是流氓，而是个诚实的人，不是吗？作为一个诚实的人，要尊重自己，要知道诚实的人并不是毫无价值的。不要把"谦逊"与"认识到自己一无是处"混为一谈［……］

读书是件好事。养成这样的习惯，随着时间的推移，你会开始重视这个习惯。比彻－斯托夫人让你流泪了吗？我读过她的作

---

① 契诃夫的弟弟，作家、翻译家。

品一次，六个月前又读了一次，目的是研究她，读完后我有一种不愉快的感觉，就像吃了太多葡萄干后对葡萄干产生厌恶的感觉一样［……］阅读《堂吉诃德》是件好事。这是塞万提斯写的，据说他几乎可以与莎士比亚媲美。我建议我的兄弟们读读屠格涅夫的《哈姆雷特和堂吉诃德》——如果他们还没有读过的话。你不会明白的，亲爱的。如果你想读一本不会让你感到厌烦的旅行书，那就读一读贡萨洛夫的《护航舰帕拉达》。

［……］我要带一个房客来，他每个月付 20 卢布，在我们的监督下生活。如果考虑莫斯科的食品价格和母亲对寄宿者充满热情的特点，即使 20 卢布也是不够的。［……］

致堂兄米·契诃夫

1877 年 5 月 10 日，塔甘罗格

［……］如果我给我的母亲写信，让她照顾好你，请你和她单独在一起的时候把信给她。生活中有些事情只能向一个人倾诉，一个可以信任的人。正因如此，我才会在其他人不知情的情况下给母亲写信，对他们来说，我的秘密是相当无趣的，或者说是多余的 ［……］我的第二个要求更为重要，请继续安慰我的母亲，她在身体上和精神上都崩溃了。她发现你不仅仅是一个侄子，而且比一个侄子要好得多。我母亲的性格是这样的，别人的精神支持对她是一个很大的帮助。这是一个愚蠢的要求，不是

吗？但是你会理解的，尤其是我说的"道德"，也就是精神上的支持。在这个邪恶的世界上，没有人比我们的母亲更亲近我们，所以你要安慰你卑微的仆人——我那疲惫不堪的母亲，这将极大地帮助她。

致叔叔契诃夫

1885 年，莫斯科

[……] 去年夏天我没能来看您，是因为我帮一位去度假地区的医生朋友代班了，但今年我希望去旅行，因此也不能去看您。去年 12 月，我突然吐血，并决定从文学基金中拿些钱出国一趟，这将对我的健康有利。我现在好了一点，但我仍然认为我必须出去旅行。每当我出国，或者去克里米亚，或者去高加索，我都会经过塔甘罗格。

很抱歉我不能和您一起为我的故乡塔甘罗格服务。我确信，如果我在那里工作，会更平静、更愉快、更健康，但留在莫斯科，似乎是我命中注定。我的家和事业都在这里。我有两种工作。作为一名医生，我应该在塔甘罗格放松下来，忘记吃药，但在莫斯科，医生连去俱乐部打牌的时间都没有。作为一个作家，除了在莫斯科或彼得堡，我一无是处。

我的医疗工作正在一点一点地开展。我继续治疗患者。每天都得花超过 1 卢布的钱搭出租车。我有很多朋友，因此也有很多病人。其中一半的病人我不得不免费治疗，另一半的病人每次给我 3 ~ 5 个卢布……我还没有发财，而且还要过很长一段时间才能发财，但我手头还算宽裕，什么都不需要。只要我活得好好的，家庭地位就是稳固的。我买了新家具，租了一架好钢琴，雇了两个仆人，还举办了音乐和歌唱的小型晚会。我没有债务，也不想借钱。直到不久前，我们还在肉店和杂货店开账户，但现在我已经不再开了，我无论买什么生活用品都用现金支付。以后会发生什么，无从知晓；事实上，我们没有什么可抱怨的 ［……］

致尼·亚·列伊金①

1885 年 10 月，莫斯科

［……］您建议我去彼得堡，和胡杰科夫人进行商谈，说彼得堡可不是中国。我知道不是，您也知道，我早就意识到了去那儿的必要性，但是我该怎么办呢？由于我们是一个大家庭，我连可以自由支配的 10 卢布都没有，即使我以最不舒服和最吝啬的方式去那里，至少也要花费 50 卢布。我怎样才能拿到这笔钱？我不会从家人那里榨取，我也认为不应该这样做。如果把晚餐的两道菜减到一道菜，我会感到良心的煎熬 ［……］保持收支平衡对我来说是件非常重要的事情，一旦收支失去平衡，就会带来很

---

① 幽默刊物《花絮》的主编。

多麻烦。我想，如果下个月我少赚二三十卢布，就会失去平衡，陷入困境。我非常担心钱的问题，由于在金钱事务上非常懦弱，所以我尽量避免借贷和赊账。我行动并不困难。如果有钱，我会无休止地从一个城市飞到另一个城市。［……］

致阿·谢·苏沃林
1886 年 2 月 21 日，莫斯科

谢谢您对我作品的赞美，谢谢您这么快就发表了我的故事。您可以想象，像您这样有经验、有天赋的作家对我的关注是多么的鼓舞人心。

我同意您对我故事结尾的看法，谢谢您的建议。在过去的六年里，我一直在写作，但您是第一个不厌其烦地给我建议和解释的人。

我写得不多——每周不超过三篇短篇小说。

致德·瓦·格里戈罗维奇①
1886 年 3 月 28 日，莫斯科

我善良、热情、可爱的佳音使者，您的来信像闪电一样击中

---

① 格里戈罗维奇（1822—1899），俄国作家，中篇小说《乡村》的作者，文坛前辈。

了我。我不知所措，几乎要哭了，现在觉得它在我的灵魂中留下了深深的痕迹！我既找不到言语也找不到行动来感谢您，愿上帝保佑您的晚年，就像您爱抚我的青春一样。您知道普通人用什么样的眼光看待像您这样的人，所以您可以判断出您的来信对我的自尊心意味着什么。这比任何奖状都好，对于一个刚刚开始写作的作家来说，它既是现在的报酬，也是未来的报酬。我几乎要晕过去了。我无法判断是否应该得到这么高的报酬。我只好重复一遍：它让我不知所措。

如果我有值得人们尊重的天赋，那么我要在您真诚的心面前承认：到目前为止，我并没有尊重它。我觉得我有天赋，但已经养成了认为它微不足道的习惯。纯粹的外部原因足以使一个人对自己不认同、多疑，以及不信任自己。正如我现在意识到的，我总是有很多这样的原因。我所有的朋友和亲戚对我的写作总是采取一种居高临下的态度，并且从未停止以友好的方式敦促我不要为了涂鸦而放弃真正的工作。我在莫斯科有数百个朋友，其中有十几个作家，但我想不起有谁读过我的作品，或者认为我是艺术家。莫斯科有一个所谓的文学圈：各种年龄和肤色的有才华的人和平庸之辈每周一次聚集在一家餐馆的包间里，夸夸其谈。如果我去那里读您信中的一段，他们都会当面嘲笑我。五年来，我给很多报刊撰稿，已经深刻认识到一点：我在文学上是无足轻重的。我很快就习惯了不苛责自己的作品，写到哪里算哪里。这是第一个原因。第二，我是一名医生，在医疗工作中忙得不可开交，所以"一箭双雕"这个成语最妨碍我睡觉，超过了它对任何一个人的妨碍。

我把这一切写给您，是为了在您面前对这种严重的罪行稍微申辩一下。迄今为止，我对我的文学作品的态度一直是轻浮的、粗心的、漫不经心的。是否花过一昼夜写一个故事，我已经不记得了，而您喜欢的《猎人》，是我在浴室里写成的。就像记者们机械地、半无意识地写关于火灾的报道一样，我写小说的时候也非常机械，没有考虑读者或我自己……我写了又写，尽了最大努力不让自己在故事中浪费那些对我来说至关重要的场景和影像——天知道为什么——我把它们珍藏起来，小心翼翼地隐藏起来。

我第一次有自我批评的冲动，是在收到一封来自苏沃林的非常友好的信的时候，而且就我的理解，这是一封真诚的信。我开始考虑写点像样的东西，但仍然不相信自己能成为一个好作家。然后，意想不到的是，您的来信到了。请原谅我这样比较：这对我产生的影响，就像一位州长命令我在 24 小时内离开这座城市——也就是说，我突然觉得必须抓紧时间，赶快离开我被困住的地方……

我完全同意您的意见。当看到印刷版的《女巫》时，我自己也感觉到了内容上的污秽之处。如果我不是在一天之内，而是花三四天的时间去写这个故事，就不会出现这种情况了。

我将避免争分夺秒地写作，但短期内还做不到……我已经陷入千篇一律的生活，要摆脱它是不可能的。我并不反对像过去那样挨饿，但这不是我自己的问题……我把业余时间贡献给了写作，白天有两三个小时，晚上也有一点时间，也就是说，这一点时间只能用来写点小东西。在夏天，当我有更多的时间，花费也比较少的时候，我会用心写作。

我不能把真名写在书①上，因为为时已晚：封面的设计已经准备好了，书也印好了。我在彼得堡的许多朋友甚至在您之前就建议我，不要用笔名糟蹋这本书，但我没有听他们的，这可能是出于虚荣心。我非常不喜欢自己的书。这是一锅大杂烩，是我还是学生时胡乱拼凑写出来的东西，而且它们还经过了审查员和漫画报纸编辑的挑选。我敢肯定，许多人读了之后会感到失望。如果我早知道有人会读，而且您在关注着我写作，我是不会出版这本书的。

我把所有的希望都寄托在未来。我才 26 岁，还来得及做一些有可能成功的事情，尽管时间过得很快。

请原谅我给您写了这么一封长信，不要责怪我，因为这是我有生以来第一次大胆地享受给格里戈罗维奇写信的乐趣。

如果可能的话，把您的照片寄给我。您的好意使我不知所措，让我觉得该给您写的不是一张信纸，而是整整一令纸。愿上帝赐予您健康和幸福，我深深地尊敬您，感激您。

———————————

① 1886 年出版的契诃夫小说集《五颜六色的故事》，当时的署名是契洪特。

致尼·亚·列伊金

1886 年 4 月 6 日，莫斯科

我病了。吐血，身体十分虚弱。我没有写任何东西……如果明天无法坐下来写信，您一定要原谅我——我不会给您寄复活节的故事。我应该去南方，但是没有钱。我害怕让同事听到我的声音。我倾向于认为与其说是我的肺有问题，不如说是我的喉咙有问题。我没有发烧。

致玛·符·基谢廖娃[①]

1886 年 6 月，巴布基诺

《爱无涟漪》（小说）第一部

已经中午了……夕阳以其深红、炽热的光芒为松树、橡树和冷杉树的顶部染上了一层金色……一片寂静，只有鸟儿在空中唱歌，远处一只饥饿的狼哀嚎着……司机转过身来说："又下雪了，先生。"

"什么？"

"我说，又下雪了。"

---

① 俄国儿童文学作家。

"啊！"

弗拉基米尔·谢尔盖奇·塔巴钦，我们故事的主人公，他最后一次望着太阳，死去了。

……

一周过去了……鸟儿和秧鸡在新建的坟墓上空盘旋着，鸣叫着。阳光灿烂，一个年轻的寡妇泪流满面，站在一旁悲痛欲绝，她的整条手帕都湿透了……

致玛·符·基谢廖娃

1886 年 9 月 21 日，莫斯科

成为一名伟大的作家并不是很有趣。首先，这种生活十分沉闷。从早干到晚，没有什么成果。金钱就像猫的眼泪一样稀缺。我不知道左拉和什切德林怎么样，但我的公寓里又冷又潮……和以前一样，他们只在节假日给我香烟。不可思议的香烟！又硬又潮湿，像香肠一样。在开始抽烟之前，我点燃了灯，在上面把香烟烘干才点燃；灯冒着烟，香烟噼啪作响，变成棕色，我烧伤了手指……这足以让一个人开枪自杀！

我病了，正在逐渐变成一只干枯的苍蝇。

[……] 我像过生日一样兴高采烈，但是从布迪尔尼克酒店的女收银员挑剔的眼神来判断，我的穿着并不时髦，衣服也不是全新的。我坐公共汽车出行，不坐出租车。

但是作为一个作家也有其优点。首先，我听说我的书卖得相当不错；其次，10 月份我会有钱；最后，我开始收获桂冠：在小吃店，人们用手对我指指点点，还请我吃三明治。科什在他的剧院里遇到了我，马上给了我一张免费的通行证。我的医学同事们见到我时都叹了口气，开始谈论文学，并跟我说他们已经厌倦了医学。等等。

致尼·巴·契诃夫[①]

1886 年，莫斯科

你经常向我抱怨人们"不理解你"！歌德和牛顿并没有抱怨这一点。只有基督抱怨过，但他说的是他的教义，而不是他自己……人们完全了解你。如果你不了解自己，那也不是他们的错。

我向你保证，作为兄弟和朋友，我全心全意地理解你，感同身受。我知道你的优秀品质，就像我知道自己的五根手指一样；我珍视并深深地尊重它们。如果你愿意，为了证明我理解你，我可以列举出那些品质。我认为你善良到了温柔、宽宏大量、无私的地步，你愿意分享你最后的一分钱；你没有嫉妒和仇恨；你心地单纯，怜悯人类和野兽；你是可信赖的，没有怨恨和狡诈，忘

---

① 契诃夫的哥哥，作家、记者。

却罪恶……你有其他人没有的天赋。这种才能使你超越了数百万人，因为在地球上，200万人中只有一个是艺术家。你的天赋与众不同：就算你是一只蟾蜍或一只狼蛛，人们也会尊敬你，因为只要你有天赋，一切都会被原谅。

你只有一个缺点，你的不快乐都是由于它。那就是你完全缺乏文化。请原谅我，但是真理是美丽的……你看，生活有它的条件。为了在受过教育的人中间感到舒适，为了在家里和他们共享欢乐，一个人必须有一定的文化修养。天赋把你带进了这样一个圈子，你属于它，但是……你被它吸引走了，你在有教养的人和他对面的人之间摇摆不定。

在我看来，有文化的人必须满足以下条件。

1. 他们尊重人的个性，因此他们总是善良、温和、有礼貌，并且乐于向他人屈服。他们不会因为一把锤子或一块印度橡胶而吵架；他们不会把和别人生活在一起当作对别人的恩惠，离开时，他们也不会说"没有人能和你生活在一起"。他们能够原谅噪声、寒冷、干肉和俏皮话以及陌生人出现在他们家里。

2. 他们不仅同情乞丐和猫，他们为眼睛看不见的东西而心痛……他们晚上熬夜是为了帮助警察……为大学里的兄弟们付学费，为他们的母亲买衣服。

3. 他们尊重别人的财产，因此会偿还债务。

4. 他们是真诚的，像害怕火一样害怕说谎。他们甚至不会在小事上撒谎。谎言是对听者的侮辱，在说话者的眼里，谎言使听者处于较低的位置。他们不摆姿势，在街上的行为举止和在家里一样，他们不在谦卑的同志面前炫耀。他们不喜欢喋喋不休，也不喜欢把自己的秘密强加给别人。出于对他人耳朵的尊重，他们经常保持沉默而不说话。

5. 他们不会贬低自己以唤起同情心。他们不会玩弄别人的感情。他们不会说"我被误解了"或者"我变成了二流货色"，因为所有这一切都是在追求廉价的效果，是庸俗的、陈腐的、虚伪的……

6. 他们没有浅薄的虚荣心。他们不喜欢像认识名人和跟喝醉的警察握手一样的假荣耀。他们不会在酒馆里享有盛名……如果他们做了一件价值一便士的事，不会夸大其词，不会像有些人做了一件价值一卢布的事而夸大成像做了一件价值 100 个卢布的事那样趾高气扬地走来走去，他们也不会吹嘘自己拥有别人不被允许入内的地方的入场券……真正的天才总是在人群中默默无闻，尽可能远离吹嘘……甚至连克雷洛夫也说过，空桶的回声比满桶的回声更大。

7. 如果他们遇到有天赋的人，就会尊重对方。他们牺牲休息、女人、美酒、虚荣……他们为自己的才华而自豪……此外，他们很挑剔。

8. 他们很有美感。他们不会穿着衣服睡觉，不允许墙上有布满虫子的裂缝，不愿呼吸糟糕的空气，不会在吐了口水的地板上行走，不会在油炉上做饭。他们寻找尽可能抑制性本能的方法……他们需要灵魂上可以交流的女人而不是一个床上伴侣……他们不需要通过谎言来表现自己的聪明。如果他们是艺术家，希望具备优雅、人性、母性的能力……他们不会整天喝伏特加，不会去闻橱柜，因为他们不是猪，更深知自己不是猪。他们只有在自由的时候才喝酒……因为他们想要健全的心灵寓于健全的身体之中。

诸如此类。这就是有教养的人。为了有文化，仅仅阅读《匹克威克外传》和从《浮士德》中学会一段独白是不够的……

我们需要的是夜以继日不断地工作，不断地阅读、学习，提高意志……每一个小时都是宝贵的。到我们这儿来，打碎伏特加酒瓶，躺下来看书……如果你喜欢的话，你可以读屠格涅夫，你还没有读过他的书。

你必须放下你的虚荣心，你不是一个孩子……你很快就要30岁了。是时候了！

我期待你……我们都在期待你。

致玛·符·基谢廖娃

1887 年 1 月 14 日，莫斯科

[……] 即使您赞美我的作品《在途中》也没有减轻我这个作家的愤怒，我急于为《泥沼》雪恨。请您留神，抓住椅背，不要晕倒。好吧，我开始了。

一个人会以无声的鞠躬面对每一篇批评文章，即使它是辱骂性的和不公正的——这就是文学礼仪。这种批评通常是不用理睬的，而且人们还要公正地指责那些回应批评的人，说他们过分看重自尊。但是，由于您的批评具有"在巴基诺小屋台阶上的一次晚间谈话"的性质……而且，您的批评没有触及小说的文学方面，将问题转为一般评论，所以，如果我们的谈话能够继续下去，我也不会违背"文学礼仪"。

1. 我和您一样，不喜欢我们正在讨论的那种文学。作为一个读者和普通人，我很乐意回避这个问题，但如果您问我关于这个问题的诚实、真诚的意见，我会说，它是否有权利存在仍然是一个悬而未决的问题，无论你我，还是世界上所有的评论家，都没有任何值得信赖的根据，使他们有权拒绝这类文学作品。我不知道哪一个是正确的：是荷马、莎士比亚、洛佩兹·达·维加，还是那些不怕在"垃圾堆"里翻找，但在道德上比我们稳定得多的古人，或是那些在纸面上自负，但在灵魂和生活中冷酷的玩世不恭的现代作家。我不知道谁对美的鉴赏能力差，是那些不羞于把爱描述成真正美丽的自然的希腊人，还是那些阅读加包里奥①、马里茨②、皮埃尔·波波③的读者。就像不抵抗邪恶、自由意志

---

① 法国的一位写作长篇刑事小说的作家。
② 德国女作家。
③ 德国自然主义流派代表作家。

等问题一样，这个问题只有在未来才能解决。我们只能提到它，却没有解决它的能力。您提到了屠格涅夫和托尔斯泰——他们避免使用"垃圾堆"，但这并不能说明什么问题。他们嫌恶"垃圾堆"也说明不了什么。在他们之前有过一代作家，这些作家不仅认为"男盗女娼"是腐败行为，也认为对农民和有名无实的议员级别以下官员的描写也是肮脏的。此外，不管一个时期有多么辉煌，也不能使我们得出有利于这个或那个文学倾向的结论。提到我们正在讨论的文学倾向的消极影响也不能决定这个问题。这个世界上的一切都是相对的和近似的。有些人甚至会被儿童读物腐化，有些人会特别高兴地阅读诗篇和所罗门箴言中那些有伤大雅的段落，而另一些人则会因为更深入地了解生活中肮脏的一面而变得更加纯洁。政治和社会作家、律师和医生被引入所有人类罪恶的奥秘中，并不被认为是不道德的；现实主义作家往往比修士更有道德。最后，任何文学作品都不能超越现实生活中的玩世不恭———一杯酒不能让一个已经喝完一桶酒的人喝醉。

2. 世界上到处都是"男盗女娼"，这句话是千真万确的。人类的本性是不完美的，因此在地球上只看到正义的人反倒非常奇怪。但是，如果认为文学的职责就是从垃圾堆中挖出珍珠，那就意味着拒绝文学本身。文学之所以叫文学，就是因为它描绘的是生活的本来面目。它的使命是绝对真实和诚实。把它的功能缩小到寻找"珍珠"这一特殊任务上，对它来说是致命的，就像让列维坦画一棵树而不让他画肮脏的树皮和黄色的树叶一样。"珍珠"是好东西,这一点我赞同,但是作家不是糖果商,不是化妆品供应商,不是艺人;他是一个负有义务的人,受到自己的责任感和良心的约束;一旦他开始干了,就不能回头,而且,无论多么厌恶,他都必须克服自己的洁癖,用生活的污垢来玷污他的思想。如果一个报社记者出于一丝不苟的心情或出于取悦读者的愿望,只描述廉洁的市长、高尚的女士和正直的铁路承包商,您会怎么说?

对化学家来说,地球上的任何东西都是洁净的。一个作家必须像一个化学家一样客观,他必须抛开个人的主观立场,必须明白粪堆在风景画中起着非常大的作用。而邪恶的激情和美好的激情一样,是生活中固有的。

3. 文学家是自己时代的儿子,因此,像其他人一样,他们必须服从社会生活的外部条件。比如,他们必须是完全正派的。这是我们唯一有权向现实主义作家要求的东西。顺便说一句,您没有说任何一句反对《泥沼》的写法和形式的话……所以我想,我这部作品的写法和形式都比较正派。

4. 我承认我写作时很少与自己的良心交流,原因是我工作的习惯和我工作的渺小。所以当我表达这个或那个关于文学的观点时,我并没有考虑我自己。

5. 您的信中写道:"如果我是编辑的话,为了你好,我会把这篇小品退还给你。"您为什么不更进一步呢?为什么不追究那些出版了这篇小说的编辑们的责任呢？为什么不警告那个不禁止出版不道德的报刊的出版总局呢？

如果文学受到个人观点的摆布，它的命运的确是悲哀的。这是一。其二，没有一个警察认为自己能胜任文学事务。我同意：一个人不能完全免除约束和棍棒，因为恶棍也可以进入文学界，但是对于文学来说，您无论如何都想不出一个比批评作者和自己的良心更好的警察，对吗？自世界诞生以来，人们一直试图发现这样一个警察，但他们没有找到更好的。

比如，您想让我损失115卢布的稿费，想让我被编辑羞辱；其他人，包括您的父亲，读完这个故事都很高兴；有些人给苏沃林寄去了侮辱性的信件，向《新时报》对我进行辱骂。那么，谁是正确的呢？谁才是真正的鉴赏家呢？

6. 您又继续写道："把这样的文字留给那些无精打采、不走运的潦草作家，比如奥克里茨、夹鼻眼镜、阿洛耶①等人。"如果您写这些话的时候是真诚的，上帝会原谅您的！仅仅因为他们是小人物就对他们表现出居高临下和轻蔑的态度，对人的心灵是没有好处的。和在军队一样，文学作品中的低微头衔也不可或缺——这是理智所说的，心灵想说的应该更多。

够了！我的长篇大论使您感到厌烦。如果我知道我的批评会

---

① 奥克里茨，政论家，出版了彼得堡《曙光》杂志。夹鼻眼镜是基谢廖娃的笔名，阿洛耶是契诃夫的哥哥亚·巴·契诃夫的笔名。

变成这么长，我就不会写它了。请原谅我！［……］

您读过我的《在途中》，觉得我的勇气怎么样？我写的是"深奥"的题材，而且并不胆怯，在彼得堡引起了骚动。不久前，我谈到了不抵抗邪恶，也让公众感到惊讶。在元旦那天，所有的报纸都向我致以敬意。在经常发表托尔斯泰的文章的《俄国财富》的 12 月号中，有一篇长达 32 页的文章，作者是奥博伦斯基，题为《契诃夫和柯罗连科①》。这个家伙对我着迷了，他要证明，我比柯罗连科更像一个艺术家。他可能在胡说八道，但无论如何，我开始意识到我的一个功劳：我是唯一一个没有在大型杂志发表作品，只凭借写报纸上的垃圾文章就赢得了迟钝的评论家的注意的人——这种情况以前从未有过……《观察家》杂志骂过我，却因此受到了谴责。在 1886 年年底，我觉得自己就像一块扔给狗的骨头［……］

我写了一个剧本，有四张四开纸的篇幅，需要 15～20 分钟演完。写小东西比写大作品要好得多：它们是朴实而成功的……您还想要什么？我用了一个小时零五分钟写完了我的剧本，又开始了一个新的，但还没有完成，因为我没有时间……

祝萨沙和谢尔盖新年好。

谢廖沙经常收到《环球》杂志吗？

---

① 柯罗连科，俄罗斯作家、批评家，和契诃夫结识于 1887 年。

致叔叔契诃夫

1887 年 1 月 18 日，莫斯科

[……] 假期里，我被工作压得喘不过气来，以至于在母亲的命名日那天，我几乎筋疲力尽。

必须告诉您，我现在是彼得堡最受欢迎的作家，这一点人们可以从报纸和杂志上看出来。在 1886 年年底，这些报纸和杂志开始讨论我，传播我的名字，对我的赞扬远超我所应得的。我的文学声誉的提高使我收到了许多订单和邀请，紧接着就是高压力和疲惫的工作。我的工作是紧张的，令人不安的。它是面向公众的，并承担着责任，这使得它更加困难。每一篇关于我的报道都让我和我的家人激动不已。我的故事在公开朗诵会上被阅读，无论我走到哪里，人们都会对我指指点点，诸如此类。我没有哪一天过得平静，每时每刻都觉得自己很痛苦。

沃洛迪亚①是对的……诚然，一个人不能拥有整个世界，但是一个人可以被称为"世界之王"。告诉沃洛迪亚，出于对最优秀的人的美德的感激、尊敬或钦佩——这些品质使一个人与众不同、类似于神——人民和历史学家有权随心所欲地称呼他们的选民，而不必担心侮辱上帝的伟大或将一个人提升到上帝的高度。

---

① 这个名字的意思是"世界之王"，他显然是在批评这个名字。

事实上，我们赞美的不是一个人本身，而是他的优秀品质，正是他成功地在自己身上发展到很高程度的神圣原则。因此，杰出的国王被称为"伟大的"，尽管他们的身高可能不比洛博达高；教皇被称为"圣洁的"，主教过去被称为"普世的"，尽管他与除了地球以外的任何行星都没有关系；弗拉基米尔王子被称为"世界之王"，尽管他只统治着一小片土地，等等。在使用这些表达方式时，我们不会撒谎或夸大，而只是简单地表达我们的喜悦，就像一位母亲不会在称呼她的孩子为"我的金子"时撒谎一样。这是我们内心的美感，而美无法忍受平凡和琐碎的事物；它诱使我们进行比较，沃洛迪亚可以用他的智慧把比较扯成碎片，但是他会用心理解比较。例如，人们通常把黑色的眼睛比作夜晚，把蓝色的眼睛比作蓝色的天空，把卷曲的头发与波浪相比较，等等，甚至连《圣经》都喜欢这样的比较。例如，"正义的太阳升起""信心的磐石"等。人的美感是无限的。这就是为什么一位俄罗斯王子可能被称为"世界之王"；而我的朋友沃洛迪亚可能也有同样的名字，因为人们给人起名字，不是因为他们的功绩，而是为了纪念过去那些杰出的人……如果您那位年轻的学者不同意我的观点，我还有一个论点肯定会引起他的兴趣：在颂扬人们甚至上帝的时候，我们并没有违背爱，相反，我们表达了爱。一个人不应该羞辱别人——这是首要的事情。宁可对人说"我的天使"，也不要向他的脑袋扔一顶"傻瓜"的帽子——尽管人们更像傻瓜，而不是天使。

致德·瓦·格里戈罗维奇

1887 年 2 月 12 日，莫斯科

我刚刚读了《卡列林之梦》，我很想知道您描述的梦在何种程度上是一个梦。我认为您对一个熟睡的人的大脑运作方式和一般感觉的描述在生理上是正确的，而且非常有艺术性。记得两三年前我读过一个法国故事，作者描述了一个部长的女儿，可能他自己并没有概念，但是他对歇斯底里症给出了正确的医学描述。我当时认为，艺术家的本能有时可能比得上科学家的头脑，两者具有相同的目的，相同的性质，也许随着时间的推移，他们的方法变得完美，他们注定会成为一个现在很难想象的、巨大的力量。《卡列林之梦》让我产生了类似的想法，今天我愿意相信巴克尔，他从哈姆雷特对亚历山大大大帝的思考中看到了莎士比亚对物质转化规律的认识，也就是说，艺术家跑在科学家前面的力量……梦是一种主观现象，它的内在面貌只能在自己身上观察到。但是，由于所有人的做梦过程都是一样的，我认为，每个读者都可以用自己的标准来评判卡列林，而且每个评论家都必然是主观的。我现在就是在根据我经常做的梦来进行评价。

首先，您非常微妙地描写了冷的感觉。晚上我身上的被子掉下时，我会梦见巨大的光滑的石头，寒冷的秋水，裸露的河岸，这一切都十分朦胧，像在雾里一样，看不到一片蓝天；我像迷路的人一样悲伤和沮丧，觉得我出于某种原因而被迫穿过深深的河流。然后，我看到小拖船拖着巨大的驳船和漂浮的横梁……所有这一切都是无限灰暗、潮湿和阴郁的。当我跑离河岸的时候，我经过了倒塌的墓地大门、葬礼、我的老师……我感到一种彻头彻尾的冷，是那种压迫人的噩梦般的冷，在清醒的时候是不可能出现的，只有睡着的人才能感觉到。《卡列林之梦》的第一页生动地将它带进了我的记忆——尤其是第五页的前半部分，您在那里谈到了坟墓的寒冷和孤独。

我想，如果我出生在彼得堡，并一直住在那里，应该会一直梦到涅瓦河岸、元老院广场和那些宏伟的纪念碑。

当我在睡梦中感到寒冷时，会梦到很多人……我碰巧读到一篇评论，评论家在其中指责您介绍了一个"近似部长"的人，从而破坏了故事总体上庄重的基调。我不同意他的看法。破坏基调的不是人物，而是您对他们的角色塑造，这种塑造在某些地方打断了梦的画面。人的确会梦到别人，而且总是梦到惹人不愉快的人。例如，当我感到冷的时候，总是梦见我的司祭长，一个仪表堂堂的博学的牧师，在我还是个小男孩的时候，他曾经侮辱过我的母亲。车厢窗口的笑声是卡列林噩梦的典型症状。当一个人在梦中感觉到某种邪恶意志的存在，某种外部力量带来的不可避免的毁灭，他总是听到类似这样的笑声……一个人也会梦到自己所爱的人，但是他们通常会和做梦者一起受苦。

但是当我的身体适应了寒冷，或者我的家人给我盖上被子，那种寒冷、孤独和压迫性的邪恶的感觉就会逐渐消失……随着温暖的回归，我开始觉得自己走在柔软的地毯或草地上，我看到阳光、妇女、儿童……画面是逐渐变化的，但是比现实生活中的变化要快，所以醒来时很难记住从一个场景到另一个场景的转换。这种突然性在您的故事中得到了很好的体现，这就强化了梦的印象。

另一个您已经注意到的自然现象也是非常引人注目的：做梦者带着孩子般的真诚，以一种尖锐的爆发方式表达他们的情绪，就像卡列林。每个人都知道，人们在睡梦中哭泣的次数比在现实生活中要多得多。这可能是因为我们在睡眠中缺乏抑制力，以及使我们隐藏事物的冲动。

请原谅，我是如此喜欢您的故事，我准备给您写一打信纸，虽然我知道我不能给您说什么新的或好听的话……我害怕让您感到厌烦，害怕说些愚蠢的话，所以我会克制自己，保持沉默。

我要再说一次，您的故事非常精彩。读者认为它是"模糊的"，但对于一个仔细品味每一行字的作家来说，这种模糊比圣水更加透明……尽管我很努力，我还是只能在小说中找到两个非常牵强的小瑕疵。

（1）我认为在故事的开头，由于经常重复使用"冷"这个字，读者对寒冷的感觉很快就十分淡漠，变成了习惯。

（2）"光滑"这个词出现得太频繁了。

除此之外，再也找不到别的纰漏了。作为一个作家，我觉得需要读到耳目一新的作品，而《卡列林之梦》就是一个出色的范本。这就是为什么克制不住，要冒昧地把我的一些想法和印象告诉您的原因。

关于我自己，几乎没什么好说的。我没有写我想写的东西，也没有足够的精力或者独处的时间来写您建议我写的东西。有许多好的题材在我的脑海里争论不休——仅此而已。我对未来充满希望，眼睁睁地看着现在毫无结果地溜走。

请原谅我写了这么长的一封信。请接受我的良好祝愿。

致玛·契诃娃①

1887 年 4 月 2 日，塔甘罗格

从莫斯科到谢尔普霍夫的旅程很乏味。我的旅伴都是讲求实际的人，性格坚强，除了谈论面粉的价格以外，什么也不干。

12 点我们在库尔斯克。在一个小时的等待时间里，我喝了一杯伏特加，做了一次整理，还喝了卷心菜汤。随后我们换乘另一列火车，车厢里挤满了人。过了库尔斯克之后，我立即和邻近的乘客成了朋友：一位来自哈尔科夫的地主，和萨沙·金一样诙谐；一位刚刚在彼得堡动过手术的女士；一位警察队长；一位来自小俄罗斯的军官；还有一位穿着军装的将军。我们谈论了一些

---

① 契诃夫的妹妹，契诃夫博物馆馆长。

社会问题。将军的理由充分、简短、开明；警察队长是那种老态龙钟的轻骑兵，渴望恋爱冒险，装出一副州长的样子，他说了一句话之后，就像狗一样长长地咆哮了一声，"呃－r－r"这位女士正在注射吗啡，并派人到车站去取她的冰块。

在贝尔格莱德，我吃了卷心菜汤。我们在9点钟到了哈科夫。与警察队长、将军和其他人的离别令人感动。我在斯拉维扬斯克醒来，给你寄了张明信片。新来了很多乘客：一个地主和一个铁路检查员。我们谈到了铁路，检查员告诉我们，塞瓦斯托波尔铁路如何从亚速线偷走了300节车厢，并把它们涂上了自己的颜色①。

12点。天气不错，有草原的气息，还能听到鸟儿的歌唱。我看见我的老朋友乌鸦在草原上飞翔。

手推车、水塔、建筑物——一切都很熟悉，也很容易记住。在火车站，我喝了一份非常美味的酸梅汤。然后我沿着站台走，看到了很多年轻的女士。在车站尽头的上层窗口，坐着一个穿着白衬衫的年轻女孩（或者已婚的女人，天知道是谁），美丽而懒散②。我看着她，她也看着我……我戴上眼镜，她也一样……哦，可爱的景象！我好像得了心脏病，继续我的旅行。天气非常非常好。小俄罗斯人、公牛、乌鸦、白色的小屋、河流、只有一根电

① 参见故事《冷血》。
② 请看《两位美女》的故事。

报线的顿涅茨河铁路线、地主和农民的女儿、红狗、树木——一切都像梦一样掠过……天气很热。巡查员开始使我感到厌烦。我刚吃完一半的馅饼，开始闻起来有点苦……我把它们和剩下的伏特加一起塞到别人的座位下面。

我到了塔甘罗格。它给人的印象就像赫库兰尼姆和庞贝，那里没有人，只有令人昏昏欲睡的木乃伊①，还有瓜形的脑袋。所有的房子看起来都变平了，仿佛它们早就需要重新粉刷，屋顶需要粉刷，百叶窗也关着……

晚上 8 点钟，叔叔，他的家人伊丽娜，狗，住在储藏室里的老鼠、兔子都睡得很熟。除了上床睡觉，我别无选择。我睡在客厅的沙发上。沙发和以前一样短，所以我睡觉的时候，要么不体面地跷起腿，要么让它们垂到地板上。我想起了普罗克洛斯忒斯②和他的床。

致玛·契诃娃

1887 年 4 月 8—10 日

无聊透顶。天气寒冷而灰暗……在塔甘罗格逗留期间，给我

---

① 用塔甘罗格的行话说，是未受过教育的年轻人。
② 普罗克洛斯忒斯是个强盗，他让过路人躺在床上，超出的部分砍掉，不够的部分强行拉长。

带来享受的只有以下几件事：市场上出售的非常好的环形面包卷，桑图宁斯基葡萄酒，新鲜的鱼子酱，上好的螃蟹和叔叔的真诚款待。其他一切都很糟糕，不值得羡慕。这里的年轻女士还不错，但需要一些时间来适应。她们行动粗鲁，对待男人态度轻浮，大笑，轻易坠入爱河，对狗吹口哨，喝酒等。

星期六，我再次踏上旅程。在莫斯卡娅车站，空气清新宜人，鱼子酱是每磅70戈比。在罗斯多夫，我等了两个小时，在塔甘罗格等了20分钟。我在一个熟人家过夜。魔鬼知道我是怎么度过这一夜的：有虫子的床上、沙发上、箱子上。昨天晚上，我在一间狭长的客厅里，在一面镜子下的沙发上度过［……］

致伊·阿·别洛乌索夫

1887年8月3日，巴布金诺

伊万·阿历克谢耶维奇，太感谢您了，您给我寄的那本书太好了！正是您的深情厚谊让我对您的才华有进一步的了解，也让我把那些张嘴就来的奉承话放到一边，非常肯定地担保您有权成为一名诗人。您的诗篇既形象又生动，您有灵性、平易近人，在形式方面颇有才华，而且有文学韵味，这是毋庸置疑的。您所做出的谢甫琴科的选择就证明您是一个有诗意的人。您的译文非常严谨，我可以真诚地告诉您，尽管您这本册子不大，可是相比任何一本最新的诗集，它都和被我们叫作"著作"的东西更像。

当然，您一定会遭到某些人的辱骂。这本书最大的不足之处就在于篇幅太短了。假如一个诗人真的有才的话，不单单要在质量上比别人优秀，而且数量上也要如此。现在从您的这个集子中，很难对您和谢甫琴科的面貌有所了解。打着您还年轻或者您才刚刚出炉的旗号，并不能给您辩护，因为您既然想好了要出书，就应该让人家知道作者长什么样子。

[……]在我看来，第20页的《寡妇》和第33页的《乌克兰之夜》两首诗写得非常好。我是一个不太合格的批评家，所以，很抱歉，我不能公正地评价您的书。作为一个喜爱和崇拜偶尔在我们书市上出现的所有对人有强大吸引力的东西的人，我只能真诚地希望您把您的才能、力量充分展示出来。假如您镇静地一直工作，您一定会实现您的目标，我百分百相信您会做到，而且我提前祝福您。和您握手！

致弗·加·柯罗连科

1887年10月17日，莫斯科

尊敬的弗拉基米尔·加拉克契昂诺维奇，您寄来的书我已经收到，十分感谢。现在，我会重读它们。因为我的书您都有了，所以我只能写信向您致谢。

为了不让这封信显得太短，我要顺便告诉您：很高兴认识您。这是我的肺腑之言。第一，我非常珍惜和喜爱您的才华，因为很多原因，您的才华对我来说是珍贵的。第二，在我看来，如果您和我在这个世界上再生活 10 年或 20 年，我们一定会找到共同点。在所有现在在写作上取得成功的俄罗斯人中，我是最不严肃和最轻浮的；我受到了人们的注意；用诗人的话来说，我爱我纯洁的缪斯，但我不尊重她；我对她不忠，经常带她去不适合她去的地方。但是您是认真的，坚强的，忠诚的。我们之间的差异是巨大的，正如您所看到的，但不管怎样，我读了您的作品，我现在已经认识了您，我认为我们有一些共同点。我不知道这是否正确，但我喜欢这样想。

随信寄给您《新时报》的一条剪报。您可以从剪报中了解托罗①，我会替您剪下他的作品，并替您保管。首先说明，这个作家很有希望：不但有思想，而且文字清新，独具一格，但是他的作品读起来有难度，布局和结构都让人不舒服。他那些美的和丑的、轻松的和沉闷的思想胡乱堆砌、挤压在一起，仿佛马上就会互相挤压得发出叫声。

我会在您来莫斯科的时候把托罗的作品给您，现在我得和您说再见了，祝您健康。

我的剧本②可能在柯尔希剧院上演，确定之后我会告诉您演出日期。如果到时候您也在莫斯科，那就恭候您的大驾。

---

① 美国作家亨利·达维德·托罗。
② 《伊万诺夫》。

致尼·米·叶若夫

1887 年 10 月 27 日，莫斯科

最友善的尼古拉·米哈伊洛维奇！

我已经收到您的来信，因为现在我觉得您的左眼和薪水都不是问题了，那就略过不提，来说一下日常事务吧！

可以说，您是我的《伊万诺夫》的候相，因此我觉得有必要把下面这些情况告诉您。11 月月底或 12 月月初，《伊万诺夫》一定会上演，和柯尔希已经签了合同。伊万诺夫的扮演者是达维多夫，我很高兴，他在看了剧本以后不仅非常高兴，还立即着手开始干了。在对伊万诺夫的理解上，他的观点和我的要求是相吻合的。昨天我在他家一直待到半夜 3 点钟，我相信他确实是个非常伟大的艺术家。

假如像达维多夫这样的认同者能够被信任的话，那么我会开始写剧本。之前是这样的，连我自己都没有意识到，单靠本能和嗅觉，我竟然把这样一部还比较完美的作品写了出来，而且舞台方面的错误一个都没有犯。就此得出一条经验："年轻人，千万不要太快放弃。"

您要多动笔，偷懒是不好的。您是一个真正的"新手"，不管遇到什么难题，都要谨记：不管您现在写下什么，这都是您将来的骄傲。您要抓紧时间训练自己的手和脑，让它习惯于条理性

和强行军，您还要催着自己前进，要不然三四年以后，您会后悔万分。我觉得，您和格鲁津斯每天都应该加强训练，就像训练马儿跑圆圈道一样。你们二位都很少写作，真应该用力抽打你们，狠狠地抽打。我口水都说干了，也没有说服格鲁津斯为《周末增刊》写点东西！我也没办法说服您给每期《花絮》撰稿。你们二位到底在等什么，我真是不明白。假如你们少写、没有勇气写，假如你们不马上开始工作，那么你们将不会取得任何成绩，也就是说，尽管你们还没写什么东西，你们就已经文思枯竭了……

总而言之，我就是想揍你们俩，可是又不能这样做，因为你们的身份都很尊贵啊！

我们家里人都好，他们大家都请我代为问候您。请您来我们家过圣诞节。祝您身体健康，您可一定要记得啊！

［……］

致亚·巴·契诃夫①

1887 年 11 月 24 日

［……］一切终于平息了，我像以前一样坐在写字台前，心无旁骛地写着故事。你无法想象那是什么感觉！［……］我已经告诉过你，在第一场演出中，观众和舞台上的人都非常激动，在

---

① 契诃夫的哥哥，作家、记者。

剧院工作了32年的提词员都从未见过这种场景。他们一片哗然、大叫、鼓掌、发出嘶嘶声；在小吃吧，几乎到了打架的地步，观众席上，学生们想把某人赶出去，两个人被警察带走了。人人都很兴奋［……］

演员们神情紧张。当然，我写给你和马斯洛夫的关于他们表演和工作态度的所有信件都说得够多了。有很多事情需要原谅和理解……原来，在我的剧中扮演主要角色的女演员有一个女儿病得很严重——她怎么会想演戏呢？库雷平表扬演员做得很好。

演出结束后的第二天，彼得·基契耶夫发表了评论。他把我的剧本称为无耻的愤世嫉俗和不道德的垃圾。莫斯科夫斯基娅·维耶多莫斯提对此大加赞赏。

［……］尼古拉、谢赫特尔和列维坦——他们都是画家——向我保证，在舞台上，它是如此独特，以至于看起来很奇怪。在阅读时，人们不会注意到它。

致弗·加·柯罗连科
1888年1月9日，莫斯科

善良的弗拉基米尔·加拉克契昂诺维奇，我无意中欺骗了您，因为我没有弄到我的剧本的单印本。请您不要生气，我会在书印好之后给您寄过去，或者当面给您。

我让人把昨天收到的格里戈罗维奇的信抄写了一遍，并寄给您过目。出于几个原因，我非常珍视这封信，并且因为害怕破坏对它的最初印象而不敢读第二遍。您从信中不难看到，文坛的声望和丰厚的稿费无法让人摆脱单调的小市民生活，摆脱疾病、寒冷和寂寞：老人时日无多。您还能从信中发现，您并不是唯一一个虔诚地教导我要走正途的人，您也能理解我有多么羞愧。

读完格里戈罗维奇的信之后，我就想起了您，感到无地自容。我明白了我的错误。我之所以要写信告诉您这一点，是因为我身边的人不需要我的真诚，也没有倾听我诉衷肠的权利。而我虽然没有经过您的同意，却在心中和您结成了同盟。

听从您的友好建议，我开始为《北方通报》月刊写一个故事①。我在开篇就试图描述大草原和生活在那里的人们，以及我在大草原上的经历。这是一个好题材，我喜欢写这方面的东西，但不幸的是，由于缺乏长篇的写作练习，又担心写得太杂乱，我陷入了另一个极端：每一页都写得十分紧凑，像一个短篇小说，图片堆积起来，拥挤不堪，互相妨碍，从整体上破坏了印象。因此，人们得到的不是一张所有细节都像天上的星星一样融合成一个整体的图片，而仅仅是一个图表，一个干巴巴的印象记录。从事写作的人——比如您——会理解我，但读者会感到厌烦，发出诅咒。

我在彼得堡待了两个半星期，见了很多人，其中有很多好

①　中篇小说《草原》。

人，说不定这是个好兆头。

我现在正在翘首期盼 2 月份的《北方通报》，想拜读您的短篇小说《同路》。我听普列谢耶夫说，您的作品被书报检查机关狠狠地精简了。新年快乐，祝您健康，幸福。

另：我认为您的《索科里尼茨》是近期出版的最出色的小说。它就像一首好的乐曲，符合艺术家的本能所暗示给他的所有规则。总而言之，您在自己的整本书中都是一个伟大的艺术家，是一种最大的力量，在您的作品中，那些能够将别的艺术家断送的最糟糕的缺点也并不惹眼，例如，您书中的女人总是固执地不露面，而我也是不久前才发现了这一点。

致亚·彼·波隆斯基

1888 年 1 月 18 日，莫斯科

尊敬的亚科夫·彼得罗维奇，我想了很久，想如何才能更好地回复您的来信，可是我一直没有想到任何睿智的、有价值的东西，我只是总结得出：我还不擅长对像您的信这样美好的信件进行回复。对于我来说，您的信就如同意外的惊喜。假如您还能想起初出茅庐时的心情，那么您就会知道，对于我来说，这封信具有什么样的意义。

我惭愧的是先给您写信的人不是我。实话实说，其实我早就想写了，可是我总是感到羞愧，没有勇气提起笔来。我觉得不管

我们之间的交谈让我和您之间的关系多么亲近，我都没有权利去享受和您通信的荣耀。对于我的胆小和过分注重细节，还请您包涵。

我已经收到了您的相片和书。您的肖像就在我书桌的上方挂着，而我们全家都在阅读您的小说。为什么您会说您的小说被青苔和白霜覆盖了呢？假如只是由于当代观众只看报纸的话，那么光凭这一点也不能作出如此淡漠的结论。我在读您的小说时是怀着非常坚定的信仰的，或者说是带着固有的看法的，这样说要准确一些，因为当我还在学习文学史时，我就已经了解一种现象，而且它被我升华为类似于一种规律的东西：所有的俄国大诗人都在散文方面驾轻就熟。即便您用刀子剜，也没办法把这个固有的看法从我脑海里剜走。当我在晚上阅读您的小说时，这种固有的看法就一直深植在我的心中。可能我说得也许不全对，可是莱蒙托夫的《达曼》和普希金的《上尉的女儿》，先不说其他很多诗人的散文，都直观地验证了这样一条，表现力十足的俄国诗歌和优雅的散文之间有着密不可分的关系。

您准备把您的诗篇献给我，我太感动了，希望您能同意将来我可以献给您我用全部的爱写成的中篇小说。您的宠爱让我感激涕零，我会一辈子铭记在心。对于我来说，除了这种宠爱的温度和作者献词所散发的强大魅力以外，您的诗篇《在门旁》也意义重大，它称得上是一篇由权威人士写成的满是赞美之词的评论文章，因为正是您的诗篇让我的同行们和公众都会更加重视我。

我完全同意您所说的给报纸和画报撰稿的问题。夜莺到底是在大树上唱歌，还是在灌木丛中唱歌，这难道不是一样的吗？要求那些才华横溢的人只能给大杂志撰稿未免太狭隘了，它就像所有偏见一样，带点儿官气，是没什么好处的。这种先入为主是荒谬的、愚蠢的。过去，这种观点还挺有意思的，那时是一些有着清楚面貌的人在主持刊物，就像别林斯基和赫尔岑等人，他们不仅仅给写作者支付报酬，而且还对人有一定的吸引力，会培养人、引导人，在那时只给大杂志撰稿还挺有意思的，而到了现在呢，如今很多刊物都不具备文学气息，又是一些名不见经传的人物和狗皮领子任这些刊物的负责人，在这种时候偏爱大刊物就太不应该了，更何况最厚的杂志和便宜的小报之间也只是在量上不同而已，也就是说站在艺术家的角度来说，这种差别根本不值得关注。为大杂志撰稿有一点好处是毋庸置疑的：长作品可以一下子发表出去，不需要分散开来。以后我写了大作品，就会寄给大型刊物，而小作品则由微风和我的自由来决定吧，不管寄给谁都行。

顺便提一下，我正在完成一部大作品，准备在《北方通报》发表。在这部短篇幅的中篇小说里，我对草原、草原上的人们、飞鸟、黑夜以及雷雨等景物进行了描绘。我写得很顺心，可是我害怕的是，因为我不习惯于写长篇大论的东西，我有时会跑调，有时会累，说话也不够明快，严肃性也不足。作品中有一些地方任何人都理解不了，不管是批评界还是公众，他们会觉得这些细微之处不值得关注。可是，我倒是先行一步高兴起来了，因为一定会有两三个文学"美食家"可以欣赏它们，而我已经感到相当满足了。总的来说，对于我这个中篇小说，我并不太满意。我觉得它索然无趣、烦琐、太专业了。对于现代的读者来说，像草原及草原上的风光和人们这类题材有点太专业了，没太大意义。

致阿·尼·普列谢耶夫①

1888年2月5日，莫斯科

亲爱的阿历克塞·尼古拉耶维奇，万分感谢。昨天我收到了75卢布，给普佳塔②送去了。这些钱来得恰到好处，尽管普佳塔现在还卧床不起，却已经离坟墓越来越近。

您有没有收到我的《草原》？它是被弃稿了，还是收录到了《北方通报》？我原本打算用包裹给您寄《草原》，后来我为了让您早点收到，就寄了挂号印刷品。我应该没有耽误您的事儿吧？

我很想读柯罗连科的中篇小说。他是我最喜欢的当代作家。他的作品色彩丰富而生动，风格无可挑剔，虽然有些地方矫揉造作，他的人物形象却是高贵的。列昂捷耶夫也不错。他不是那么成熟、那么优美，但是他比柯罗连科更温暖、更平和、更优

---

① 俄国诗人、翻译家，和契诃夫相识于1887年。
② 俄国文学家尼·阿·普佳塔。

雅……但是，天啊，他们为什么要写得那么单一？前者不会与他的罪犯分离，后者只与官员为伍，满足读者的需求……我理解艺术的专业化，比如风景画和历史题材画，我也可以理解演员专门扮演一定的角色，理解音乐家属于一定的流派，但我无法认可犯人、官员、牧师这一类的专门化……这已经不是单一，而是片面。彼得堡的很多人都不喜欢柯罗连科，而我们这里有很多人不喜欢列昂捷耶夫的作品，但我完全相信他们两人未来的成就。啊，要是我们有像样的文学批评就好了！

谢肉节即将到来，您也答应要来，所以我在恭候您的大驾。

今天达维多夫举行纪念演出，剧目是《贵族中的小市民》。剧院里喧闹而又沉闷，一般来说看戏之后我会咳嗽一整夜，所以我已经不去剧院了。

如果我的《草原》没有被弃，请您在方便的时候替我美言几句，让他们经常给我寄《北方通报》，我迫切地想读柯罗连科的《同路》。

我的信已经让您心生厌烦。

再见，致敬您的家人。

致阿·尼·普列谢耶夫

1888 年 2 月 9 日

您最近的一封信让我欢欣鼓舞。要是收到的每封来信都像您

写的这样，我宁愿一辈子远离烟酒［……］

您说您喜欢迪莫夫①做主角。生活创造了像大胆的迪莫夫这样的人物，他不是反对者或流浪者，而是彻头彻尾的革命者……俄罗斯永远不会有革命，迪莫夫将以酗酒或入狱告终。他是个多余的人。

［……］

您承诺会全文刊发《草原》，为了报答您的美意，我会在夏天去伏尔加河漂流的时候，用上好的美酒招待你们，只可惜柯罗连科不喝酒。在旅行途中，皓月当空，大鱼跃出水面，我们却不会喝酒，这就像我们不会读书一样尴尬。

于我而言，美酒和音乐始终都是最好的开塞器。在我旅行的时候，一旦觉得自己的心灵或头脑中出现了一个瓶塞，只要喝上一小杯葡萄酒，就会觉得自己长出了翅膀，那个瓶塞子也消失了。

致尼·阿·赫洛波夫②

1888 年 3 月 22 日，莫斯科

尊敬的尼古拉·阿方纳谢耶维奇！

昨天我收到了您的短篇小说，并仔细拜读了一遍，因为当时

---

① 《草原》中的一个人物。
② 俄国剧作家、小说家。

距离火车出发只有一两个小时，时间紧迫，所以最后两页我没有读完。但我认为这篇小说比《第十一个》写得好。我把它交给了苏沃林，他同意会尽快读完。

现在我们来说说《第十一个》，我从普列谢耶夫老人的信中抄一段话给您："这个短篇小说写得很是幽默，原本可以发表在《北方通报》上，但是那里的编辑部积压了太多的短篇小说，以至于这篇小说的发表遥遥无期，甚至要等上一年半载，只怕作者会不满意。"

现在，《第十一个》在布列宁①那儿。

这就是我所知道的情况。我很高兴您愿意留在彼得堡工作，我衷心祝您成功，希望您在这方面可以更加顽强……您很有才能，只要能更加顽强一些，面对挫折更加勇敢，我敢担保您一定能够成功。

请原谅您的同情者的说教。

致阿·谢·苏沃林

1888 年 4 月 3 日，莫斯科

尊敬的阿历克塞·谢尔盖耶维奇：

您告诉我弟弟，我弟弟又写信转告我，因为要用优质纸张印

---

① 《新时报》的评论家，记者。

书，我那本小册子的价格变成了将近原来的两倍。如果我确定这本书可以出版，就不会在意书价的高低，但实际上我对此缺乏信心。那就只能按老规矩，用廉价纸来印刷我的书。这件事并不重要。如果需要让书厚一些，我可以再给您寄一些作品，我这里有很多。我希望《卡什坦卡》的装帧可以美观一些，如果插图很漂亮，装帧也不错，那我倒是宁愿承受一些损失。

谢谢您把克拉姆斯科伊①的作品寄给我，我已经开始阅读了。他真的极富才华。如果他是一个作家，一定能把文章写得很长，很诚恳，只可惜他不是。那些戏剧家和小说家热衷于在自己的作品中塑造艺术家形象。直到我读了克拉姆斯科伊的作品，才知道那些小说家、剧作家和读者对俄国艺术家的了解真是少得可怜。我想，克拉姆斯科伊并非唯一的一个，像他这样的优秀人物，在列宾②式和巴卡洛维奇③式的人物的世界中应该有不少。

在我看来，这本书的附录中缺少了对很多人来说十分重要的一部分，也就是一个概述，具体说来，就是缺少了谢·彼·包特金④在医学协会中宣读的有关克拉姆斯科伊的病情和死亡的报告。

维克多·彼得罗维奇寄来了有关迦尔洵的杂文，我对此表示感谢。听说迦尔洵有意写一部长篇历史小说，我想他已经付诸行

---

① 俄国画家。
② 俄国画家，《伏尔加河上的纤夫》的作者。
③ 俄国画家。
④ 俄国内科医学家。

动了。我要提及的一点是，他在死前的一星期就知道自己要跳楼，并为这一结局做好了准备。生活真是令人难以忍受。而且我也看到过那张楼梯，又黑又脏，可怕极了。

我认为近期的作家中，只有迦尔洵、柯罗连科、谢格洛夫和马斯洛夫称得上有价值。这些人都不狭隘，都非常好。亚辛斯基的作品晦涩难懂（也许他是一个虔诚的拾荒人，也许是一个狡猾的人），阿尔博夫和巴兰采维奇在黑暗中，也在潮湿的排水管中观察生活，其他人则庸俗不堪，完全是因为文学界是一个善于溜须拍马、偷奸耍滑的场所，他们才会钻进来。

请转告我的岳母安娜·伊万诺芙娜，我妹妹很喜欢我们一起在科罗文那买的一块蓝色的料子。请代我向娜斯佳和鲍里亚问好。我一定会到费奥多西亚①来。我已经在普肖尔河（第聂伯河的支流）边的一个庄园里租下了别墅。乌克兰距离克里米亚并不远，您需要我为您采购一些渔具吗？爱好钓鱼的人都知道，越是便宜的渔具越能钓到鱼。我通常会买一些原材料，自己用它们制造出所需物品。

对于我"脱离"《新时报》，那些善意的批评者兴奋不已。我应该趁着他们的兴奋还未退却，尽快在《新时报》上发表一些东西，可是我目前没有那么多精力，那篇不太长的中篇小说（在木

---

① 城市名，位于克里米亚半岛上。

棚里和工程师谈话)① 迟迟没有写完，它束缚住了我的手脚。

这封信写得太长，请见谅。请允许我再次对您的热情款待表示衷心的感谢，我是真的不想离开您。祝您诸事顺利。

致尼·亚·列伊金
1888 年 4 月 23 日，莫斯科

一定要在书上签名。（七八十年后，也就是我告别这个世界的时候，我要把所有的藏书都捐赠给塔甘罗格图书馆。我在塔甘罗格出生，在那里上学。有签名的书，特别是在外省市，珍贵程度增加了 100 倍。）

致阿·谢·苏沃林
1888 年 5 月 30 日，林特瓦约夫人庄园

我现在住在普肖尔河岸上一个老贵族庄园的小屋里。在定下这里之前，我并没有看过，而是相信运气，到目前为止也没有后悔。这条河又宽又深，有许多岛屿，还有鱼和小龙虾。河岸很美，长满了青草和树木。最棒的是，这里有如此多的空间，让我觉得我是用 100 卢布获得了在一片看不到尽头的广阔土地上生活

---

① 指《灯火》。

的权利。这里的自然和生活是现在已经过时的。夜莺日夜歌唱，狗在远处吠叫，这里有被忽视的老花园；已经关闭的、住着美丽女人的灵魂的、充满悲伤和诗意的庄园；老仆人；渴望最传统爱情的年轻女士。除了这些，在离我不远的地方，还有一个老掉牙的磨坊，磨坊里有一个磨坊主，他的女儿总是坐在窗前，显然是在等人。我现在看到和听到的一切，对我来说似乎都来自古老的小说和童话故事。唯一有新意的是一只神秘的鸟，它栖息在遥远的芦苇丛中，昼夜不停地发出鸣音，有时候听起来像是在击打空桶的声音，有时候像是牛关在谷仓里的哞哞叫声。每个俄罗斯人在他的一生中都见过这种鸟，但是每个人对它的描述都不同，这意味着没有人见过它……每天我都划船去磨坊，晚上我会和哈里托文科工厂的钓鱼狂人去岛上钓鱼。我们的谈话有时很有趣。在圣灵降临节前夕，所有的疯子都会在岛上过夜，整晚钓鱼；我也是。

我的房东是非常友好和好客的人，她的家庭由六个成员组成。老母亲是一个非常善良、相当软弱的女人，她一生中受的苦已经够多了；她读叔本华的书，去教堂听赞美歌；她认真研究维斯尼克·埃弗拉皮和西弗尼·维斯尼克的每一本书，认识我做梦也想不到的作家；她非常重视这样一个事实：画家马科夫斯基曾经住在她家里，现在有一位年轻作家住在那里；与普列谢耶夫交谈时，她感到浑身上下都有一种神圣的激动，每分钟都在为见到这位伟大的诗人而欢欣鼓舞。

[……]

普列谢耶夫和我们住在一起。他们都把他看作半神，如果他把注意力放在某人的宴会上，送花等，那个人就会觉得自己很幸福。他听着歌，吃着东西，抽着雪茄，这让他的崇拜者很头疼。他行动迟缓，由于年老而懒散，但这并不妨碍女人们带着他乘船四处游荡，和他一起开车到邻近的庄园去，为他唱歌。在这里，他就像在彼得堡一样。就我而言，我认为他——更不用说他是一个非常善良、热心和真诚的人——是一个装满了传统、有趣的回忆和美好赞语的容器。

您对《灯火》的评价非常公正。您说，无论是关于悲观主义的对话，还是基索查的故事，都无助于解决悲观主义的问题。在我看来，小说家不能解决诸如上帝、悲观主义等问题。作者的工作仅仅是描述谁在谈论上帝或悲观主义、如何谈论、在什么情况下谈论。艺术家不能判断他的角色和他们的谈话，而只能是一个公正的证人。我听到了两个俄罗斯人关于悲观主义的漫无边际的谈话——这种谈话没有解决任何问题——我必须如实地报告那次谈话；应该由陪审团，也就是说，由读者来决定它的价值。我的工作仅仅是变得有才华——也就是说，知道如何区分重要的陈述和不重要的陈述，如何阐明人物，以及说他们的语言。列昂捷耶夫指责我在故事的结尾用这样的话来结束整个故事："这个世界上没有任何东西是可以理解的。"他认为一个优秀的心理学家应该能够写出来——这就是他成为心理学家的原因。但我不同意他的观点。是时候让作家们，尤其是那些艺术家们，认识到这个世界上没有任何东西是虚构的，就像苏格拉底和伏尔泰所认识到的那样。乌合之众以为自己什么都知道，什么都明白；他越愚蠢，就越能想象自己的前景。如果一个被暴民所信仰的作家有勇气说他对他所看到的一切一无所知，那么，仅仅这一点，就可以在思想的领域里获得一些东西，并提前迈出一大步。

致伊·列·列昂捷耶夫（谢格洛夫）

1888 年 6 月 9 日，苏梅

亲爱的剧作家，我和阿·尼·普列谢耶夫爷爷一起向您表示最真诚的问候，他已经在我这儿呆了一月有余。我们两个都喜欢看报纸，并对您的成绩表示密切关注。我衷心为您感到高兴，我不仅对您充满了艳羡，也对您满怀恨意，因为您的成就，您是不会到我这里来的，到普肖尔河来的。当然，每个人的爱好不一样，可是在我看来，在普肖尔河畔无所事事要远远好于做工作和取得成就，而只有到了冬天和缪斯住在一起才是有意思的。

毫无疑问，您是一个学识渊博、文学气质深厚的人，是一个经历过风吹浪打的人，是反应灵敏的人，是不被偏见和体系所制约的人，所以您大可以相信，您是可以制作出不少好东西来的人。我衷心地祝福您。我很高兴听到您愿意一辈子为舞台发光发热，这是件值得投入的事，而且也不会浪费。可是……您有足够

的力量吗？必须有充沛的精力和毅力，才能挑起俄国戏剧家这副重担。我担心您年纪轻轻就把自己累坏了。要知道，每个戏剧家（也就是您想成为的那种职业戏剧家）写出来的十个剧本中，成功的只有两个，每个剧作家都要经得起失败的考验，有时候这种失败会持续很长时间，而且您有没有足够的力量忽视这一点呢？根据气质来说，您是个有完美主义倾向的人，一个微小的挫折也许都会让您痛苦不堪，而对于一个剧作家来说，这一点太不合时宜了。我还担心，您不会成为一个俄国戏剧家，只会成为一个彼得堡戏剧家。可以在俄国获得成功的人，只有那种偶尔来一趟彼得堡的人，而且并不只是站在图奇科夫桥上观察生活的人。您不应该再待在彼得堡了，可是您不一定有勇气离开冻土带和男爵小姐。您写出了《在高加索的山上》，这是因为您到高加索去过。您还写出了几部和军人生活有关的剧本，那是因为你有机会在俄罗斯游历。而彼得堡只让您把《别墅里的丈夫》创作了出来……假如您要说，《难题》也是您对彼得堡进行观察后所创作出来的，那么我是会表示质疑的。我之所以跟您说这些，目的依然是邪恶的：想要您来我这里，即便只停留短暂的时间也无所谓。来吧！我向您许诺，给您提供一打多题材和一百个人物个性。

有关我的中篇小说《灯火》的结局，我允许自己站在您的意见的对立面。心理学家应该做的事情不是对他不理解的东西表示理解，心理学家更加不应该不懂装懂。我们不要欺骗人，让我们直接告诉你，在这个世界上，真正能弄明白的事情是根本不存在的。只有傻瓜和骗子才无所不知，无所不晓。好吧，祝您幸福，请给我来信，亲爱的，不要这么小气。我已经对您的笔迹很习惯了，而且看得很明白。

致伊·列·列昂捷耶夫（谢格洛夫）

1888 年 7 月 18 日，费奥多西亚

亲爱的船长，此刻我在黑海岸写信给您。我在费奥多西亚，在苏沃林将军处住。这里太闷了，难受死了，天干物燥，似乎被黑暗所包围，直差喊救命了。在费奥多西亚没有树，也没有草，连个藏身的地方都没有。只有游泳这一个唯一的办法。我现在就在游泳。海真是太美了，蓝色的平静的海，就像少女的头发一样柔软。即便在海边住上一千年也不会觉得烦。

我们交谈着，时间就这样一点点流逝。到了晚上也是如此。我逐渐变成一台会说话的机器。我们已经把所有问题都解决了，又提出了新问题，提出了从来没有人提过的问题。我们不停地谈呀，谈呀，看来最后我们都会因为舌头和声带发炎而去世。和苏沃林在一起是不可能不说话的，就如同在巴尔金那里就一定要喝酒一样。没错，苏沃林太敏锐了。他非常伟大。在艺术中，他所起到的作用就如同塞特猎狗在捕获田鹬时所发挥的作用一样，即他工作完全是仰仗敏锐的嗅觉，而且他一直都是一个非常热情的人。对于理论，他不是太了解，科学也没有学过，有很多东西都

不太明白，他都是靠自学，正因为这样，他才没有受到坏的影响，并让自己得以一直保持严整，也正因为这样，他才有自己的主张。因为他理论不足，他就自然而然地在自己身上让大自然大方赐予他的东西得以发展，将他的本能发展成莫大的智慧。和他交谈的过程是令人愉悦的。而假如对他的说话方式有所了解，对他的真诚有所了解（大部分交谈者都没有这种真诚），那么和他闲聊就太愉快了。而我也非常理解您的"德国佬苏沃林"这个说法。

请给我寄一本《剧院的麻雀》来。假如您真的创作出了一部喜剧，那您就真的太棒了，真是太聪明了。您尽可能写吧，您想怎么写就怎么写。想写悲剧还是喜剧都随您的便。您天生就是这样的人，不会去和他人的观点和判决相适应。您应该遵从自己内心的情感，这种情感是反应敏锐的人的最好晴雨表。您写出的剧本越多越好。啊，我又开始说教了。很抱歉，亲爱的……这不是说教，这是在和您交谈。当我写信给您时，您就出现在我的眼前。

我要进城，到邮局去一趟。再见，愿上帝保佑您！

致玛·契诃娃

1888 年 7 月 22 日

[……] 昨天我们去了沙－马迈·艾瓦佐夫斯基①的庄园，

---

① 著名海洋画家。

那里离费奥多西亚25俄里。这是一个富丽堂皇的庄园，有点像仙境，这样的庄园可能在波斯也能看到。艾瓦佐夫斯基，一个精力充沛的75岁老人，他是一个善良的亚美尼亚人和一个暴饮暴食的主教的混合体；他很有自尊，有一双柔软的手，像一个将军一样。他不是很聪明，但是性格复杂，值得关注。他是一个将军，一个主教，一个艺术家，一个亚美尼亚人，一个天真的老农民和一个奥赛罗的集合体。他娶了一个年轻漂亮的女人，并用铁棍统治她。他与苏丹、沙哈和阿米尔的关系都很好。他与格林卡合著了《鲁斯兰与柳德米拉》。他是普希金的朋友，但从未读过他的书。他一生中没有读过一本书。当有人向他建议他应该读些什么的时候，他回答说："我有自己的观点，为什么要读书呢？"我在他家里待了一整天，并在那里吃了晚饭。晚餐时间漫长得可怕，大家没完没了地敬酒。顺便说一下，在那次晚宴上，我被介绍给那位女医生，那位著名教授的妻子。她是一块又肥又大的肉。如果她脱掉衣服，涂成绿色，看起来就像一只青蛙。和她谈过之后，我在心里把她从女医生的名单上划掉了［……］

致阿·谢·苏沃林

1888年8月29日，苏梅

［……］当我还是孩子的时候，常常待在位于普拉托夫伯爵庄园的祖父家，从日出到日落，我都得坐在打谷机旁边，记下打

谷的穷人和谷物的数量；我能听到口哨声、嘶嘶声和低音，就像旋转的陀螺发出的声音一样。机器全速运转，车轮吱吱作响，公牛迈着懒散的步伐，扬起很多尘土，大约三十几个人肮脏、苍白的脸庞……所有这一切就像主祷文一样印在我的记忆里。而现在，我也花了好几个小时在打谷机上，感到非常高兴。发动机工作时，看起来就像活的一样；它有一种狡猾、好玩儿的表情，而人和牛看起来就像机器。在米尔戈罗德地区，很少有人拥有自己的打谷机，但每个人都可以租一台。这台打谷机由六头公牛牵引，在全省到处行驶，凡是能够支付费用的人都可以租到它。

致阿·谢·苏沃林

1888 年 9 月 11 日，莫斯科

尊敬的阿历克塞·谢尔盖耶维奇，我想您应该可以在费奥多西亚收到我的这封来信。

我很乐意为你们出版的日历中有关莫斯科医学的那部分进行校订，如果能胜任这份工作，我将十分高兴。目前还没有收到校样，但我想应该很快就会寄给我。我会竭尽全力，按照自己的想法进行校订，但我担心校订后的书稿会和彼得堡的那批有出入，可能内容更充实一些，也可能会更单薄一些。如果您觉得我的担心不无道理，可以致电出版社，让他们把彼得堡医学部分的校样

寄给我，作为我修订时的参考。如果同样的内容，在彼得堡被描绘成一头干瘦的老牛，而在莫斯科却像一头壮硕的肥牛，或者情况截然相反，就不太妙了。二者都是首都，应该获得同样的尊重，最多只能让莫斯科少占一点分量……

我会趁此机会在日历中加入"俄罗斯精神病患者之家"这部分内容。这是医生和地方自治会关心的一个新问题，我现在只能简单地写出名称。如果您同意，我可以承担明年的日历中所有的医学部分，而现在我能做的只是旧瓶装新酒，因为我原本没有这个计划，手上也没有相关的材料。

您建议我不要同时追逐两只兔子，不要再考虑医学工作。我不知道为什么一个人不应该同时追逐两只兔子，即使从字面上来说［……］当我想到我有两种职业而不是一种职业时，我会更加自信和满意。医学是我的合法妻子，文学是我的情妇。当我厌倦其中一个时，我会和另一个过夜。这虽然不正派，但也没那么无聊，而且她们都没有因为我的不忠而失去任何东西。如果我没有医疗工作，我怀疑自己是否能把闲暇和多余的思想用于文学。我缺乏纪律性。

我在给您的上一封信中胡言乱语了一番（当时我的心情不太好），但是我要诚恳地告诉您，在讲到我对您的关系时，我讲的并不是您，而是我自己。您允许我预支稿费，您对我的好意，对我来说意义十分重大，只有一个不了解您的疯子，才会怀疑您送的面包是一块石头……

今天收到了阿历克塞·阿历克塞耶维奇①的来信，我根据自己的经验为他提出了建议，请您转达：不管画家先生们多么可爱，多么巧言令色，都要严加控制他们，还要经常怀疑他们。请转告他和鲍利亚，对于那个女骑手戈得弗鲁阿，我略知一二，她仅有的东西就是"上等"的骑术和美好的肌肉，其他方面她都非常平庸。单从容貌来说，她还是很可爱的。

[……]

致阿·尼·普列谢耶夫

1888 年 9 月 30 日，莫斯科

哎，亲爱的阿历克塞·尼古拉耶维奇，刚给《北方通报》创作完一部小说。因为不太习惯，也因为夏天才休息过，我觉得好累。您难以想象，我现在是有多么疲劳。我现在坐下来誊清，10月 5 日您就可以收到了。小说写得比较长（两个印张），有点单调，可是生活气息还是比较足的。您可知道，还有"倾向"。请您读完以后把您的意见告诉我。

苏沃林顺路到我这里来过。在这里停留了一天。他请您早点把我的小说校样寄给他，以免之后被书报检查官玷污。

今天，伊万·谢格洛夫的《别墅里的丈夫》在柯尔希剧院上

---

① 苏沃林的儿子。

演，可爱的伊万因为太激动而变得形容枯槁。假如好好描述他一番，可是写出一个大大的喜剧，甚至比《别墅里的丈夫》还要让人想笑。

真的，假如别热茨基（马斯洛夫）加入《北方通报》，那就太好了。他是一个好人，而且才华横溢，这是毫无疑问的。他走上工作岗位，这是有利于双方的事。不管是对《北方通报》来说，还是对他自己来说都是如此。《北方通报》会得到一个卓有才华的小说家，而别热茨基也可以不再受到布列宁的严格监控。马斯洛夫还很年轻，他想生活……在我看来，以一印张 150 卢布的稿酬支付给他是可以的。要知道这个数量还是挺小的。

我整天工作太忙了！祝您幸福！代我问候您全家！

致阿·谢·苏沃林
1888 年 10 月 27 日，莫斯科

叶若夫并非一只小麻雀，而是一只（用猎人们高尚的语言来说）还没有长成猎犬的小狗，东奔西窜，到处乱嗅，冲动地扑向飞鸟和青蛙。对于他的品德和能力，我现在还难以断言。但是他年轻、正派、纯洁（莫斯科报刊意义上的纯洁），这对他的成长很有利。

有时候我会主张一些离经叛道的东西，但是对于艺术中要提出问题这一点，我从来没有绝对否定过。在和同事中喜欢写作的

人谈话时，我总是坚持自己的观点，认为解决专门狭隘的问题不是艺术家的事情。如果一个艺术家从事他不懂的工作，是一件非常糟糕的事情。我们有专门处理特殊问题的专家：他们的职责是评判公社、资本主义的未来、酗酒的罪恶、靴子的质量、妇女的疾病。一个艺术家必须只评论他所理解的东西，他的活动领域和其他任何专家一样有限——我再三强调这一点，并且一直坚持这一点。那些说在艺术家的活动领域里没有问题、只有答案的人，一定是那些从未写作过，没有形象思维经验的人。艺术家进行观察、选择、猜测、组合——这本身就预先假定了一个问题：除非他从一开始就给自己设置了一个问题，否则就没有什么可以推测和选择的。简单地说，我将用精神病学的语言来结束这篇文章：如果一个人否认创造性的工作包含问题和目的，那么他必须承认一个艺术家创作时没有预谋或意图，处于一种失常的状态。因此，如果一个作者夸耀自己在突然的灵感之下写了一部没有预先设计的小说，我应该说他肯定是疯了。

您要求艺术家对自己的作品采取明智的态度是正确的，但您混淆了两件事：解决问题和正确地陈述问题。对于艺术家来说，只有第二个概念才是必需的。在《安娜·卡列尼娜》和《奥涅金》中，并没有解决任何一个问题，但它们也能让您十分满意，因为所有的问题都被正确地陈述了出来。提出正确的问题是法官的职责，但答案必须由陪审团根据自己的判断给出。

叶若夫还不够成熟。我要给您介绍另一位作家亚·格鲁津斯基（拉扎列夫），相比之下，他更加聪明，更加深沉，也更有才气。

在去送阿历克塞·阿历克塞耶维奇的时候，我曾经告诉他，半夜之前就要就寝。在深夜工作和谈话，就像在深夜暴饮暴食一样，都是有害的。他在莫斯科时比在费奥多西亚时更加快乐，我们相处得十分融洽，量入为出：他请我听歌剧，我请他吃简单的午饭。

明天，我的《蠢货》会在柯尔希剧院上演。我又写了一部轻喜剧①，里面有两个男角色和一个女角色。

您说我的《命名日》中的主人公是一个值得塑造的人物。上帝啊！我不是一个愚蠢的畜生，我明白这一点。我知道自己在宰割作品里的人物，在糟蹋他们，我浪费了好的素材……说实话，我很乐意用六个月的时间来写《命名日》。我喜欢轻松一点，看不出以这么快的速度出版有什么吸引力。我愿意带着愉悦，带着感情，用一种悠闲的方式，描述我心目中的英雄，描述他妻子分娩时的心理状态，他的受审，他被无罪释放后的感觉；我描写助产士和医生在午夜喝茶，我描写雨……这只会给我带来快乐，因为我喜欢挖掘和摆弄。但是我该怎么办呢？我从9月10日开始写，心里想着最迟必须在10月5日之前完成，否则我就会让编辑失望，而自己就无钱可用。一开始，我让自己轻松地写作，当写

① 《求婚》。

到中间的时候，开始变得胆怯，害怕故事会太长，我必须记住，《北方通报》编辑部没有多少钱，而我又是它支付高稿酬的作者之一。这就是为什么我的故事的开头总是充满希望，看起来就像我在写一部长篇小说，中间是仓促的，胆怯的，而结尾，就像一个短篇小说的结尾，像烟火一样转瞬即逝。因此，在策划一个故事时，您必须首先考虑故事的框架：从一群主要人物或次要人物中选择一个人，妻子或丈夫。把他放在背景上，专门描写他，使他突出，而其他人像小硬币一样散落在背景上，结果就像天穹：一个大月亮和周围一些非常小的星星。但是，您不一定能把这个月亮画好，因为只有在其他所有的星星都一清二楚的情况下，这个月亮才可以被理解，可是星星们并没有得到完美的加工。所以我创作的不是文学作品，而是像特里什卡的外套①一样的东西。我该怎么办？我不知道，我不知道。我只能相信能治愈一切的时间。

　　说实话，虽然我获得了普希金奖金，但还没有开始我的文学工作。有五个故事和两本小说的主题在我的脑海里，正在承受煎熬。其中一部长篇小说我已经构思了很久，有些人物已经有些不合时宜，但还没有写出来。在我的脑海里，有一大批人物在等待命令，要求释放他们。到目前为止，我所写的一切与自己想写的和我满怀喜悦时写的东西相比都是垃圾。不管我写的是《命名

---

　　① 特里什卡是克雷洛夫寓言中的一个主人公，他的外套的肘部破了，他就剪下一段袖子打补丁，为了补救袖子，他又剪下一块下襟。

日》还是《灯火》，不管是写轻喜剧还是写给朋友的信，它们对我来说都是一样的——都是枯燥、无精打采、呆板的，我对那些把《灯火》看得很有意义的批评家感到恼火，我觉得我用我的作品欺骗了他们，就像我用这张看起来严肃或过于欢快的脸欺骗了许多人一样。我不喜欢写出来的作品受到欢迎，我脑子里的主题对已经写好的东西感到恼火和嫉妒。我很恼火，垃圾已经写成了书，好东西却像旧书一样散落在杂物间里。当然，在这样哀叹的时候，我有点夸大其词，我说的大部分都是我的幻想，但其中有一部分，很大一部分是真的。所谓的好东西究竟是什么呢？是那些我觉得最好的形象，我爱它们，并且小心翼翼地保护它们，以免我为了某个赶时间的《命名日》而浪费它们。如果我的爱是错误的，那么我就是错误的，但是这也许不是错误的！我要么是一个傻瓜，一个自负的家伙；要么真的是一个有能力成为一个好作家的人。我现在写的所有东西都令我不快和厌烦，但是头脑中的东西却使我兴奋和感动——我从中得出结论，每个人都在做不该做的事，只有我知道做正确的事的秘诀。可能所有的作家都这么认为。但是，在这些问题上，魔鬼也会觉得十分棘手。

金钱不能决定我该做什么，或该怎么做。多1000卢布解决不了问题，而十万卢布是空中楼阁。此外，当我有钱的时候——可能是因为不习惯，我不知道——我会变得极其粗心和无所事事；大海对我来说似乎只有膝盖那么深……我需要时间和独处……

[……]

致阿·谢·苏沃林

1888 年 11 月 3 日

您好，阿历克塞·谢尔盖耶维奇！

此刻我身穿燕尾服，去参加文学艺术协会的开幕典礼。一场真正的舞会即将开始。这个协会的宗旨是什么？它的资金有多少？我对这些问题毫不知情。我只知道这个协会的主席是作家费道托夫，他曾经写过很多剧本。我并不想为了获得一个无聊的权利而交纳 25 卢布的会费，因此我没有被吸纳为会员，这让我非常高兴。要是有什么有趣的事情，我会在信中告诉您。连斯基会朗读我的短篇小说。

在《北方通报》11 月号上，有一篇诗人梅列日科夫斯基写的关于我的文章。这篇文章很长。我提请您注意它的结尾，很有特色。梅列日科夫斯基还很年轻，似乎是个学自然科学的大学生。那些吸收了科学方法的智慧并学会科学思考的人会经历许多诱人的诱惑。阿基米德想要使地球转动，而当今的狂热分子想要通过科学来设想不可思议的事情，去发现创造性艺术的物理定律，去发现艺术家本能地感受到的定律和公式，并且在创作音乐、小说、图画等时遵循这些定律和公式。这样的公式在自然界中可能存在。我们知道 a、b、c、"哆""来""咪""发""嗦"都存在于自然界中，曲线、直线、圆圈、正方形、绿色、蓝色和红色也是如此。我们知道，所有这一切在某些组合中都会产生一段旋律、一首诗或一幅图画，就像简单的化学物质在某些组合中突然生出一棵不可思议的树、一块石头或大海一样。但我们所知道的是，这种组合是存在的，可我们对其规律一无所知。那些掌握科学方法的人在他们的灵魂中感觉到一段音乐和一棵树有一些共同点，都是按照同样统一和简单的规律建立起来的。因此，问题来了：这些法则是什么？人们倾向于从生理学的角度来研究创造性艺术（比如包包雷金），而一些更年轻、更缺乏自信的作家，则将他们的论点建立在自然和自然法则的基础上（梅列日科夫斯基）。也许自然界中存在着创造性艺术的生理机制，但我们必须把发现它的梦想扼杀在萌芽状态。如果批评家采取科学的态度，那就没有好结果：他们会浪费十几年的时间，写很多垃圾，使这个主题比以往任何时候都更加晦涩难懂——仅此而已。科学地思考总是一件好事，但问题是，关于创造性艺术的科学思考最终会退化为寻找控制创造力的"细胞"或"中心"。一些麻木不仁的德国人会在大脑的某个地方发现这些"细胞"，另一个德国人会同意他的观点，第三个德国人会不同意他的观点；一个俄国人会浏览一下关于这些细胞的文章，然后向《北方通报》发表一篇长篇大论。《欧洲通报》将会批评这篇文章，并且在未来的三年里，俄罗斯将会充斥着无意义的争吵，这些争吵除了会给傻瓜们带来金钱和知名度，除了激怒聪明人之外，毫无用处。

对于那些痴迷于科学方法、具有上帝赋予的罕见的科学思维天赋的人来说，我认为唯一的出路就是创作哲学。可以收集历代创作的最好的艺术作品，在科学方法的帮助下，发现其中那些使它们彼此相似，并决定它们的价值的共同元素。这种共同性的东西就是规律。被誉为不朽的作品有许多共同之处；如果把这些共同元素剔除出去，那么一部作品就会失去它的魅力和价值。因此，这种共同性的东西是必要的，是所有声称不朽的作品的必要条件。

对年轻人来说，写批评文章比写诗更有用。梅列日科夫斯基写作流畅，但他的每一页都有所保留，有所让步，这意味着他对这个主题并不清楚。他称我为诗人，他把我的小说称为"小说"，把我心目中的英雄称为"失败者"，也就是说，他循规蹈矩。现在是时候放弃这些"失意者"和"多余的人"的说法了，应该想出一些有特色的说法。梅列日科夫斯基称我的作品中那个写赞美歌的修士①是"失意者"。但他怎么会是个失意者呢？希望上帝赐予我们所有人一种像他一样的生活：他相信上帝，他生活富足，他有写诗的天赋……把人分为成功者和失意者是从狭隘的、先入为主的观点来看待人性。您成功了吗？我呢？拿破仑呢？您的瓦西里呢？标准是什么？一个人必须是神，才能不犯错误地分辨成功与失败。好了，我得去参加舞会了。

[……]

---

① 短篇小说《复活节之夜》中的尼古拉。

致阿·谢·苏沃林

1888 年 12 月 23 日

亲爱的阿历克塞·谢尔盖耶维奇，我在昨晚 8 点收到了剧本，但您似乎没有遵守承诺，早两天寄给我。尼古林娜十分着急，每耽误一个小时都忧心不已。昨天她没有派人来，我有一种不祥的预感，觉得她按捺不住，会让人按照老本子转抄台词。

我昨天给她送了很多的台词，留下了老版本，以免弄错。今天她派人来通知我，让我 5 点过去一趟。我在昨天给她的信中写道："如果演员们想要做一些删减和修改，作者（就是您）赋予他们这样的权力，唯一的要求就是不要碰他在给我的信中指出的那些地方。"我要挽救的是阿达舍夫，为了不破坏整个剧本，我做到这一点就可以了。既然阿达舍夫要说话，那么列宾娜就不得不回复他。

我又重读了您的剧本，其中有很多之前的戏剧文学中不曾有过的精彩之处，当然也有许多不好的东西，比如语言。如果我们这里有文学批评，就可以靠着剧本的长处和短处发一笔小财。可是这笔资本就这么干放着，直到它淡出人们的视野，不再受重视。我们这里没有文学批评。整个俄国文学批评的所有阵容，就是满口陈词滥调的达契谢夫，蠢驴米赫涅维奇，还有冷酷的布列宁。让一个感冒的人去闻鲜花是不值得的，同理，为这个阵容写东西也不值得。有些时候我会完全丧失信心。我为谁写？为什么写？为了读者？但是我看不到读者，而且我对他们的信任度还不如对家神的信任度；读者没有受过良好的教育，没有修养，其中的优秀分子又对我们不公平，不真诚。我不知道读者是否需要我，而布列宁说不需要，他说我花时间写出的东西毫无价值，可是科学院又给了我一个奖项——就连魔鬼自己也弄不明白。为了钱而写作吗？但是我从来没有钱，而且我也不习惯有钱，所以对它几乎漠不关心。为了金钱而写作，我提不起劲头。为了赞美而写作？但是赞美只会激怒我。文学社、学生、叶甫烈、伊诺娃、普列谢耶夫、年轻女士等都热情地称赞我的《神经错乱》，但格里戈罗维奇是唯一注意到第一场雪的描写的人，等等。如果我们有批评家，我就应该知道我是一种材料——无论是好是坏都不重要——对于那些致力于研究生命的人来说，我就像一颗恒星之于一个天文学家一样必不可少。然后我会在我的工作上花费精力，并且应该知道我为什么而工作。而现在，您、我、穆拉夫林和其他人就像疯子一样，写书和戏剧来取悦自己。当然，取悦自己是一件极好的事情；一个人在写作的时候感受到了快乐，但之后呢？但是……我会闭嘴。简而言之，我为塔季扬娜·列宾娜①感到遗憾，不是因为她毒死了自己，而是因为她活了一辈子，在痛苦中死去，还徒然被描写了一番，对任何人都没有任何好处。由

---

① 苏沃林的戏剧中的人物。

于当时没有历史学家或生物学家，许多部落、宗教、语言、文明都消失得无影无踪。同样，由于完全没有批评，许多生活和艺术作品在我们眼前消失了。也许有人会反对说，批评家们无能为力，因为所有的现代作品都是贫乏和微不足道的。但这是一种狭隘地看待事物的方式。研究人生，不能只从有利的方面，也要从反面去研究。认为"80年代"没有产生一个作家的信念本身可能为五卷本提供素材。

［……］

［……］昨天晚上我刚坐下来为《新时报》写一个故事，一个女人①就出现了，把我拖去见诗人帕尔明，当时帕尔明喝醉了，摔倒了，伤到了额头。我为那个醉汉忙碌了将近两个小时，疲惫不堪，浑身散发着碘伏的气味。我发了脾气，回到家已经筋疲力尽了……总而言之，我的生活是沉闷的，我开始憎恨，这是之前从未出现过的情况。冗长而愚蠢的谈话、来访者、寻求帮助的人，以及帮助他们一两个卢布，为了那些不给我一分钱的患者花钱租车——总之，一团乱麻，我想离家出走。人们向我借钱却不还，他们拿走我的书，浪费我的时间……我所缺的只是不幸的爱情。

［……］

---

① 帕尔明的妻子。

致阿·谢·苏沃林

1888 年 12 月 26 日，莫斯科

我很难过，因为您在为我没有在《新时报》上发表作品而发火。没有好的作品，我又该怎么办呢？难道让我把自己都认为低下卑劣的短篇小说寄给您？那我真的无法做到，纵使给我再大的功名利禄做诱惑，我也做不到。如果不是这样的话，我会为了利益，每周都会在您的报刊上发表一些随便应付的文章。不知道您是怎样看的，但是我自始至终都会遵守这样的原则：一定不会寄给您让我自己都感到厌恶的作品，我会珍惜每一次在《新时报》上发表作品的机会，维护在读者心中的形象。我相信《新时报》不会像《彼得堡报》那样什么稿子都照收不误。

您在信中对我说，我是在为读者写作，而不是为批评界写作的，您还说，我现在抱怨诉苦得太早了。"在为读者写作"这句话实在让我感受到心情愉悦，但是我要怎样才能知道我是在为读者写作呢？或许是我的工作太渺小了或是其他的原因，我自始至终都未感受过工作的满足感，然而读者也不对我表达真实诚恳、公正坦率的态度，并且我从未听到过他们一句真实的表达，因此，我真的弄不明白他们是否需要。我现在抱怨诉苦为时尚早，但是一想到自己正在做无聊的事，我相信您就不会觉得我现在的抱怨太早了，我的作品得不到批评家的意见，也无法获得读者的

真实反馈，这使我无法感受到自己是在工作，只感觉自己现在做的事滑稽可笑。我是在向您抱怨吗？我不记得前一封信的态度，但是现在我知道我不是只为自己抱怨，而是为和我一样的同行抱怨，他们和我一样有着同样的苦恼。

这一周，我的心里十分窝火，心情也糟糕透了。就在这周，痔疮发痒和出血，许多人知道后来看我，帕尔明在来的途中摔倒了，把前额磕破了，这让我心情很差，然而在节日的前一天晚上，我眼看着自己照料的人死去，却没有什么办法挽救。总之，这是最糟糕的一周。在反省之中我才感觉到自己凶狠的表现，难道不是对现实生活的逃避与恐惧吗？我更加厌恶自己，因为在这花样年华、活力四射的年龄时我有了忧愁哀伤的心情，并把这种心情向您诉说，我的这种做法让自己感到羞愧。

我会努力在新年前写出好的故事，给您一个交代，并且一定会在1号以后把《公爵夫人》寄给您。

夏天是发表喜剧的好时节，冬天却不适合。

您要求我把萨沙放出来。但是《伊万诺夫》能否上演是未知的。如果上演了，我会一切都按照您说的做。但是我要让这个坏女人受到惩罚，也请您见谅。在您看来，如果女人经常因为怜悯和同情爱上一个人，并且嫁给他，那男人们又会是什么样的呢？我很讨厌那些污蔑女人的现实主义长篇小说家，也讨厌像尤仁一样的人，他们只会把女人抬到肩上，用尽全力证明，女人再坏也是天使，男人是恶棍。除了男人比女人聪明、公正些，其他的都是一样的。散戏后我邀请连斯基来家里交谈一下《塔吉雅娜·列宾娜》，并让他把样本带给萨道夫斯基。

我的画家①还是老样子。

秋天我决定带母亲和妹妹去彼得堡居住，在那里努力认真地做一些自己喜欢的事。

您写的那一段非常好，我却弄不明白您为什么不喜欢。我期待 H. 拉甫列茨基出新的短篇小说。您一定要继续写，因为您的《一夜的故事》里深藏着许多优秀的东西，即使写的过程中有困难，但内容不乏味，会使人很有兴趣地读下去，并且您对读者也表现出很喜欢的态度。我认为，您在写作时应该积累好的东西，使作品跌宕起伏，这样才不会像那些平淡无奇的作品一样令人乏味。

这种由各种不同因素积累起的坏心情是不可控制的，并且我也不喜欢，所以请您别为此而生气，何况这也不是我能改变的。

我认为直接指教我比表达歉意更有用。我还是喜欢您教导人时写的简短的句子，这样的句子能够让人一目了然，瞬间把握到精髓，带来非同一般的效果，而我在教育年轻人时却习惯用长句子，所以无法达到满意的效果。

连斯基和妻子已经来过我们家，他们对我说，叶尔莫洛娃非常喜欢演塔吉雅娜这个角色。虽然第一幕戏演出的效果确实

---

① 契诃夫的二哥尼古拉。

比在彼得堡时差一些，但是我非常确信，后三幕戏好多了。我认为叶尔莫洛娃不适合演喜剧，她的表演无法让人喜欢，所以这第一幕戏没有理想中的那样好，若第一幕不是喜剧类的，我相信她会把第一幕演得像后三幕一样精彩。您来我这儿缓解一下心情吧，人们对演出的喜爱、评价、议论等——这些都会使您的心情不好，但要是换个角度想想，这也会成为以后的美好回忆。

已经到了为外地提供剧本的时间了，您需要尽快将 25 份剧本寄过来，到时我会亲自将剧本转交给拉斯索兴的。您是否考虑加入协会？我真诚地希望您报名参加。那些演员们看不懂铅印体的剧本，所以给达维多夫的那份要用石板印刷，并署名 H. 拉甫列茨基，等到了夏天再把它发表在报纸上，不知您写完了吗？但请尽快。

我们将在节日后开始排练。现在我还不认识叶尔莫洛娃，不过没关系，在尤里耶夫的葬礼上我可能会认识她，那时我会和她随便聊一聊。剧本的所有事都安排妥当了，所以我也就没有可以说的了，因此，这里也就不需要我这个全权代表了。如果我不在，所有的事也会被安排妥当的……

再会！请替我向安娜·伊万诺芙娜问好，我在这儿也向您的家人问好。

致阿·谢·苏沃林

1888 年 12 月 30 日

我是这样理解我的角色的。伊万诺夫是一个绅士，一个大学生，一点儿都不出众。他像他们班上的大多数人一样，容易急躁、诚实而直率。他住在自己的庄园里，在泽姆斯特沃号上服役。从他下面对医生说的话里，可以看出他一直在做的事情，他的行为举止，他对什么感兴趣。（第一幕，第五场）："不要娶犹太女人或神经质的女人或穿蓝色长筒袜的女人……不要单枪匹马地和成千上万的人打架，不要对风车发动战争，不要把头撞在墙上……上帝保佑您远离科学农业，美妙的学校，热情洋溢的演讲……"这就是他过去的经历。萨拉见识过他对科学农业的狂热，他对医生说："他是一个了不起的人，医生，我很遗憾你没有在两三年前见到他。现在他情绪低落，郁郁寡欢，什么也不说，什么也不做，但在过去……他是多么迷人啊！"（第一幕，第七场）。他的过去很美好，就像那些受过教育的俄罗斯人一样。没有或几乎没有一个俄国绅士或大学生不夸耀自己的过去。现在总是比过去更糟糕。为什么？因为俄罗斯人的兴奋有一个特殊的特征：它很快就会导致精疲力竭。一个人刚一离开教室，就急忙挑起一个超出他力量范围的重担；他立刻着手处理学校、农民、科学农业的事情，他发表演讲，给牧师写信，与邪恶斗争，称赞善良，坠入爱河，不是以一种普通的、简单的方式，而是选择一个穿蓝色长筒袜的女人或一个神经质的女人或犹太女人，甚至一个他试图拯救的妓女，等等。但是当他30岁的时候，他开始感到疲倦和无聊。他还没有像样的胡子，但他已经威严地表示："别结婚，我亲爱的朋友……相信我的经验，"或者"毕竟，自由主义到底是什么？在我们之间，卡特科夫常常是对的……"他准备拒绝赞姆斯沃和科学农业，拒绝科学和爱。我的伊万诺夫对医生说（第一幕，第五场）："你去年才拿到学位，我亲爱的朋友，你还年轻，精力充沛，而我已经35岁了。我有权建议你……"这就是这些过早精疲力竭的人说话的方式。再往下看，他叹了口气，建议道："不要以这种或那种方式结婚（见上文），按照传统模式来构建你的生活。背景越灰越单调越好……我过的生活——多累人啊！啊，真累人！"

他意识到身体的疲惫和厌倦，不明白自己到底怎么了，发生了什么事。他吓坏了，对医生说（第一幕，第三场）："你告诉我她很快就要死了，我感觉到的不是爱，也不是怜悯，而是一种空虚和疲惫……我不明白我的灵魂发生了什么。"发现自己处于这样的境地，狭隘和不负责任的人通常会把所有的责任都归咎于自己的环境，或者把自己写成哈姆雷特和多余的人，并对此感到满意。但是伊万诺夫，一个直率的人，公开地对医生和公众说，他不了解自己的想法。"我不明白！我不明白！"从他在第三幕的长篇独白中可以看出他确实不明白。在那里，面对公众，他敞开心扉，甚至哭泣。

他寻找自身之外的原因，却找不到；他开始寻找自身的原因，却只找到一种莫名其妙的内疚感。这是一种俄罗斯人的感觉。无论他的家人是死是病，无论他是欠钱还是借钱，一个俄罗斯人总是感到内疚。在每个关键时刻，伊万诺夫的内疚感都在增加。在第一幕中，他说："假设我应该受到严厉的谴责，但是我的思想却混乱不堪，我的灵魂被一种懒惰所束缚，我无法理解自己……"在第二幕中，他对萨沙说："我的良心日夜疼痛，我觉得我应该受到深深的责备，但是我究竟做错了什么，我无法理解。"

除了精疲力竭、无聊和内疚之外，还有一个敌人：孤独。如果伊万诺夫是一名官员、一名演员、一名牧师或一名教授，他会逐渐习惯自己的地位。但他住在自己的庄园里。他在乡下。他的邻居要么是酒鬼，要么喜欢打牌，要么和医生是一类人。他们都不在乎他的感受，也不在乎他身上发生的变化。他很孤独。漫长的冬天，漫长的夜晚，空荡荡的花园，空荡荡的房间，嘟嘟嚷嚷的伯爵，生病的妻子……他无处可去。这就是为什么他每时每刻都被这个问题折磨着：他和自己有什么关系？

现在谈谈他的第五个敌人。伊万诺夫是累了，不了解自己，但生活与此无关！它对他提出了合理的要求，不管他愿不愿意，他必须解决问题。他生病的妻子是个问题，他的无数债务是个问题，萨沙扑向他的脖子是个问题。他解决所有这些问题的方式，必须从他在第三幕的独白和最后两幕的内容中得到证明。伊万诺夫这样的人不会解决困难，而是在重压之下崩溃。他们失去理智，做着手势，变得紧张，做着愚蠢的事情。最后，放任自己松弛的、散漫的神经，失去了脚下的土地，进入了"崩溃"和"被误解"的行列。

[……]

致亚·巴·契诃夫
1889年1月2日，莫斯科

[……]请你记住，母亲的青春是被专制和欺骗破坏的，而这两者也是我们童年的罪魁祸首，一谈起这些，我就感到恶心，感到恐惧。当父亲在饭桌上因为午餐的菜汤过咸而勃然大怒，或者骂母亲是笨蛋的时候，你可以想象我们的心里有多么厌恶，多么恐惧。父亲到现在都不能为这些原谅自己……宁愿被刀杀死，也不要去杀人。

我尽最大努力干预了你的家务事，但是我的良心是清白的。不要再误入歧途，做一个宽容的人。如果你很正直，就不会觉得我是出于什么不好的动机才写的这封信，就不会觉得我只在我们的关系中寻找真诚。我们之间并无纷争。

致阿·谢·苏沃林

1889 年 1 月 7 日，莫斯科

[……]

我一直怀着一个大胆的梦想，那就是总结迄今为止所有关于哀怨、悲惨的人们的文章，并以我的《伊万诺夫》来终结这类作品。在我看来，所有的俄罗斯小说家和剧作家都被描写沮丧的人物所吸引，但他们都是凭直觉写作的，对这个主题没有明确的形象或观点。就我的构思而言，我几乎击中了要害，但写出来的东西却没什么意义。我应该等等的！我很高兴两三年前没有听格里戈罗维奇的话，没有写长篇小说！我可以想象，如果听了他的话，会毁掉多少好的素材。他说："天赋和朝气能够战胜一切。"更确切地说，天赋和朝气会毁掉很多东西。除了大量的材料和才能，还要有其他同样重要的东西。首先，要变得成熟；其次，个人自由的感觉是必不可少的，而这种感觉直到最近才开始在我身上形成。我以前从来没有过这样的经历，它的地位成功地被我的轻浮、粗心和对工作缺乏尊重所取代。

上流社会的作家轻而易举从大自然中得到的东西，平民需要付出青春作为代价。您可以写一个短篇小说，讲述一个年轻人，一个农奴的儿子，在商店里工作过，在唱诗班里唱过歌，读过中学和大学，从小受到的教育是尊重每一个上层人士，要亲吻牧师的手，要尊重别人的想法。他感谢每一口面包，他曾多次被鞭打，打过架，虐待过动物，喜欢和他富有的亲戚共进晚餐。写下这个年轻人，如何一点一滴地把奴隶从自己身体里挤出来，以及在一个美丽的早晨醒来时，他是如何感到自己的血管里不再流淌着奴隶的血液，而是一个真正的人的血液……

［……］

致阿·谢·苏沃林

1889 年 2 月 8 日，莫斯科

我不用钻石和黄金的价值去评价，而是用真心去评价，这篇评论①写得非常好。我深信：现在取得的已经远远超过了我想要取得的。

今天我收到了那封有关您与"居民"② 谈话内容的信。信中表达了您对我写"现成的"伊万诺夫的不赞同。我认为您应该换个角度来考虑这个问题，若站在我的角度，您一定会感受到这种做法对我是怎样的不公平。当您写"现成的"列宾娜③、赫列斯

---

① 苏沃林写的一篇关于《伊万诺夫》的书评。
② "居民"是《新时报》的撰稿人亚·亚·佳科夫的笔名。
③ 苏沃林的剧本《塔吉雅娜·列宾娜》的女主角。

达科夫①和恰茨基②时，您又是怎样想的呢？正如那些不被人知道的历史人物，何尝不是运用推理的方式来完成对人物的描写。就像写"现成的"托尔斯泰一样，我只不过是运用一支不成熟的笔勾勒出正确的伊万诺夫而已，难道您对所有"现成的"人物都感到不满意吗？作者才能的大小能表达出问题的实质——这就是问题的症结所在。正因为我所描写的伊万诺夫拥有一个正确的开始，所以我并未感到有任何不妥的地方，但是我失策在涂阴影的地方，您对轮廓感到疑惑不解的原因也是因为阴影涂得不好。

我不需要有女人出现在我的剧本里。让女人记住她们自己才是生活的重心，是我最关注的事情。倘若我能完美地将她们的玉容描写出来，那我就会觉得我对于她们的义务已经全部尽到了。伊万诺夫彻底被击垮，在这件事情里女人也有责任……那又如何？不需要对女人的责任做过多的辩解吧？已经有很多人在我之前对此讨论过成千上万次了，况且这本来就是一目了然的事实。

有关《伊万诺夫》的许多封匿名信和署名信都被寄到我这里来了。在匿名信中，有一个社会主义者（我觉得像是个社会主义者）极其愤懑，他毫不留情地批判我，说我的剧本百害而无一利，说我的戏害死了一个年轻人，还说了很多类似的话。对伊万

---

① 喜剧《钦差大臣》中的主角。
② 喜剧《智慧的痛苦》的主角，作者是格里鲍耶陀夫。

诺夫的解释在全部的信件中几乎一模一样。这说明大家都已经明白了，这使我很开心。

喀山人对您说了谎。因为叶尔莫洛娃累了，所以才把《塔吉雅娜·列宾娜》往后拖延期限。不过演出倒是很完美。几乎每个包厢都预订了 100 人——这是今天我去连斯基家里做客时听到的。

有一个外省的妇女，是精神病患者，她满含热泪地奔跑在特列奇亚科夫美术馆里，因为她听说过塔吉雅娜，所以她颤颤巍巍地央求看一眼列宾创作的塔吉雅娜，为了这个事情她肯定要发病了。

现在莫斯科的所有观念都在批评您故意招惹那些令人唾弃的坏蛋。现在大家都觉得您在耍滑头，但他们不知道使坏的是叶尔莫洛娃，并不是您。这里有太多的无稽之谈。我很早就说过，我不允许莫斯科出演《伊万诺夫》（虽然并没有人要求莫斯科来出演），我这个想法是不会改变的。要是莫斯科开始提起这件事情，还夜郎自大地解释和批评……那我们就决斗吧！的确，拿一枚针妄图刺一头大象实在是荒唐。不过，您可以在我去世以后的悼词中写上：世上曾有一个人，他并不乐意买那个厨娘的账。麻烦您不要再和我辩论这些了。如果一意孤行是莽撞的，那您就当我是一个粗鄙之人吧！——这样两全其美，不管哪一方都不亏。

[……]

致伊·列·列昂捷耶夫（谢格洛夫）

1889 年 2 月 18 日，莫斯科

我已经收到《戏迷先生》了，太感谢您了，我敬爱的让！我把一份送给了弟弟，觉得会对他当老师有帮助，另一份我珍藏了起来，放在了我的公开的图书馆里（公开的意思就是，大家都会觊觎图书馆里面的书）。

因为《伊万诺夫》的事情，您在信中劝导我多次。首先，我要向您表达感谢之情；其次，我坚定不移地真诚无比地想对您说：我的内心是波澜不惊的，并且我对于自己所做过的事情很自豪，对于我所得到的东西很满足，我做了力所能及并且擅长做的事情，所以我是正确的：不管做什么事情都是有定量的，我应该取得的其实比我真正取得的应该还要少，所以说我得到的东西和我的付出不成正比。我听到的那些话就连莎士比亚也听不到。我还想得到什么？只要我没看见，即使有 100 个左右的人在彼得堡耸起肩膀、蔑视地嘲笑、推卸责任、毒骂或是撒谎，我都不会坐立不安。在莫斯科我没有嗅到一丝一毫的彼得堡的味道。每天我都会遇见一百多个人，但是我听不见一句与《伊万诺夫》有关的话，仿佛我从来都没写过《伊万诺夫》。但是在彼得堡我看到的欢呼雀跃和成功，让我觉得好像做了一个慌张的梦，现在那个梦已经醒了。

我在这里多提几句上段里说的欢呼雀跃和成功。这听起来多么的打动人心，又是多么的不尽如人意，结果就导致什么想法都没有，只剩下身心俱疲和想逃之大吉……

我现在的心里只有夏天和别墅，也在朝思暮想着庄园。我就是辛辛纳图斯①，而不是波将金。我觉得在草垛中睡一觉或者钓到一条鲑鱼比那些议论剧本、鼓掌欢呼的观众更令我觉得惬意。这很明显，我是一个怪兽或山野村夫。

我现在正在写的一篇博士学位的论文题目是《论培养伊万·谢格洛夫讨厌戏剧的几种方式》。

您在信里说，布列宁的存在使您充满了压抑感。即使是这样，您就给上帝一点面子吧，不要服从这种压抑，也没必要在所有人的批评面前俯首称臣。他永远都是错的，不必理会他一直耍威风，也不必在意他说咱们这些写作的人没有用处。这个世界不狭窄也不拥挤，每个人都会找到自己的归宿，我们和布列宁也是井水不犯河水。至于谁中用谁不中用，这不是布列宁说了算的，也不是我们能解决的。您不必在谁也不知道的东西上面浪费时间和精力。

您可以去写一篇小说，它就好像是您爱着的妻子一样，而戏剧对您来说像一个浓妆艳抹的情妇。您可以选择成为像奥斯特洛夫斯基一样伟大的人，也可以从此不再写戏剧，您只有这两种选择，中间的道路早已经是人满为患了。至于小说家，比如说我、您、马斯洛夫、柯罗连科、阿尔博夫、巴兰采维奇，我们是

①　罗马贵族，据说是谦虚和尽忠职守的典范。

校级参谋，如果去和戏剧尉官们争饭碗，太没有面子了。小说家们要么不要进入戏剧这个行业，要么就凭借自己将军的身份进入专业的戏剧群。

如果您只是随声附和，那就另当别论了。为何要杜绝随声附和呢？您在玩耍的时候不能是一副义正词严的模样，不能让一些刻板的思想压抑了自己。

您看看，我怎么一直在说教呀！我甚至都会训斥大尉。您也是知道的，我没有任何的官职。

我现在要去参加一个跳舞的宴会！祝您有一个健康的身体！愿上帝赐福予您！

买《戏迷先生》要花费一个卢布，价钱太昂贵了。我觉得价格在 25～30 戈比之间比较合适。

向您的爱妻问好。我代表我们全家人向您问好，也感谢您问候他们。

致阿·谢·苏沃林
1889 年 5 月初

[……] 除此之外，我还在读冈查洛夫①的作品。我不知道

---

① 俄国作家，长篇小说《奥勃洛莫夫》的作者。

我怎么会认为冈查洛夫是一流的作家。他的《奥勃洛莫夫》不是很好。伊里亚·伊里奇①本人言过其实，并没有那么引人注目，以至于值得写一本关于他的书。他是一个像许多普通人一样的懒汉，他的性格不复杂，平凡又卑劣，把这个人提升到一个社会类型的地位，就太过分了。我问自己，如果奥勃洛莫夫不是个懒汉，他会成为什么样的人？我回答说，他不会成为任何人。如果是这样，就让他安静地打鼾吧！其他的角色都是微不足道的，带有列伊金的作品中的人物的味道，他们写得十分粗糙，并且一半是不真实的。他们不是时代的特征，也不会给人带来什么新的东西。斯托尔茨②也无法让我信任。作者说他是个了不起的人，但我不相信。他是个狡猾的畜生，自视甚高，而且非常自满。他有点不真实，四分之三是矫揉造作的。奥尔加③也是不真实的，而且非常牵强。主要的问题在于整部小说都很冷酷。我已经把冈查洛夫从我的半神名单上划掉了。

但果戈理是多么直接，多么强大，他是多么伟大的艺术家啊！光是他的《马车》就值 20 万卢布。它读起来让人身心舒畅。他是俄罗斯最伟大的作家。在《钦差大臣》中，第一幕是最好的，而在《婚事》中，第三幕是最糟糕的。我要把它大声读给我

---

① 《奥勃洛莫夫》的主人公。
② 《奥勃洛莫夫》中塑造出的一个理想人物。
③ 《奥勃洛莫夫》的女主人公。

的家人听。

[……]

致阿·谢·苏沃林
1889 年 5 月 4 日

亲爱的阿历克塞·谢尔盖耶维奇，我刚刚捉完虾，就回来给您写信。天气真好，百鸟欢唱，百花齐放。花园里一片葱茏的景象，连橡树都长出了新枝。苹果树、梨树、樱桃树和李子树的树干都为了防虫而漆成了白色，再加上它们的白花，看起来就像婚礼上的新娘：白色的衣裙，白色的花朵，看起来十分羞涩，不好意思被围观。每天都有万物诞生。夜莺、杜鹃和其他鸟类不停地叫，青蛙为它们伴奏。不管是白天还是黑夜，每个小时都有各自的特点。大自然是最好的镇静剂。它使人平静——也就是说，它使人淡漠。在这个世界上，淡漠是很重要的。只有那些淡漠的人，才能看清事物，才能做到公正，才能工作。当然，我说的只是天性善良的聪明人，空虚和自私的人早就已经足够冷漠了。

您在信中说我变懒了。这并不意味着我比以前更懒惰了。我现在的工作量和三五年前一样多。从早上 9 点工作到吃午饭，从喝晚茶工作到睡觉已经成为我的习惯，在这方面，我就像一个真正工作着的人。如果我的工作成果不是一个月写两本小说或一年一万卢布的收入，那么我的过错并不在于我的懒惰，而是在于我的基本的心理特质。我对金钱不够在乎，不足以在医学上取得成功；对于文学，我没有足够的热情，因此也没有足够的天赋。这就是为什么我一个晚上不会写上三四个印张，或者因为工作太忙而无法入睡的原因；这就是为什么我没有做出特别愚蠢的事情，也没有做出特别明智的事情的原因。恐怕在这方面，我和我不喜欢的那个冈察洛夫很像，而他的才能远超我。我没有足够的热情，再加上这种疯狂：在过去两年里，我毫无理由地不再关心我的作品能否出版，对评论、文学对话、闲话、成功与失败、丰厚的稿酬变得漠不关心——简而言之，我变成了彻头彻尾的傻瓜。我的内心十分消沉。我用我个人生活的停滞来解释这种消沉。我没有失望、没有疲惫、没有沮丧，只是一切都突然变得无趣起来。我必须做点什么来唤醒自己。

［……］

致阿·谢·苏沃林

1889 年 5 月 7 日，苏梅

我读了您介绍的布尔热①的《门徒》的俄文译本。它给我的印象是这样的。布尔热是一个天才，一个非常聪明和有教养的

---

① 法国作家保尔·布尔热，《门徒》的作者。

人。他对自然科学的方法极为熟悉，他仿佛学习过科学或医学，还取得了不错的成绩。在他着手经营的领域里，他并不是一个外行——这是俄罗斯新老作家都缺乏的优点。[……]

这部小说很有趣。我读过之后，才明白您为什么如此专注于它。它含义隽永，意味深长，在某些地方是机智的，有些地方是奇妙的。至于它的缺陷，主要是他对唯物主义的自命不凡的讨伐。请原谅，我不能理解这样的讨伐。它们从来不会有任何结果，只会给人们的思想带来不必要的混乱。讨伐的对象是谁？讨伐的目的是什么？敌人在哪里？他有什么危险？首先，唯物主义运动不是狭隘的新闻意义上的学派或趋势；它不是偶然或偶然的事物；它是必要的、不可避免的，超越了人的力量。地球上所有的生命都注定是物质的。在动物身上；在野蛮人身上；在莫斯科的商人身上。一切高等的和非动物的东西都受到一种无意识的本能的制约，而其余的一切都是物质的，当然也不是取决于他们的意志的。高级生物，有思想的人，也注定是唯物主义者。他们在物质中寻找真理，因为没有其他地方可以寻找真理，因为他们看到、听到和感知到的只有物质。必要时，他们只能用显微镜、探针和刀子在对他们有用的地方寻求真理。禁止一个人走唯物主义的道路等于禁止他寻求真理。物质之外既没有知识也没有经验，因此也就没有真理……

我认为，解剖尸体时，最顽固的唯心论者一定会问自己：“灵魂在哪里？”如果一个人知道肉体疾病和精神疾病之间的相似性有多大，而且两者都用同样的疗法治疗，那么他就会情不自禁地拒绝将灵魂与肉体分开。

[……]谈论物质主义的危险和危害，甚至与之做斗争——这么做至少可以说为时过早。我们没有足够的资料起草起诉书。有很多理论和假设，但没有事实……牧师们抱怨缺乏信仰、道德败坏等。但是缺乏信仰的人是不存在的。人们总会信仰一些东西，不管它是什么……至于道德败坏，说的不是像门捷列夫这样的人，而是诗人、修道士和一些经常认真去大教堂的人士，他们被认为是堕落的放荡者、浪子和酒鬼。

简而言之，我无法理解布尔热的这场进攻。如果他在进攻的同时能够向唯物主义者指出天空中那个无形的上帝，而且能让他们看到这个上帝，那就是另一回事了，我也能明白他的意图。

请原谅我发表的这番言论。现在我要去邮局了，问候您的家人。祝您健康。

致阿·谢·苏沃林
1889 年 5 月 15 日，苏梅

既然您还没有出国，我就回复您关于布尔热的来信。[……]您说的是这个或那个知识分支的"生存权"；而我说的是和睦共处，不是权利。我不希望人们在没有斗争的地方看到斗争。不同的知识分支总是和睦共处。解剖学和纯文学同样有着高贵的血

统，有着同样的目的和同样的敌人——魔鬼——而且它们绝对没有什么可以斗争的。它们之间没有生存之争。如果一个人知道血液循环，他的精神世界就是富有的；如果他也学习宗教的历史和《我想起美妙的一刹那》这首歌，他的精神世界就会变得更富有，而不是更穷——也就是说，这是百利而无一害的。这就是为什么天才从不斗争，而在歌德身上，诗人与自然科学家也和睦相处。

不是诗学在和解剖学争斗，不是知识在争斗，而是各种迷误，也就是各种人在互相争斗。当一个人无法理解某件事情时，他就会意识到一种不和谐，而且他不在自己身上寻找这种不和谐的原因（似乎本来应该是在自己身上寻找的），而是在自己之外寻找，因此他就会与他不理解的事物发生斗争。在中世纪，炼金术逐渐以一种自然、和平的方式转变为化学，占星术转变为天文学；僧侣们不理解，在其中看到了斗争，自己也开始斗争。19世纪60年代的皮萨列夫①就是这样一个好斗的西班牙僧侣。

布尔热也在跟别人斗争。您说他没有斗，我说他在斗。想象一下，他的小说《门徒》落入一个人手中，而这个人的孩子学的是自然科学；或者落到一个正在为他的主日布道寻找主题的主教手里。请您设想一下，这两种情况产生的后果会类似于和睦相处

① 俄国文艺批评家、政论家。

吗？不会的。或者您可以想象一下小说落入了解剖学家或生理学家，或者其他类似的人的眼帘。它不会给任何人的灵魂带来和平；它会激怒那些懂行的人，给那些不懂行的人错误的想法。

[……]

致阿·尼·普列谢耶夫

1889 年 6 月 26 日，苏梅

您好，亲爱的阿历克塞·尼古拉耶维奇，在尼古拉去世后的第九天，我收到了您的来信。也就是说我拿到这封信的时候，我们的生活已经趋于正常。现在我正在给您回信，我感觉已经恢复了正常生活，没有什么能够妨碍我按时给您写信了。

可怜的画家离开了人世。在卢卡的时候，他就像一根燃烧后逐渐缩小的蜡烛一样，日渐消瘦下去。所以当时的我就沉浸在灾难已经越来越近的感觉中，虽然我不知道他什么时候会去世，但我很清楚他将不久于人世。结局是这样发生的。斯沃包金来我家拜访。当时我哥哥来了，能够替我照料尼古拉几天，我就想趁机休息四五天，放松一下心情。在我的劝说下，斯沃包金和林特瓦列夫一家跟我一起踏上了去往波尔塔瓦省的斯马金家的路。一路上寒风凛冽，天昏地暗，让人感觉踏上了冻土地带，我想这是对我离开尼古拉的惩罚。到达斯马金家时已是深夜，我们都被淋成了落汤鸡，冻得瑟瑟发抖。被窝里冷冰冰的，我们伴着冷雨的嘈杂进入了梦乡。第二天早上醒来，迎接我们的还是沃格格达的恶劣天气。那泥泞不堪的道路，灰蒙蒙的天空，还有树上的露水，让我毕生难忘，因为那天早晨我收到了一份湿漉漉的电报，是一个从米尔哥罗德来的农民带来的，上面写着"科里亚去世了"。您应该不难想象我当时的心情。我骑着马赶到了火车站，在火车站等了8个小时才坐上火车……从傍晚7点到深夜2点，我一直在洛姆纳赫等待着。因为太过无聊，我就去了城里一趟。当时我一个人坐在漆黑寒冷的花园里，感到无边的苦闷，这种感觉让我至今难忘。我坐在一堵褐色的围墙边，在墙的那一边，有几个演员正在排练一部充满了人生酸甜苦辣的剧本。

我回到家中，看到的是一副痛苦的景象。这是我家里第一次死人，我也第一次在家中看到棺材。

［……］

我可能要外出走动一下，可是又不知道去哪里。

苏沃林让我出国，虽然我很不情愿，但我感觉我很有可能会出国。［……］我很想在克里米亚找个地方定居一段时间，方便我做一些工作。

我的剧本①止步不前。我没有时间来完成它，也不觉得有这个必要。我目前正在缓慢地写一部长篇小说，其实说"写"并不准确，说"涂"似乎更加确切。

---

① 《林妖》。

您现在在写剧本吗？建议您写一部独特的喜剧，写完之后委托我在莫斯科安排演出。我可以代替您排练，代替您领取稿酬，还能代替您做一些别的事情。

[……]

致符·阿·吉洪诺夫

1889 年 9 月 13 日，莫斯科

您好，俄国的萨尔杜！我在回答您：我在这儿！知道您一切都好，我就高兴了。要不了多长时间，我将欣喜地看到您的《阳光和乌云》了，我是在柯尔希那里知道这个作品的。没有任何新闻。一切都是老样子，一切都和从前一样静谧、讨厌（这讨厌混合了乐观主义和悲观主义）。

柯尔说告诉我，您的《没有扁担和熨斗》依然会在他的剧院上演，我会去看一次，因为这个戏我还没有看过。再写些什么呢？说一下这里的天气吧，天气挺好的。

我把一部较长的中篇小说写完了。这是一部烦冗难懂的作品，看了以后会让我晕厥过去的那种。倒不是因为印张的数量让人觉得烦冗，而是因为质量的关系。这是一种繁重的东西，在这部作品我会涉及一个新主题。

等您到来，祝您一切都好！

致阿·尼·普列谢耶夫

1889 年 9 月 30 日，莫斯科

[……] 我认为我不应该改变故事的标题①。正如您预言的那样，那些会拿《枯燥乏味的故事》开玩笑的人是如此乏味，以至于人们不必害怕他们；如果有人开了个有趣的玩笑，我会很高兴给他这个机会。关于卡蒂亚的丈夫，教授写不出什么，因为他不认识他，卡蒂亚也没有说任何关于他的事情；此外，我心目中的英雄的一个主要特点是，他对周围人的内心生活关注太少，当他周围的人哭泣、犯错、说谎时，他还能平静地谈论戏剧或文学。如果他是另外一种人，莉莎和卡佳也许不会遭遇不幸。[……]

致阿·尼·普列谢耶夫

1889 年 10 月

[……]

我害怕那些在字里行间寻找倾向的人，那些决心把我看作自由主义者或保守主义者的人。我不是一个自由主义者，不是一个

---

① 《枯燥乏味的故事》。

保守主义者，不是渐进主义者，不是一个僧侣，不是一个与众不同的人。我想成为一个自由的艺术家，仅此而已，我很遗憾上帝没有赋予我成为一个自由艺术家的能力。我讨厌一切形式的谎言和暴力，同样讨厌教会的秘书和诺托维奇与格拉多夫斯基。法利赛主义、愚蠢和专制统治不仅仅是在商人的家里和监狱里。我在科学、文学和年轻一代身上看到了它们……这就是为什么我不喜欢宪兵，不喜欢屠夫，不喜欢科学家，不喜欢作家，也不喜欢年轻一代。我认为最神圣的是人的身体、健康、智慧、天赋、灵感、爱以及最绝对的自由——免受暴力和谎言的侵害，无论它们采取什么形式。如果我是一个伟大的艺术家，我就会遵循这个计划。

……

致亚·谢·拉扎烈夫（格鲁津斯基）

1889 年 11 月 1 日，莫斯科

最友善的亚历山大·谢苗诺维奇！我已经收到您的轻喜剧，而且很快就读完了。这个剧本写得真是太好了，可是结构却让人无法容忍，如果要上演的话就太不合适了。您自己好好想想吧，达霞的第一个独白就可以去掉，它就如同一个肉瘤一样，太让人讨厌了。假如您想把达霞塑造成一个非常重要的角色，假如被观众寄予厚望的这段独白和剧本息息相关，那么它倒挺合适的。

假如舞台根本没人开枪的话，为什么要放一把上了子弹的枪呢？不应该让观众的希望落空，还是让达霞保持沉默吧！

果尔希科夫的话太多了，导致卡沙洛托夫有无数次机会把他叫过去，小声对他说："闭嘴，老家伙，老婆在这里呢！"可是他根本不这样做……为什么会这么大意呢？是性格使然吗？假如是性格的原因，那最好说清楚……再来说那个妻子，假如她是女主角的话，那未免太空洞了。她几乎没怎么说话，和一个哑巴女演员没有区别。果尔希科夫这个人物写得非常好，只是他追忆往昔的方式不够丰富……要多一些东西让观众觉得回味无穷，变化多一些才好。比如说，卡沙洛托夫在说到他所追求的女演员时的口气，就如同说到纸牌和监牢一样，语气的变化就像算术级别一样……他原本可以这样说："之前的女演员多好啊，就比如说洛波列洛娃吧，她既有才气，又有美貌，还有气质，也很热情！希望上帝不要让我的记忆消失，我有一次去你的房间（当时你和她共同生活），她正在练习自己所扮演的角色……"，等等，这种手法又是另外一回事了。

假如您现在所处的位置是一个精明人的话，对于剧本中的四个人物，他应该会这样设计：一个靠得住的男角色，一个靠谱的女角色，另外两个角色当绿叶。您的剧本中已经有了一个靠得住的男角色——果尔希科夫，而靠谱的女角色则要交给妻子这个角色，这一点并不难做到。丈夫和达霞则应该当绿叶。假如是我来写的话，我会这样写：丈夫进入房间，把自己在"里沃尔诺饭店"遇见的老友介绍给妻子:"亲爱的,你请他喝咖啡吧,我去一趟银行,马上就回来。"这时舞台上就只有妻子和果尔希科夫两人了。后者开始追忆往昔,闲谈中不经意把应该泄露的事情泄露出去了。丈夫回来了,看到了狼藉的餐具和因为害怕而躲在桌子底下的老朋友。最后的结果是:果尔希科夫激动地看着一脸怒气的夫人说:"太太,您将是一个非常优秀的悲剧演员!美狄精致应该请您来演才好呢!"夫妇俩争执不休,而果尔希科夫念着《李尔王》中那段可怕的独白,似乎马上就有一场风暴来临……或者是别的类似的什么……再往下我就不管了。

我的意见就是这样。期盼您的来信。请您选择:要么我把现在这样的剧本送出去,因为哪怕是这样,它也会发表,不管怎么说,相比千百种其他的轻喜剧,它要好多了,或者我把剧本寄回去您修改,慢慢来,不着急,您还会和您的夫人一起听到很多欢呼声的。

您真的在季格尔家里丢钱了吗?这样的玩笑还是别开了。

致阿·尼·普列谢耶夫

1889 年 12 月 25 日,莫斯科

亲爱的阿历克塞·尼古拉耶维奇,您好,祝您圣诞节快乐,也预祝您新年快乐!

我还是把事情原委原原本本地告诉您吧!有一次,在《演

员》杂志编辑部，我遇到了一个编辑，当时，他正在看您的译作《生存竞争》。还有一个人坐在编辑旁边，看上去像编辑部秘书或戈尔采夫。两个人交谈着，说不打算把您的译作发表出去。我害怕他们在您面前胡说，于是我请他们允许我给您写一封信，告诉您您的译作现在在什么位置：将把玛捷尔恩的译文发表出去，早就对他允诺了。所以我觉得很奇怪，这个编辑部也太没有头脑了，他们可能已经知道您的译作发表不了了，还给您添堵。我把他们狠狠地骂了一顿。现在再来说阿布拉莫娃的戏院。就我所知道的索洛甫佐夫和其伙伴的情况，他们是不可能上演《生存竞争》的，尽管他们撒谎说节日后必定会上演。总而言之，《生存竞争》的最好译本是不可能实现的了，这让我很是生气。我不仅知道您的译本，还知道其他三个译本，在外省，它们已经起到作用了，译文不好，语言粗糙……听说，在柯尔希剧院上演的译本真是太糟糕了，这种情况真是太搞笑了。

我已经收到悲剧《斯特鲁恩泽》了，对您表示衷心的感谢。我已经看完了。这个剧本真心不错，很有意思，就像德国的托盘彩画一样。比如说，对牧师进行描绘的一些场景……我不太满意剧本的结局。可是从整体来说，我对这个剧本还是很喜欢的。俄国也需要有自己的斯特鲁恩泽，就如同它曾经对斯佩兰斯基有强烈的需求一样……在我国，在首席贵族中、在地方自治会和军队中，往往都可以看到像拉恩察乌这样的老爷们，可是这种人在彼得堡却是找不到的。可是彼得堡却有很多凯莱尔和宫廷太太，在所有宫廷和剧本中，这些也一样庸俗，一样有害。

我非常想去彼得堡您那里，可是在戏剧家协会的会员会议召开之前，我必须待在这里，我作为协会委员会的一员，这个会议我是不能缺席的。现在我还不知道这个会什么时候召开。大概会在1月初举行吧！在你们彼得堡召开的会议上，有很多事情都没有弄清楚，而且还把很多东西弄得一团糟，所以便很难澄清了。我真后悔当初没到彼得堡去，委员会成员中反倒应该有人去你们那儿参加会议，而且作出必要的阐述的。等见面以后我再跟您说，这究竟是什么情况。

12月27日，在阿布拉莫娃剧院，将上演我的《林妖》。

排练我看过，总的来说，我比较喜欢男演员，女演员我有点看不明白。看来演出的气氛会比较好的，演员们对这个剧本都比较有好感。再见面时，我们也会谈到有关剧本的问题。从排练的情况来看，外省人民是比较喜欢这个戏的，因为里面的喜剧因素不少，而人物都是灵动的，对于外省人来说比较熟悉。

今年莫斯科的冬天太糟糕了，也没有雪花飞舞。

我们家里人都很好，我也很好。流行性感冒已经康复了。您最近如何？您家里人都还好吧？时常会和让·谢格洛夫见面吗？

我的头好疼，我要出去溜达一会儿，呼吸一下新鲜空气。

我们家里人都要我向您代好！妹妹问您好，并由衷地祝贺您！我向你们全家人致敬，我祈祷老天保佑你们一家人都平平安安的。祝您一切安好！

致尼·米·叶若夫

1890 年 1 月 23 日，彼得堡

请您海涵，最善良的尼古拉·米哈伊洛维奇，我太久没有回信给您。我一直准备到莫斯科去，因此就一直想着等面谈时再说，当面告诉您。

（1）《人鱼公主》将在《新时报》上刊登。

（2）稿费给您加了一个戈比。现在您的每一行字都将得到八戈比稿费。

（3）已经叮嘱人把报纸给您寄去。

《人鱼公主》我很喜欢，尽管在写人鱼公主的故事时，您的调子和柯罗连科的调子（《森林在喧哗》）有点儿像。可是您的进步也显而易见的，说实话，我真心为您高兴。您要多看看书，多琢磨琢磨语言，您的语言还不够精致、自然，也就是说，您应该多花点工夫在鉴别语言方面，就像有些人花了很多时间在鉴赏木刻、悦耳的音乐方面。您要多看一些更严谨的书，因为相比小说中的语言，这些书中的语言要更加严肃、也更加规范，而且在读书过程中您也多涉猎了一些其他方面的知识，对于一个作家来说，这些知识都是必要的。

我提的这个建议可以充作您的"下酒菜"！

苏沃林向您道歉，直到现在，他都还没有叮嘱把报纸给您寄过去。

致阿·尼·普列谢耶夫

1890 年 2 月 15 日，莫斯科

　　亲爱的阿历克塞·尼古拉耶维奇，我一收到您的来信，就立马动笔给您回信了。您的命名日是不是已经过了？真是的，我竟然给忘记了！请您原谅，亲爱的，也请您接受我这份迟来的祝福！

　　《克莱采奏鸣曲》难道您不喜欢吗？我并不是说这部作品写得非常好，在这方面，我不是审判官，可是我觉得，在构思的重大性以及写作的美妙性方面，在如今世界上的大量作品中不一定可以找出一部可以与之相提并论的。先不说这篇作品的艺术性如何，在艺术方面，它的确有一些过人之处，单说这部中篇小说带给人最大启迪的一点，我们就应该对它表示感谢。在读这篇小说时，我忍不住惊呼："这是真的！"或者"这太可笑了！"当然，这个作品中也有一些不足之处。除了您所说的那些以外，还有一点是我们必须诟病的，那就是大胆，托尔斯泰对他所不了解的东西竟然大书特书，对于那些因为他的执拗而不想理解的东西，他也给予了很大篇幅的解释。比如说，他和梅毒有关的说法，和育婴堂有关的看法，和女人讨厌交媾有关的说法，等等，这些说法不但是能够被辩驳的，而且还将他的浅薄直接暴露出来了，在漫长的一生中都没有花工夫去读两三本专家撰写的书籍。可是，无论如何，这些不足之处很快就消散了，就如同羽毛被风吹走一样，这篇小说的优点是把它的不足之处掩藏起来了，哪怕你看到了这些不足之处，也只是在心里无限惋惜：这篇小说也落入了人世间所有事情的命运——所有事情都不是完美的。我在彼得堡的朋友和熟人都还在生我的气。那是为什么呢？是因为我极少去触他们的霉头吗？而我自己早就厌烦不已了。请您让他们冷静一点，请您跟他们说，我在彼得堡吃过很多次午餐和晚饭，可是并没有任何一个人被我吸引，我每天都深信我会乘晚间的特快列车离开，可是朋友们和《海军文集》又让我留了下来，我得读完《海军文集》，从1852年开始读。我在彼得堡待了一个月，把我的年轻朋友们一年都做不完的事做完了。可是，就任由他们去生气吧！

为了开玩笑，小苏沃林发了个电报给我们家里人，说和我谢格洛夫一起骑马去了莫斯科，而我们家的人竟然信以为真了。至于说各个部派了三万五千个信使来我这儿，请我去当萨哈林岛的总督，那么这全是胡说。我弟弟米沙给林特瓦列夫夫妇写信说，我正准备去萨哈林，很明显，他们对这一点理解有误。假如你看到加尔金-弗拉斯基，请他不要过于忧虑给他的报告写书评这件事。在我自己的书中，我将对他的报告详谈一番，让他的名字可以流芳百世。他的报告并不怎么样：资料非常好，种类也很多，可是写报告的官吏们不擅长把这些材料派上用场。

我从早坐到晚，不停地读材料、作札记。我的头脑和纸张上就只有萨哈林，我的精神已经开始错乱。

前段时间，我去叶尔莫洛娃家吃饭。看到一束石竹花束中有一朵野花，因为环境太好了，它也芳香袭人。我也是这样，因为在明星家里吃了一顿午饭，在这之后的两天，我都觉得自己头上有光环。

此刻我正在读莫·柴可夫斯基的《交响乐》，我很喜欢它。读完后让我印象深刻，这部作品应该会大获成功。

再见吧，亲爱的，请来我这里。问候您家里人，我妹妹和母亲请我问候您。

昨天我家来了一个演员，他参加过马斯洛夫的剧本的表演。他没有骂人，这表明剧本演出效果不错。他非要让我相信《塞维利亚的诱惑者》是译本，而不是创作剧本。

您因为客观性而对我加以斥责，说这种客观性是不关心善与恶，是没有思想和理想的象征等，您想让我在对偷马人进行描绘时这样说：偷马这件事太邪恶了。可是要知道，这一点是人所共知的，不需要我来说。审判他们的事情就交给陪审员吧，而我要做的就是把他们是一群什么样的人展示出来。我写道：你们看到的是偷马人，你们要知道，这可不是一群乞丐，而是非常有钱的人，这是一些有自己的信仰的人，而偷马并不属于偷盗行为，是一种癖嗜。把艺术和说教结合在一起当然是让人愉悦的，可是对于我自己而言，因为技术条件的原因很难做到这一点，而且几乎不可能做到。要知道，我得按照他们的腔调来说话、思考，按他们的精神来感受，才能在七百行文字中对偷马人进行描绘，否则的话，假如我把一些主观性加上去，形象就会变得模糊起来，而短篇小说也会和其他一切短小作品不一样，不会那么紧致。我写作品时，对读者寄予了厚望，因为我觉得，读者自己会加上小说中缺少的主观因素，祝您一切安好！

致莫·伊·柴可夫斯基

1890 年 2 月 16 日，莫斯科

敬爱的莫杰斯特·伊里奇，我很喜欢您的《交响乐》。请准许我现在不讨论剧本的舞台美，因为这是我刚从剧院回来才做的事情。我们不必怀疑这部剧作在文学上的价值。这是一部明白晓畅、高文化水准的剧本，它里面的语言非常有特色，能够给人留下深刻的印象。尽管在剧本中不具代表性的人物几乎超过半数，而且像米洛契卡等人物也是几笔带过，但是里面鲜明的生活画面使我在看完剧本后重新认识了那个曾经不熟悉的阶级。这是一部对人益处非常大的剧本。遗憾的是我没有成为一个批评家，不然我会给您写一封很长的信件，论证您的剧本有多么优秀。

剧本中描绘的特殊阶层让观众有些看不懂，这似乎是您以前讲过的事情。我有胆量不同意您的这一顾虑，因为我承认在读这个剧本的时候曾经料想过会有过分的地方出现，但我没有找到任

何特别的东西，除了"交响乐""歌剧""旋律"这几个词。

剧本中写得比较好的人物是叶莲娜，因为她拥有男人般的说话风格，所以在有的地方她也是用男子的语言讲话的，正因如此，她在回忆曼海的女歌手时说话就缺乏了热情。若是换我来写，我会以其他的方式运用这段回忆里的标点符号，比如说在"手中拿着一个小小的手提包"后面加上省略号，继而删去"她"这个代名词。但是，要是给叶莲娜这样的歌女也贴上男性化的标签，那我说的就是错误的了。这些都是小瑕疵……

雅德林采夫像极了苏沃林作品中的阿达金夫①，霍迪科夫这个人物被描写得栩栩如生，大叔是一个乖巧的牲畜……第一、二、五幕是我最喜欢的，第三幕中米洛契卡仿佛一直是呜呜咽咽的，说过的长句子没有一句是生动形象的，所以我最不喜欢第三幕……最后结尾的伶俐调皮让我觉得没有比这更好的结局了。

霍迪科夫这个角色适合让斯沃包金来演。

如果您的《交响乐》的演出地点是在我们的小剧院的话，那么我想一定精彩绝伦。我们这里的演员有一个非常大的优点，那就是擅长在舞台上沟通。第二幕一定会被他们演得趣味无穷。

请谅解我写的这些前言不搭后语的话，或许鬼才知道我写的是什么吧！尽管我是个文学家，但是我并不善于表达自己的看法。

4 月份我即将启程去萨哈林。我诚恳地邀请您来我家做客，

---

① 苏沃林的《塔吉雅娜·列宾娜》中的一个人物。

如果您是在 4 月份之前来到莫斯科的话。祝您有个健康的身体！请您铭记您的崇拜者，铭记有时一同陪您饮酒的朋友。

致阿·谢·苏沃林
1890 年 2 月 28 日

[……]

明天是春分，10~15 天云雀就会回来。但是，唉！——即将到来的春天对我来说似乎很奇怪，因为我要离开它了。

在萨哈林有很好的鱼，但是没有热饮料……

我们的地质学家、鱼类学家、动物学家等，都是可怕的未受过教育的人。他们写了这么一些卑鄙的行话，不仅让人觉得读起来很无聊，而且有时还得在理解句子之前对其进行改造；另一方面，他们有足够的严肃性和认真性。这真是太糟糕了……

[……]

致阿·谢·苏沃林
1890 年 3 月 4 日

今天我给您发了两个故事：菲利普波夫的（他昨天还在这里）和叶若夫的。我还没有时间读后者，我认为最好说明一下，我对我寄给您的东西不负责。我在地址栏上的笔迹并不意味着我喜欢这个故事。

可怜的叶若夫来看过我，他坐在桌子旁哭诉：他年轻的妻子得了肺痨。他必须马上带她去南方。我问他是否有钱，他回答说他有［……］天气恶劣得让人着凉；天空本身在打喷嚏。我不忍看它［……］我开始写萨哈林了，已经写了五页。它读起来还不错，就好像是用智慧和权威写成的……我是援引了外国作家的话，但是非常详细，语气好像我能把每一种外语都说得很好。这是一种惯常的欺骗。

叶若夫的眼泪让我心烦意乱。他让我想起了一些事情，我也为他感到难过。别忘了我们这些罪人。

致阿·谢·苏沃林
1890 年 3 月 9 日，莫斯科

关于萨哈林，我们都错了，但您可能比我错得更离谱。我完全相信，我的访问不会给文学或科学带来任何有价值的贡献：我既没有知识，也没有时间，更没有这方面的雄心。我想写大约100~200 页，为被我忽略了的医学做点什么，尽管很少。也许我什么也写不出来，但是这次探险对我来说仍然很有吸引力：读书，环顾四周，聆听，我会学到很多东西，积累很多经验。我还没有旅行过，但是由于我不得不读的那些书，我学到了很多东西。任何人都应该因为无知而受到鞭笞，而且我以前并不知道自

已这么无知。此外，我想象这段旅程将是六个月不间断的体力和脑力的艰苦工作，这对我来说是必不可少的，因为我是一个小俄罗斯人，已经开始变得懒惰。我必须控制自己。我的探险可能是无意义的、固执的、狂热的，但是想一想，告诉我如果我去了我会失去什么。时间？金钱？我可以吃苦吗？我的时间一文不值，反正我从来没有钱；至于艰难困苦，我要骑马旅行25～30天，不能再多了，其余的时间我要坐在轮船的甲板上或房间里，不断地给您写信。

假设这次探险什么也没有给我，但是在整个旅程中肯定会有两三天的时间，我会带着狂喜或痛苦等回忆起我的一生……事情就是这样，先生。所有这些都不能令人信服，但是您知道您写的东西同样不能令人信服。例如，您说萨哈林对任何人都没有用处。这是真的吗？萨哈林只有在一个没有把成千上万的人流放到那里，也没有在那里花费数百万卢布的社会中才会变得无用和无趣。除了过去的澳大利亚和卡宴，萨哈林是唯一一个可以研究罪犯殖民化的地方，整个欧洲都对此感兴趣，难道它对我们没有用吗？在25～30年前，我们探索萨哈林的俄罗斯人做出了令人惊叹的壮举，将他们提升到凌驾于人性的高度，这对我们毫无用处：我们不知道那些人是什么，只是坐在四面墙内抱怨上帝让人类犯错。萨哈林是一个人类能够承受的最难以忍受的痛苦的地方，无论是自由的还是被俘虏的人。那些在它附近和它上面工作的人已经解决了可怕的、负责任的问题，并且仍在解决它们。我不多愁善感，或者我会说，我们应该像土耳其人去麦加那样去萨哈林做礼拜，水手和狱卒应该把萨哈林的监狱想象成军人眼中的塞瓦斯托波尔。从我读过的和正在读的书中可以明显地看出，我们已经把数以百万计的人送进了监狱，把他们随意地、不假思索地、野蛮地摧毁了；我们已经把戴着镣铐的人赶到了寒冷的一万俄里之外，我们已经把梅毒传染给他们，使他们堕落，使罪犯成倍增加，我们把所有这一切都归咎于狱卒和红鼻子监狱长。现在所有受过教育的欧洲人都知道，这不是学校管理者的责任，而是我们所有人的责任；然而，这与我们没有任何关系，这并不有趣。［……］

致莫·伊·柴可夫斯基

1890 年 3 月 16 日，莫斯科

请允许我划掉第十三只燕子，亲爱的莫杰斯特·伊里奇："十三"这个数字太不吉利了。前几天《演员》杂志的编辑找到我，要我无论如何劝您把您的《交响乐》从明年开始在戏剧节时发表在他的杂志上。我问他："您付过多少稿费？"他答道："稿费很少，因为经费有限。"无论如何，假如您没有意见的话，那么请您关注一下，《演员》杂志会给每一部在国家剧院舞台上演出的创作剧本支付 150 ~ 250 卢布稿费。（不是以印张数来计算的，而是根据整个剧本来付稿费的，这些不人道的东西）因为

《交响乐》过去发表在了拉索欣的石印本上，已经没有了"第一次"，因此他们不会给 250 卢布的。您同意吗？请在回信中告诉我，可是您不要发誓，因为在入秋前，您的计划也许会有变化，我提议您给他们一个不太明朗的答案。您就说，我会好好考虑你们的要求，他们只要听到这句话就很高兴了。

我整天都待在家里，哪儿也不去。我在读材料：1883 年萨哈林岛上的煤价如何，而上海煤价又如何；我还在读有关振幅、NO、NW、SO 以及其他风向的书籍，当我准备在萨哈林岛的海岸边观察我的晕船病时，我会感受到这些风；我在读和土壤、母岩和亚砂土等相关的资料。可是，我的神经还算正常，昨天甚至还把一部短篇小说寄给了《新时报》，不久我就把《林妖》寄到《北方通报》去。后面这件事我极其不情愿做，因为我不喜欢看到别人发表自己的剧本。

一个半星期或两个星期以后，我献给彼得·伊里奇的一本小册子就要问世了。我乐意当一名荣誉卫兵，不分白天黑夜地守护在彼得·伊里奇的住所旁，我太尊敬他了。假如要给俄国文艺界评等级的话，那么除了排在首位的列夫·托尔斯泰以外，位列第二的就是他了。（第三个位置我留给列宾，而我则要远远被甩在后面了）。我心中一直有一个很宏大的愿景：给彼得·伊里奇献点什么东西。我想过，给他献书是最低级别的，那只是把我对他的才华的宏伟评价彰显出来的方式，因为我这个作家不太擅长音乐，我不能在纸上写下这个评价。很可惜，我只有用我觉得不太好的一本书来让我的心愿得以实现。这本书包括一些特殊郁闷的精神病理学性质的随笔，而且它的名称也特别让人郁闷，所以对于彼得·伊里奇的仰慕者们以及他本人来说，我的这次敬献是和他们的口味完全不同的。

您是研究契诃夫的人？愧不敢当。不，您不是研究契诃夫的人，您只是一个心胸宽广的人。祝您身体健康，一切顺利！

致伊·列·列昂捷耶夫
1890 年 3 月 22 日，莫斯科

亲爱的让，感谢您寄来的长信，也感谢您信中充满的善意。我很乐意阅读您的军事题材短篇小说，它会出现在复活节的那一期吗？我已经很久没有读过您的或我自己的作品了。

您说您要严厉地谴责我，"特别是在道德和艺术性方面"，您含糊地说我的罪行应该受到朋友的谴责，并吓唬我说要在"有影响力的报纸上进行批评"。如果把"艺术性"这个词划掉，引号中的整个句子就会变得更清晰，但是说实话，它的意思会让我有点困惑。让，这是怎么回事，我该怎么理解？难道我的道德观真的与你们这样的人不同，以至于我要受到指责甚至那些特别有影响力的批评吗？也许您指的是某种微妙的高尚的道德，对此我无法理解，因为没有低级的、高级的或中等的道德，只有很久之前给了我们耶稣，而今天阻止您、我和巴兰特塞维奇偷窃、侮辱、

撒谎等的道德。如果我可以相信我安宁的良心，那我从来没有用言语或行为，在思想上，在我的小说里，在我的戏剧中，觊觎我邻居的妻子，他的男人，他的牛，他的任何牲畜，我没有偷窃过，也不是伪君子，我没有讨好大人物，也没有谋取他们的欢心，我没有勒索，也没有以牺牲别人为代价。没错，我消耗了我的一生，我狂喜过，暴饮暴食过，放荡过，但这些都是我个人的事情，所有这些并没有剥夺我的认知，就道德而言，无论如何，我都是正常行使自己的权利。我没有什么英雄气概，也没有什么恶棍习气——我和其他人一样；我有许多罪过，但在道德上并没有什么违背，因为我为那些罪过和那些罪过带来的不适感付出了代价。如果您想因为我不是英雄而跟我大吵一架，您最好把这种狠劲扔到窗外，让我听到您那迷人的悲剧性的笑声而不是骂人的话，这样更好。

但是对于"艺术性"这个词，我感到害怕，就像商人的妻子害怕"硫黄"一样。当人们跟我谈论什么是艺术性的和非艺术性的东西，谈论适合或者不适合舞台演出的东西，谈论什么是倾向性的，什么是现实主义的等方面，我感到困惑，犹豫不决地同意，回答一些半真半假的话，给出的答案一文不值。我把所有的作品分成两类：喜欢的和不喜欢的。我没有其他的标准，如果您问我为什么喜欢莎士比亚而不喜欢兹拉托夫拉茨基，我无法回答。也许随着时间的推移，当我变得更加聪明时，可能会制定出一些标准，但现在所有关于什么是"艺术性"的谈话只会让我感到厌烦，在我看来，这似乎是中世纪人们使自己厌倦的学术争论的延续。

如果您依赖其权威的批评界知道我所不知道的，为什么到现在还没有说出来呢？为什么它不能揭示真理和不可改变的法则呢？如果它知道的话，相信我，它早就给我们指明了正确的道路，我们也就应该知道该怎么做，福法诺夫就不会进疯人院，加申就会活到今天，巴兰切维奇就不会那么沮丧，我们也不会像现在这样沉闷和不自在，您也不会感到被剧院吸引，我也不会被萨哈林吸引了。但是批评界维持着一种有尊严的沉默，或者用无聊的无用的胡言乱语敷衍。如果您认为它具有权威性，那是因为它愚蠢、自负、厚颜无耻和喧嚣；因为它是一个空桶，人们不禁会听到它的喧嚣。

让我们不要管这一切，来谈谈别的。请不要对我的萨哈林之行抱有任何文学上的希望。我去那里不是为了留下印象或观察，而仅仅是为了过六个月与现在不同的生活。不要指望我，如果我来得及并且能够做一些事情当然最好，如果做不到，也不要责怪我。

复活节过后我就会动身。我会在适当的时候寄给您我在萨哈林的地址，并向您详细说明。

我代表我的家人向您问好，我向您的妻子问好。

亲爱的长胡子上尉，祝您身体健康，万事如意。

致阿·谢·苏沃林

1890 年 3 月 29 日

[……]

疲劳是一个相对的问题。您说您过去每天工作 20 个小时，并不觉得筋疲力尽。但是您知道，一个整天躺在沙发上的人也可能筋疲力尽。您过去常常一天写 20 个小时，但是您知道您一直都很健康，您受到了成功、挑战和天赋的刺激；您喜欢工作，否则您不会写作。您的继承人熬夜不是因为他有新闻天赋或热爱自己的工作，而仅仅是因为他的父亲是一家报纸的编辑。这种差异是巨大的。他应该是一个医生或律师，一年有 2000 卢布的收入，他的文章不是诺沃耶·弗瑞米亚发表的，也不是本着诺沃耶·弗瑞米亚的精神发表的。只有那些拒绝与旧秩序和解，并愚蠢或明智地与旧秩序做斗争的年轻人才能被认为是健康的人——这是大自然的意志，也是进步的基础，而您的儿子则是从吸收旧秩序开始的。在我们最亲密的谈话中，他从来没有辱骂过赫蒂晓夫或布列宁，这是一个不好的信号。您比他开明 100 倍，而实际上应该是他开明 100 倍。他无精打采、懒洋洋地提出抗议，很快就放低声音，同意了。总的来说，人们都觉得他对这场比赛毫无兴趣，也就是说，他没有自己的公鸡，只是像一个观众一样看着这场斗鸡比赛。一个人应该有自己的公鸡，否则生活就没有趣味了。不幸的是，他很聪明，对生活不感兴趣的伟大智慧就像一台什么都不生产的大机器，却需要大量的燃料，耗尽了主人的精力……

[……]

致阿·谢·苏沃林

1890 年 4 月 1 日

[……]

您对我的客观性进行了批评，称之为对善与恶的漠不关心，缺乏理想和思想，等等。当我形容偷马贼时，您会让我说："偷马是一种罪恶。"虽然我没有这么说，但是这已经是人尽皆知的事情了。把他们留给陪审团来评判，我的工作就是简单地展示他们是什么样的人。我写道：你在和偷马者打交道，所以让我告诉你，他们不是乞丐，而是吃饱了的人，他们是一个特殊教派的人，偷马不仅仅是偷窃，还是一种激情。当然，把艺术和布道结合起来是令人愉快的，但对我个人来说，由于技术条件的限制，这是极其困难的，几乎是不可能的。您看，要用 700 行来描写偷马贼，我必须一直用他们的语调和思想，用他们的精神去感受，否则，如果我引入主观性，形象就会变得模糊，故事就不会像所有短篇小说那样紧凑。当我写作时，我完全指望读者自己添加故事中所缺乏的主观因素。

[……]

致武·米·拉夫罗夫

1890 年 4 月 10 日，莫斯科

武科尔·米哈伊洛维奇！在《俄国思想》3 月号第 147 页的图书简介栏里，我意外看到了这样的文字："还在昨天，那些把生命都献给无原则文章和作品的人，像亚辛斯基和契诃夫先生，他们的名字"……往往是不回复批评的，而在眼前这种情况下，要说的也许是诽谤，而不是批评。原本我也是不会回复诽谤的，可是日后我将在很长一段时间内不在俄罗斯，也可能再也不回来了，所以我忍不住要回复。

一直以来，我都不是一个无原则的作家，或者换句话说，一个无赖。

没错，我的所有文学活动都包括很多持续不断的错误，有时候还是非常严重的错误，可是这可以用我不同的才能来解释，不能用我是一个什么样的人来解释。我没有讹诈过别人，也没有写过诽谤书，也没有写过揭发信，也没有讨好、侮辱过别人，简单来说，我有不少短篇小说和文章，因为他们一点意义都没有，所以我非常愿意扔掉他们，可是现在却找不出来一行我为之感到羞愧的文字。假如可以假设一下，您理解中的无原则是一种让人伤心难过的情况，也就是说我这个学识渊博，时常有作品发表的人，从来没有为我所爱的人做过什么好事，而我的活动通常不会影响地方自治会、新司法制度、出版自由和一般自由等，假如对于无原则您是这样理解的，那么在这方面《俄国思想》应该客观地把我划作他们中的一员，而不应该对我加以斥责，因为直到现在为止，在以上各个方面，这家杂志所做的事并不多于我——所以不应该由您和我来背锅。

　　假如从表面上来对我这个作家进行评判，那么也不一定要在公开场合下对我的无原则加以指责。直到现在为止，我一直过着封闭的生活，在四堵墙内住，我两年才和您见一次面，而马奇捷特先生，比如说，我还从来没有和他见过面——所以您可以推断出，我多久才出门一次。我总是对各种文学晚会、娱乐晚会和各种会议表示拒绝，只有接到邀请，我才去编辑部，我总是尽可能让我的亲友们觉得我是一个医生，而不是一个作家，简而言之，一直以来，我都是一个非常谦卑的作家，而我现在写的这封信是我这十年以来首次把不谦卑表现出来。我和同行们都处得非常好，我从来不评价他们，也不评价他们为之撰稿的报刊，我觉得自己没有资格这么做，也觉得在如今出版物都不自由的情况下，任何和杂志或作家唱反调的语言不但是冷酷的、不合理的，也是难以容忍的。截止到现在，我只是答应给一些质量明显比较差的杂志和报纸撰稿，而有时候必须在它们之间进行选择的话，我总是先选择那些因为经济或其他什么语言情况对我的需求最为迫切的杂志和报纸，正因为这样，我才不给您的杂志撰稿，也不给《欧罗巴通报》和《北方通报》撰稿，也正因为如此，相比我假如对自己的责任发表另一种看法也许会得到的回报，我因此所得到的回报要少得多。

　　您的指责是一种诽谤。我不能让您把它收回去，因为它已经产生效用了，即使用斧头砍也无济于事了。我也不能用不严谨、鲁莽或其他什么语言来解释它，因为据我了解，在你们编辑部里有着非常正直和受教育水平比较高的人。我相信，他们不会冲动地做文章和读文章，而是知道他们要对自己的每个字负责。我只能把您的错误告诉您，并请您相信，我是怀着非常真诚的沉重心情来写这封信的。当然，毫无疑问，在说到您指责过我以后，我们之间不仅在事务上不会再有关系，而且连熟人都不是。

致阿·谢·苏沃林
1890 年 4 月 11 日

　　[……]

　　曾经住在您家里的 N 夫人现在在这里。她嫁给了艺术家 N，一个善良但乏味的人，他不惜一切代价想和我一起去萨哈林写生。我没有勇气拒绝他，但是和他一起旅行将会非常痛苦。他一两天后就要去彼得堡卖画，并应他妻子的要求去拜访您，征求您的意见。为此，他的妻子来找我要一封介绍信。请您行行好，告诉 N，我是一个酒鬼，一个骗子，一个虚无主义者，一个粗暴的人，和我一起旅行是不可取的，在我的陪伴下旅行只会让他不高兴。告诉他,他是在浪费时间。当然,如果我的书能有插图是非常好的,但是当我得知 N 希望能卖到不少于 1000 卢布时,我就对插图失去了兴趣。我亲爱的朋友,劝他不要这样做!至于他为什么想要您的建议,只有魔鬼才知道。

[……]

致阿·谢·苏沃林
1890 年 4 月 15 日

[……]

所以,我亲爱的朋友,我最迟星期四出发。到 12 月再见吧!我不在的时候祝您好运。钱我已经收到了,非常感谢,虽然 1500 卢布是一个很大的数字,我不知道该把它放在哪里……我觉得自己好像在为上战场做准备,虽然我没有看到任何危险,但牙痛是我在旅途中肯定会有的。由于我除了护照之外什么证件也没有,可能会与当局有不愉快的遭遇,但那些麻烦只是暂时的。如果他们拒绝给我看一些东西,我就在我的书里写他们不给我看,就这样,我不会担心。万一我淹死了或者发生了类似的事情,您要记住,我所有的或者将来可能拥有的一切都属于我妹妹,她会为我还债的。

我要带上我的母亲,把她送到托洛茨基修道院,我也要带上我的妹妹,把她留在科斯特罗姆。我告诉她们,我将在 9 月份回来。

我要去托木斯克的那所大学看看。作为唯一的医学教员，我绝不让自己显得无知。

我给自己买了一件皮大衣，一件军用防水皮大衣，一双大靴子，还有一把切香肠打老虎的大刀。我从头到脚都装备齐全。

[……]

致玛·契诃娃

1890 年 4 月，清晨的"亚历山大涅夫斯基 23 号"蒸汽船

我亲爱的玛莎：

伊万从修道院回来的时候你家下雨了吗？在雅罗斯拉夫尔，大雨倾盆，我不得不把自己裹在皮大衣里。我对伏尔加河的第一印象是被雨水、客舱的泪痕斑斑的窗户和来车站接我的乔治的鼻子所破坏的。雨中的雅罗斯拉夫尔看起来像兹韦尼哥罗德，它的教堂让我想起了佩雷尔文斯基修道院，那里有很多招牌，泥泞不堪，大头的寒鸦在人行道上趾高气扬地走着。

在船上，我的第一项任务就是放纵自己的才能——也就是睡觉。当我醒来时，我看到了太阳。伏尔加河还不错；有水草地，沐浴在阳光中的修道院，白色的教堂；广阔的海域令人叹为观

止，无论在哪里，都是一个坐下来开始钓鱼的好地方。班级女生①在岸边漫步，嘴里咬着绿草。时不时能听到牧羊人的号角声。白色的海鸥，看起来像年轻的德里希卡盘旋在水面上。

这艘轮船的载客量不多……

昆达索娃和我一起旅行。她要带着什么我不知道的东西去某个地方。当我询问她时，她含糊其词地提到有人约她在基涅什玛附近的峡谷幽会，然后大笑起来，开始跺脚或用胳膊肘戳东西。我们已经过了基涅什玛和峡谷，但她仍然在轮船上，我当然非常高兴；顺便说一句，昨天我生平第一次看到她吃饭。她和其他人吃得一样多，但她吃得很机械，就像咀嚼燕麦一样。

科斯特罗姆是个不错的城市。我看到了慵懒的列维坦曾经居住的那条河流。我看到了基涅什玛，在那里我走在林荫大道上，观看了当地的美女。在这里，我走进药店，买了一些贝托雷盐放在我的舌头上。化学家见到奥尔加·彼得罗夫娜时，又高兴又困惑，她还是那个样子。他们显然是老相识了，从他们之间的谈话来看，他们不止一次地在基涅什玛附近的山谷里走过。

天气相当冷，相当枯燥，但总的来说很有趣。轮船每分钟都鸣笛；它的哨声介于驴子的嘶叫和风之竖琴之间。五六个小时后我们将到达尼日尼。太阳正在升起。我昨晚美美地睡了一觉。我

---

① 学校监护人，当女孩们接受老师的指导时，他们的职责是坐在教室里。

的钱是安全的，那是因为我经常把手放在肚子上。

蒸汽拖船非常漂亮，每艘拖船后面拖着四五艘驳船；他们看起来像一些优秀的、试图逃跑的年轻知识分子，而平民妻子、岳母、嫂子和妻子的祖母则紧紧抓住他们的衣襟。

太阳躲在云层后面，天空阴沉沉的，宽阔的伏尔加河看上去也阴沉沉的。列维坦不应该住在伏尔加河上。它给心灵蒙上了一层忧郁的重压，尽管在其岸边拥有不动产也不是坏事。

如果服务员醒了，我应该请他喝点咖啡；事实上，我不得不喝没有任何滋味的水。向玛尤什卡和奥尔加问好。

好好保重，照顾好自己。我会定期写信给你。

致玛·契诃娃

1890 年 4 月 24 日，晚上，轮船上

亲爱的玛莎：

我正漂浮在河上，但我无法确定确切的位置。我也不能赞美这里的美景，因为这里冷得要命，白桦树还没有长出来，到处都是雪，还有一些冰块漂过——简而言之，如画的风景已经消失得无影无踪。我坐在小木屋里，桌边还坐着各种各样的人，我听着他们的谈话，想知道现在是不是该喝茶了。如果我有办法，我应该整天除了吃东西什么都不做；因为我没有钱吃一整天，所以我睡了又睡。我不上甲板，太冷了。晚上下雨，白天刮起讨厌

的风。

哦，鱼子酱！我吃了又吃，从来没有吃腻过。

很遗憾我没有想到给自己买一小袋茶叶和糖。我不得不一次点一杯，这很烦人，也很贵。我本来打算今天在喀山买些茶叶和糖，但是我睡过头了。

[……]

从我此刻听到的谈话中，我推断出一个司法法庭的成员正和我一起旅行。他们不是天才。然而，那些不时插嘴的商人似乎很聪明。人们总会遇到非常富有的人。

小鸡肉比蘑菇便宜，你很快就会对它们感到厌烦。我还能写些什么呢？什么都没有……不过，有一个将军，还有一个瘦削的公正的人。前者不停地从他的船舱冲向甲板，然后又冲回来，并把他的照片发送到某个地方；后者打扮得像纳德森，从而试图让人知道他是一个作家。今天他在向一位女士撒谎，说他有一本由苏沃林出版的书，当然，我摆出了一副敬畏的表情。

除了我吃的东西，我的钱都是安全的。他们不会无缘无故地喂我的，这些恶棍。

我既不快乐也不无聊，但我的灵魂里有一种麻木。我喜欢坐着不动也不说话。例如，今天我说了还不到五个字。但事实并非如此：我和甲板上的牧师谈过。

我们开始遇到当地人，有很多鞑靼人：他们是受人尊敬的，行为端正的人。

我恳求父亲和母亲不要担心，不要想象不存在的危险。

[……]

原谅我只写食物。如果我不写食物，我就得写感冒，因为我没有其他题材。

[……]

致玛·契诃娃

1890 年 5 月 20 日，托木斯克

今天是星期天，我们这里连柳树的芽儿还没有长出来，河岸上还有雪。明天我就动身去伊尔库茨克。我休息好了。不必着急，因为贝加尔湖上的汽船要到 6 月 10 日才出发，但我还是要去。

我活得好好的，我的钱很安全，我的右眼疼死了。

每个人都建议我去各地转一转，因为他们说，在志愿者舰队里，人们可能会因为无聊而死；这都是军事纪律和繁文缛节，而且他们不经常在港口靠岸。

为了充实我的时间，我一直在写一些我的旅行印象，并把它们寄给诺沃伊·弗雷米亚；你们将在 6 月 10 日后读到它们。我什么都写一点。我写作不是为了荣誉，而是从财务的角度出发，以及考虑我预先得到的钱。

托木斯克是一个非常沉闷的城市。从我认识的那些酒鬼和那

些到旅馆来向我表示敬意的知识分子来看，这里的居民也都很无趣。

再过两天半我就能到克拉斯诺雅茨克，再过七八天我就能到伊尔库茨克。现在离伊尔库茨克有1500俄里。我给自己煮了咖啡，正准备喝呢！

[……]

好好的，不要担心钱的问题——会有很多钱的；不要试图少花钱，这样会破坏你们的夏天。

致阿·谢·苏沃林
1890年5月20日，托木斯克

亲爱的阿历克塞·谢尔盖耶维奇，终于从西伯利亚向您问好了！我非常想念与您通信的日子。

我将从头开始讲述。秋明的人告诉我，第一艘驶往托木斯克的汽船5月18日出发。我不得不坐马车旅行。头三天，我的每个关节和每块肌肉都疼，但后来我习惯了这种颠簸，就不再感到疼痛了。只有睡眠不足，对行李的持续担忧、颠簸和禁食导致我咳嗽时吐血，这使我的精神沮丧。刚开始的几天还可以忍受，但后来刮起了一阵寒风，河水淹没了草地和道路，我必须不断地把马车换成小船。您可以在我附上的文章中读到我与洪水和泥浆做斗争的情况。我还没有提到我的大高筒靴很紧，我只好穿着毡靴涉水而过，毡靴被浸得湿透。这条路太糟糕了，在我旅程的最后两天里，我只走了70里路。

　　我出发的时候，曾经答应给您我在托木斯克之后的旅行笔记，因为秋明和托木斯克之间的道路已经被描述上千次了。但是在您的电报中，您表达了想尽快了解我对西伯利亚的印象的愿望，甚至残忍地指责我失忆，好像我已经忘记了您。在路上写作是绝对不可能的。我用铅笔写了一篇简短的日记，现在只能给您日记里写的东西。为了避免篇幅过长和混淆，我把我所有的日记分成了几个章节。我给您寄了六章。它们是为您个人而写的。我只为您写作，所以我不怕太主观。［……］您还会收到一封来自伊尔库茨克的信，我明天就给您。我的旅程不会少于10天——路况不好。我会再寄给您几章，不管您打不打算印出来，我都会寄给您。读读它们，当您厌倦了它们，就发电报让我"闭嘴"！

　　我一路上饿得要命。我用面包把自己的肚子塞得满满的，以免做梦梦到大菱鲆、芦笋之类的东西。我甚至梦见了荞麦粥。我一次就梦了几个小时。

　　在秋明，我买了一些香肠准备路上吃，但那是什么香肠啊！当你咬到嘴里，而马车夫正好取下他们的包腿布的时候，那个味道让你感觉好像你已经走进了马厩，当你开始咀嚼它的时候，你会觉得好像你在吃一条被沥青污染的狗尾巴。天哪！我吃了一两次就扔掉了。

　　［……］

我并非没有取悦您的愿望，费了好大劲才在托木斯克一家环境恶劣的酒店里做了一份相当不错的笔记。我想，在费奥多西亚一定又无聊又热，读读关于感冒的书吧！我会寄给您一份笔记，一封在整个旅程中一直萦绕在我脑海中的信。作为回报，您必须把您所有的批评性评论寄到萨哈林给我，除了前两篇，我已经读过了。

[……]

哦，费用！由于洪水，我不得不付给马夫双倍甚至三倍的工资，因为这是极其艰苦的工作。我的箱子非常不错，却不适合旅行；它占了很大的空间，会戳到我的肋骨，还会发出咯咯的响声，最糟糕的是，它还有爆裂的危险。"长途旅行不要带箱子！"好心人对我说，但是我在半路上才想起这个建议。嗯，我要把我的行李箱永久留在托木斯克，然后买一种皮革箱子，它的优点是可以绑起来，以便放在马车底部。我为此花了 16 个卢布。接下来我会去阿穆尔旅行，在每个车站换车都是一种折磨……

先暂停一下。他们说副警长要见我。会是什么事情呢？

我的警觉是完全没有必要的。这位警官原来是个文学爱好者，他自己也是个作家，是来向我致敬的。他回家去拿他的剧本，我相信他是想让我开心一下。他又来了，打断我给您写信……

我向纳斯丘沙和鲍里斯问好。我真应该为他们的满足感而高兴，因为他们把我投入虎口。但是……唉！我还没有接触到这里的老虎：到目前为止我在西伯利亚见到的毛茸茸的动物是许多野兔和一只老鼠。

暂停一下！警官回来了。虽然带来了他的剧本，但他没有给我读，而是给我讲了一个有趣的故事。还不错，只是太本地化了。他给我看了一块金子并要了一些伏特加喝。我不记得有哪个受过良好教育的西伯利亚人在来看我的时候没有要求喝伏特加。他告诉我他有一个情妇，是一个已婚的女人；他给我看了一份关于离婚的请愿书……

［……］

如果我的信很短，粗心，或者干巴巴的话，不要生气，因为一个人不可能在旅途中总是保持自己的样子，随心所欲地写作。墨水不好，笔上总是有一根头发或一个污点。

致玛·契诃娃
1890 年 5 月 28 日，克拉斯诺雅茨克

多么要命的一条路啊！我们所能做的就是爬到克拉斯诺雅茨克，我的马车不得不修理了两次。首先坏掉的是连接车厢前部和车轴的垂直铁片，然后前部下面的轴承也裂了。我一生中从未走过这样一条道路——这样一条不可逾越的泥泞道路，这样一条完全被忽视的道路。我要把它的恐怖写给诺沃耶·弗瑞米亚，所以现在就不说了。最后的三站非常精彩，当一个人来到克拉斯诺雅茨克，他似乎进入了一个不同的世界。你走出森林，来到一片像

我们的顿涅茨克大草原的平原，但这里的山脊更壮观。阳光灿烂，白桦树已经凋零，尽管后面三站的树的嫩芽还没有发出来。感谢上帝，我终于到达了一个既没有雨也没有冷风的夏天。克拉斯诺雅茨克是一个风景如画、文化底蕴深厚的城市，与之相比，托木斯克就像"一头戴着骷髅帽的猪"。这里街道干净整洁，房子是用大石头做的，教堂很优雅。

我活得好好的。我的钱没问题，我的东西也没问题；我的毛线袜丢了，但很快又找到了。

除了我的马车，到目前为止一切都令人满意，我没有什么可抱怨的。只不过我花了一大笔钱。我付出的比我需要的多，我做错了事情，说错了话，我总是期待不会发生的事情。我将在伊尔库茨克停留五六天，然后驱车前往斯里叶滕斯克——那将是我在陆上旅行的终点。两个多星期以来，我一直不停地驾车，我什么都不想，什么都不为；每天早上我都能看完整个日出。我已经习惯了，似乎我的一生都在驾车，在泥泞的道路上挣扎。如果不下雨，路上也没有泥坑，我就会觉得奇怪，甚至有点无聊。我是多么的肮脏，我看起来是多么的无赖！我那些倒霉的衣服怎么弄成这个样子！

我和两个中尉还有一个军医一起去阿穆尔。所以我的左轮手枪是多余的……我们正在车站喝茶，喝完茶我们要去城里看看。

我不反对住在克拉斯诺雅茨克。我不明白为什么这里是流亡者最喜欢的地方。

致叶·米·沙芙罗娃

1891 年 5 月 28 日，阿列克辛

女士，您的《错误》可真的是一个错误。这篇小说写得好的地方屈指可数，而其他的一切则全是枯燥的、乏味的：索尼亚、夭折的孩子、爸爸、妈妈，之后又是索尼亚、夭折的孩子，再然后是罗木儿、奴玛·波姆比里、索尼亚、夭折的孩子、爸爸，再往下又是索尼亚、夭折的孩子……真是让人应接不暇。"高尚的贫困"和姑娘们，您写得非常好，您原本可以只写米洛契卡和她的爸爸、胖墩墩的厨娘和溜冰场的诱惑，这样写出来的小说反倒会很不错。

您的《算命女人》已经发表了。您看到了吗？请原谅，我还没有和苏沃林谈过有关稿酬的事。尽管您的作品价值应该比每行 10 戈比要高，可是我还是想遵守《新时报》一直以来的规矩。这里的稿费都是从每行 5 戈比起步的，之后才有所提升，就如同公职人员升职一样，哪怕是莎士比亚本人也是如此。您领到的稿费先是 8 戈比一行，之后是 10 戈比一行，12 戈比一行，再往后是 15 戈比一行，直到每行字领取 3 卢布金币的稿费。当我到了80 岁，而您有了 90 岁时，我们写一行字的稿费就变成 3 卢布金币了。

当我在巴黎时，有人从意大利寄了您的一封信给我。我读完

后表示很无奈。我可以给您什么回复呢？有关把巴尔捷涅夫案件派上用场，作为创作题材的观点，我可能只会把一张药方给您寄去作为回答：酸盐钾……每晚睡觉前服一匙。这差不多是神经病人的想法，甚至也是癫狂的想法。首先，您和巴尔捷涅之前根本就是陌生人，您也没有机会认识他；其次，可能只有陀思妥耶夫斯基一人，才能弄明白像可怜的女人维斯诺夫斯卡这样的一生都这么复杂又可笑的事情。更何况您为什么要想象着您去华沙，假如您旁边就是莫斯科，而那里有着不少米洛契卡和各种各样的两脚动物？

我们应该见一面了。您可以唱歌，我可以当一名倾听者，我们还可以一起谈论文学，谈论克里米亚……

祝您身体健康，愿上帝保佑您。

致尼·亚·列伊金

1890 年 6 月 20 日，戈尔比萨

亲爱的尼古拉·亚历山德罗维奇：

您好！

这封信是在我接近戈尔比萨时写给您的，戈尔比萨是阿穆尔河支流希卡河岸上的哥萨克人聚居地之一，这是我必须去的地方。我正沿着阿穆尔河航行。

我从伊尔库茨克给您寄了一封信。您收到了吗？从那时起，

一个多星期过去了，在这期间我穿过了贝加尔湖。贝加尔湖很美，西伯利亚人很可能称其为大海而不是湖。湖水清澈透明，人们可以像透过空气一样透过它看东西；那是一种柔和的绿松石色，非常悦目。河岸多山，覆盖着森林，到处都是无法穿越的荒野。

有大量的熊、野山羊和各种各样的野生动物，它们生活在针叶林里。我在贝加尔湖岸边度过了两天两夜。

我航行的时候，天气依然炎热。

德涅斯特河沿岸非常壮观。

我已经坐马车旅行了四千多俄里。旅程是完全成功的。我一直身体很好，除了一把铅笔刀，我的行李什么也没丢。没有任何人会比我有更好的旅行。这趟旅程完全没有危险，所有关于逃犯、夜袭等的故事都只是传说，是遥远的过去的传统。左轮手枪完全是多余的物品。现在我坐在头等舱，感觉就像在欧洲一样。[……]

希尔卡河岸风景如画，就像舞台一样，但是，唉！在这样一个人类完全缺席的地方，有一种压抑的感觉。它就像一个没有鸟的笼子。

致玛·契诃娃

1890 年 6 月 29 日，"穆拉维约夫"号轮船

"流星"在我的小屋里飞舞——这些是发光的甲虫，看起来

像电火花。白天，野山羊游过阿穆尔河。这里的苍蝇很大。我和一个中国人一起住在我的小木屋里，他叫鲁利，他不断地告诉我，在中国，哪怕是一点点小事，也会被"砍掉脑袋"。昨天晚上他吸了鸦片，整夜说梦话，吵得我睡不着觉。27 日，我在中国城市瑷珲散步。我仿佛逐渐踏入了一个奇妙的世界，轮船摇晃着，写字很困难。

明天我将到达哈巴罗夫斯克。那个中国人开始对着扇子上写的曲谱唱歌。

致阿·谢·苏沃林

1890 年 12 月 9 日，莫斯科

我敬爱的福星：

您好！

乌拉！现如今我终于能够再次坐在我的书桌旁边，向我那褪色的灶神祷告，并且写信给您了。现在我的心情就像从来没有离开过家一样的愉悦。我拥有着健康的身体。做什么事都顺心，才是真正的惬意和康健。这是我向您做的非常简略的汇报。您报纸上刊登的是我在萨哈林居住了两个月，其实并不是，而是三个月加两天。在那里，我的工作压力很大：我对所有居住在萨哈林的人进行了周密的调查研究，几乎看到了全部的东西，除了绞刑。等我们相见之时，我会拿出一大箱子形形色色的东西给您看。这是一些作为原始材料的东西，弥足珍贵。如今我已经知晓了许多东西，但是把它们带回来时，我的心情却相当沉重。在我居住在萨哈林岛的那段时间里，我像是吃了过期的哈喇油，身体内部充斥着又苦又辣的味道。我现在回忆起来，感觉萨哈林简直像是一座人间地狱。我焦灼又卖命地工作了两个月，因为我刚才讲过的苦辣的味道和慌张焦虑，也因为我了解到了从符拉迪沃斯托克到萨哈林正在蔓延着霍乱病，以致我有着在劳役地过冬的风险，由于这些原因，到第三个月的时候我感到心力交瘁。幸运的是后来霍乱病不再蔓延了，所以我在10月13日坐着轮船驶离了萨哈林，这一切真得感谢上帝。我去过符拉迪沃斯托克。对于滨海区域，甚至是对于整个东方的沿海区域，我只能用一句话来描述它的船队、任务以及关于太平洋的梦想：窘迫至极！这里的窘迫、蒙昧和单调令人失望透顶。如果有100个人，那么里面有99个是给俄罗斯丢尽颜面的盗贼，只有一个是真诚善良的人。那时日本有霍乱病，因此我们没有去日本，自然也没有为您购买日本产品，您现在有权利按照法律罚我到西伯利亚去当移民，因为我把您给我的500卢布全花在自己身上了。香港是我这一路上遇到的第一个外国港口。这个港口拥有十分活跃的海上运输，这样的盛况恐怕在画面上都很难见到。道路四通八达，街上行驶着有轨车，铁路居然也能被建到山上。此外这里还有博物馆和植物园。无论你看向哪一个角落，都能看到英国人对自己的职员们的关切。这里还有海员俱乐部。我乘坐了一种人拉的车，叫作

人力车。[……]

轮船在我们离开香港时开始摇晃。大家都很害怕会翻船，因为船上的货物和人很少，船晃悠的幅度接近38°。不过有件令我很欣喜的事情，那就是我发现我并没有晕船病。我们正在往新加坡的方向驶去，途中我们向大海里面扔了两具尸体。当你看着尸体被帆布卷起来翻着跟头朝大海中飞去，当你想着从海底到水面的距离达好几俄里深，你一定会感到毛骨悚然，你不明白为什么会产生你也会死去然后被扔进大海的想法。船上的牛和羊都染上了疾病。我们最终把牛和羊都丢进了海里，这是谢尔巴克医生和您忠实的奴仆的决定。

在新加坡时，不知为何我感到忧心忡忡，难过得快要哭出声来了，因此我对新加坡的记忆模糊不清。下一站是如天堂一般的地方，叫锡兰。在这个天堂里，我坐着火车行驶了一百多俄里，见到了棕榈林和拥有紫铜色皮肤的女子，对此印象颇深……船在离开锡兰后一直颠簸，就这样过了13个昼夜，大家也都无聊极了。我是一个能够忍受得了酷热的人。红海是一片忧郁的海，我被西奈半岛深深地感动了。

这个世界被上帝创造得非常好。但是有一点不好，那就是我们。我们是匮乏公平与和善的！对于爱国主义我们并没有理解透彻！正如一个喝醉了的酒鬼对妻子和儿女的爱毫无用处可言。报纸上面写的我们对于祖国的爱是从哪里体现出来的呢？是恬不知耻和自以为是取代了知识，是好吃懒做和下流行为取代了劳动，没有公平，对于荣誉的理解也只是"征服的荣誉"，而这种征服通常装饰在被告的席位上。除了工作，其他的一切都去见鬼吧！最重要的是要公平，剩下的一切都会随着公平的到来而慢慢做到。

我特别渴望能够与您交谈。我现在拥有一颗欢腾的心。我不想和除您之外的任何人交谈，因为我只有和您才能说出自己内心的话。让普列谢耶夫去见鬼吧，那些演员们也都跟着一块儿去吧！我收到的您的几份电报都被他们翻译错了，变得不像样子。

是伊克斯库尔男爵夫人（她的姓氏是维胡霍尔）的儿子一路陪伴我从符拉迪沃斯托克到莫斯科的，他的职业是海军军官。他的母亲在"斯拉维扬斯基市场"住宿。我正准备前去拜访她，不知为何她邀请我过去。她的儿子是一个纯真又诚恳的孩子，经常夸赞他的母亲，因此我觉得他的母亲是一个不错的人。

我很开心，所有的事情因为不再有加尔金－弗拉斯基的插手而顺利解决了。我是作为一个新人来到萨哈林岛的，因为关于我的情况他一个字也没有对别人说。

什么时候我能够见到您和安娜·伊万诺芙娜呢？最近安娜·伊万诺芙娜的身体怎么样？因为我在节前不一定能够去看望你们，所以我希望您把所有的情况都写信告诉我。向娜斯佳和鲍里亚问好。到你们家后，我要把刀拿在手上，用粗犷的声音怒吼着朝他们扑过去，以此来证明我确实是服过苦役的。我要烧掉安娜·伊万诺芙娜的房间，而对于科斯佳①这个不幸的检察官来说，我要传播让人愤怒的思想。

用力地拥抱您及您的家人，除了布列宁和"居民"，我只想请您代替我向那两个人问好，这两个人早就应该被发配到萨哈林去了。

我经常和谢尔巴克一起谈论起马斯洛夫。我很欣赏马斯洛夫。

希望上帝能够保佑您。

致阿·谢·苏沃林
1890 年 12 月 17 日，莫斯科

亲爱的，我刚才给您发了电报，目的是向您承诺我会写出短篇小说。我这里有一个短篇小说非常适合，但是它却像一条蚯蚓一样又窄又长，看来需要对它的部分内容做一些删减，然后重新抄写一次。因为我现在是一个勤劳的人，并不懒惰，所以我一定会把短篇小说寄给您的。

我觉得普列谢耶夫拥有 200 万的样子真的是很搞笑。我们就在一边慢慢看着吧，看他是怎样将他的万贯家财放在拖船上拖回家的。他要这么多钱做什么呢？想抽烟、想一天吃 50 个甜包子、

---

① 俄国海军副检察官。

想喝塞尔查水①，满足这些需求只需要一天 3 个卢布。

我把各色各样的文件和大约一万张统计卡片拿了回来。我现在希望能够娶到一位聪明伶俐的女士，来协助我将这些杂乱无章的文件和卡片归纳一下。我不好意思总让我的妹妹来帮助我整理这些东西，因为她也有特别多的事情要做。

我的小腹开始变大了，也出现了阳痿。我去了一趟热带回来就生病了：头痛欲裂、咳嗽不止，傍晚开始发烧。

格里戈罗维奇从来就没有打扫过佩斯基居住的院子，所以他也从不珍重天国，他完全是胡说八道。

在我看来，一个人永远不睡觉和要想长生不老一样困难。

假如天国里面的太阳落山的美景能和孟加拉湾的落日同样美好，那我敢肯定天国一定是个好地方。

在萨哈林岛上科诺诺维奇将军曾给我讲过贝拉米的短篇小说，而且之前我住在南萨哈林的某一个地方时，就曾经看过这个短篇小说的部分内容，所以等我抵达彼得堡后一定要把全部内容都看完。

我想请问您，列伊金何时才能当上四级文官呢？我收到了一封来自这条文学界的白鲸的信："在这个夏季我的体重减轻了 16 俄磅"，信中也提到了火鸡、文学和白菜。他在信中的情绪显得出乎意料的安定和平和。

---

① 塞尔查矿泉出产的水。

发生的一切我都会在我到达之后全部说给您听。当初您劝我不要前往萨哈林，如今看来您的看法是错误的！如今我的小腹正在慢慢变大，也出现了阳痿，满脑子都是不可计数的蚊虫、林林总总的计划和稀奇古怪的东西；倘若我一直留在家中，那我现在肯定精神萎靡。在去萨哈林以前，《克莱采奏鸣曲》对于我来说是头等重要的，现在看来它是既幼稚又无知的。我想可能是萨哈林使我的精神境界提高了，也可能是我走火入魔了——鬼知道我是怎么了。

我遇到了医生谢尔巴克。据我观察，他是一个很好的人。他在工作时受大家爱戴，也算和我成了朋友，他经历过许多乌七八糟的事情，我想就算是鬼，经历了这么多也会陷进去出不来吧！

好了，最后祝您身体健康，不要太在意您的病：从来信可以看出，所有的病都不值得一提。当然如果得了肺炎或者伤寒病，那就另当别论了。

致他的母亲

1891 年 1 月，莫斯科

我可能会在 1 月 8 日来到彼得堡……因为到 2 月份我将一文不剩，我必须赶快完成这本小说①。我已经开始写了。小说中有

---

① 小说《决斗》。

些东西我必须和您谈谈，并征求您的意见。

我度过了一个糟糕的圣诞节。第一，我心悸；第二，伊万来住了，他得了伤寒病，可怜的家伙；第三，在萨哈林的劳动和热带生活之后，我在莫斯科的生活现在对我来说是那么微不足道，那么乏味，我甚至有想咬东西的冲动；第四，我为了每天的面包而工作，于是不能把时间花在萨哈林；第五，我的熟人打扰我，等等。

梅列日科夫斯基来看过我两次，他是一个非常聪明的人。

您没有看到我的獴，真是太遗憾了。它是一种奇妙的生物。

致阿·谢·苏沃林

1891 年 1 月 31 日，莫斯科

在家里，我感到沮丧。我最可爱、最聪明的獴生病了，静静地躺在被子下面。这小畜生什么也不吃，什么也不喝。气候已经向它伸出冰冷的利爪，并打算杀死它。为什么？

我收到了一封令人沮丧的信。在塔甘罗格，我们与一个富裕的波兰家庭相处得十分友好。我小时候在他们家吃过的蛋糕和果酱，现在成了最动人的回忆，那里曾经有音乐，年轻的小姐，自制的利口酒，还可以在广阔的庭院里捕捉金翅雀。那家的父亲在塔甘罗格海关工作，结果惹上了麻烦。调查和审判毁了这个家庭。那家有两个女儿和一个儿子。大女儿嫁给一个希腊流氓后，

全家把一个孤女带到家里抚养长大。这个小女孩受到膝盖疾病的袭击，截肢了。他们的儿子，一个医学院四年级的学生，一个优秀的小伙子，一个完美的大力神，家庭的希望，被肺病夺去了生命。然后是可怕的贫穷。父亲开始在墓地里游荡，渴望喝酒，但喝不下去：伏特加让他头痛欲裂，而他的思想却一如既往，清醒而又痛苦。现在他们写道，小女儿，一个美丽丰满的年轻女孩，患有肺结核。父亲就此写信给我，向我借了10卢布……啊！

我非常不愿意离开您，但是我仍然很高兴我没有多待一天——我离开了，显示出我有坚强的意志。我已经在写了。当您来到莫斯科的时候，我的小说①就能完成，我就和您一起回彼得堡去。

告诉博利亚、米蒂亚和安德鲁什卡，我责骂他们。在我的大衣口袋里，我发现了一些字条，上面潦草地写着："安东·帕夫洛维奇，丢脸、丢脸、丢脸！"哦，我的天啊！

昨天晚上我没有睡觉，我把我的"莫特利故事集"读了一遍，准备出第二版。我删掉了大约20个故事。

致阿·谢·苏沃林

1891年2月6日，莫斯科

一谈起爱克曼和歌德，他们就立马出现了②。前段时间，我

---

① 小说《决斗》。
② 爱克曼整理的《歌德谈话录》当时刚问世。

把他们的一段谈话写进了我的那部崇高的中篇小说①里。我之所以夸赞这部中篇崇高，是因为它真的很崇高，当然也可以夸赞它又长又大，长到我都写的不想写了。主要是我写的并没有计划和顺序可言，而且又啰唆又低劣。但是这些都不用在乎。那就当我是给布列宁一个全新的批判青年作家写的东西并不好的证据吧！

小说的故事离结尾还很远，可是人物已经数不胜数了。我特别想塑造很多的人物。我会等到您来这儿的时候，把这部中篇小说给您看，估计那时我已经写到一半了，甚至还要更多。您可以先感受一下读这篇小说时的愉悦，就像我提前接受您的评论一样。但是因为您是一个和蔼慈祥的人，所以我不惧怕您的批评。况且您在这方面可是个老手——难能可贵的是一个人居然同时具有这两方面的优点。

我没去过波隆斯基的家并不是因为我讨厌他，而是我忙得忘记了。我为何没在安娜·伊万诺芙娜欢度她的命名日时送去祝福呢？也是跟我为什么没拜访过波隆斯基的家是同一个原因。这就上升到了素养的问题！大概是与我的受教育水平不高有关吧，应该是这样。我要给波隆斯基写一封声泪俱下的信，并且等我去了彼得堡我会再向安娜·伊万诺芙娜请求原谅。尽管这也提高不了我的素养。

是谁在从莫斯科写给波隆斯基的信中提起我的呢？他的名字

---

① 《决斗》。

叫比比科夫。

您曾收到过一封鄙俗的信，是一封有关卡尔波夫①的匿名信。您还可以说这封信是愚蠢的。

卡尔波夫这个人无知又残忍，而且唯我独尊，有点像阿韦尔基耶夫。他会写一些批评类的文章，最后署上他的笔名。

您写的那篇关于托尔斯泰的文章真是棒极了，堪称佳作。既有豪放之情，又带委婉之意。总而言之，这是一期很有看点的报纸：上面不仅仅有您的佳作，还有《弗兰苏阿扎》。这篇短篇小说很好。托尔斯泰加上的关于妹妹的那句话（"她是你的妹妹！"）并没有像您所担忧的那样成了这篇小说的缺陷。不可否认的是，这句话确实使小说变得没有那么清新了。可是，这也不用在乎。

祝愿您身体健康，也希望上帝保佑您不再有伤感的情绪。这次，阿达舍夫这个角色又是（奥博）连斯基公爵来饰演吗？我觉得让切尔诺夫来演比较好。他同样像根木头，不过是一根柔软的木头。

我之所以得出这样的结论，是因为我想"谈谈文学"，毕竟我已经走上了衰老的道路，也变得深思远虑了。

向安娜·伊万诺芙娜、所有的男孩以及那个大鼻子的女孩问好。

---

① 俄国翻译家、戏剧家。

致玛·契诃娃

1891 年 3 月 20 日，维也纳

亲爱的：

我从维也纳给你写信，昨天下午 4 点钟到的。旅途一切顺利。从华沙到维也纳，我乘坐"国际货车公司"的豪华车厢旅行，车厢里有床、望远镜、巨大的窗户、地毯等。

啊，亲爱的，要是你知道维也纳有多好就好了！我一生中见过的任何一个城镇都无法与其相提并论。街道宽阔优雅，有许多的林荫大道和广场，房屋总是有六七层高，商店——它们不是商店，而是完美的谵妄，一个梦想！……议会、市政厅和大学都很宏伟。这一切都很壮观，我昨天和今天第一次意识到建筑真的是一门艺术。……这里有许多纪念碑。每条小街上一定有一家书店。在书店的橱窗里，可以看到俄罗斯的书籍——唉，不是阿尔博夫、巴兰塞维奇和契诃夫的作品，而是各种在国外写作和出版的匿名作家的作品。我看了《冬宫之谜》等。奇怪的是，在这里，人们可以自由地阅读任何东西，说自己喜欢的话。……这里没有豪华马车，但它们都是崭新的、漂亮的马车，由马拉着，通常是两匹。这些马真漂亮。包厢里坐着头戴大礼帽、身穿夹克的花花公子，他们读着报纸，彬彬有礼，乐于助人。

晚餐不错。这里没有伏特加，他们喝啤酒和相当好的葡萄酒。有一件事是令人讨厌的：他们让你为面包付钱。当他们拿到账单的时候，他们会问："你吃了多少面包卷？"你必须为每一个小卷付钱。

这里的女人美丽而优雅，事实上，一切都如魔鬼般优雅。

我还没有完全忘记德语。

我们越过边境时正在下雪。维也纳虽然没有下雪，但还是很冷。

我想家了，想念你们大家，事实上，我也为再次抛弃你们感到良心不安。不过，没关系！我会回来在家里待一整年。

代我向每个人问好。我愿你一切都好，不要因我的过错忘记我。我拥抱你，祝福你，送上我的问候。

每个见到我们的人都认识到我们是俄罗斯人，他们不是盯着我的脸，而是盯着我那灰白的帽子。看着我的帽子，他们可能认为我是一个非常富有的俄罗斯伯爵。

致伊·巴·契诃夫①

1891 年 3 月 24 日，威尼斯

我现在在威尼斯，两天前从维也纳过来的。我要说我这辈子从来没有见过比威尼斯更奇妙的城镇。它是迷人的、快乐的、充

---

① 伊万·契诃夫，契诃夫的弟弟，教育工作者。

满生气的。这里没有街道和马路，只有运河；没有出租车，只有小船。建筑是令人惊异的，每个地方都能激发出我对历史或艺术的兴趣。坐在小船上，可以看到多吉斯的宫殿、苔丝狄蒙娜住过的房子、各种画家的家、教堂。在教堂里有我们做梦也想不到的雕塑和绘画。它真的很迷人。

［……］

威尼斯没有马，所以这里和开阔的乡间一样寂静。小船来来往往……然后一只挂着灯笼的小船划过，里面有低音提琴、小提琴、吉他、曼陀林和短号的声音，还有两三个女人，几个男人，以及歌声和音乐。他们在唱歌剧。向前走了一会儿，又遇到一艘载有歌手的小船，然后又遇到一艘，空气中充满了小提琴和男高音的混合曲调，以及各种令人心动的声音，一直持续到午夜。

我在这里遇到的梅列日科夫斯基正陶醉在狂喜之中。对于我们这些贫穷和受压迫的俄罗斯人来说，在这个美丽、富有和自由的世界里，我们很容易失去理智。当你站在教堂里聆听风琴时，你会渴望成为一个天主教徒。

卡诺瓦和提香的坟墓非常宏伟。在这里，他们像在教堂里埋葬国王一样埋葬伟大的艺术家；在这里，他们不像我们一样鄙视艺术；教堂为图画和雕像提供了庇护所。

在白金汉宫有一幅画，画中有大约1万个人物。

今天是星期天。圣马可广场将有一个乐队演奏……

［……］

我会再写信的，再见。

致玛·契诃娃

1891 年 4 月 1 日，罗马

到罗马以后，我马上去了一趟邮局，可是在那里并没有找到任何一封信。苏沃林夫妇俩每人都收到了几封信。我决定了，你们怎么对我，我就怎么对你们，也就是说，我也不给你们写信，可是上帝保佑你们吧！我对信压根儿没什么好感，可是在旅行的时候，情况未知是最糟糕的情况。别墅问题你们最后是如何处理的？獴还活着吗……

彼得庙、卡庇托林、大斗兽场、古罗马广场我都去过，咖啡馆也去过，可是都没有得到我期待中的享受。天气阴沉沉的，还下着雨。穿秋大衣有点热，穿夹大衣又感觉有点冷。

旅行不需要太多经费，四百卢布就可以到意大利旅行一次，回来时还可以带点东西回来。假如我是独自前往，或者我是和伊万同行的，那么我回家就会有这样一种信仰：相比去高加索，到意大利的花费要少多了。可是，很遗憾，我这次是和苏沃林同行的……在威尼斯我们在最好的旅馆里住，似乎是威尼斯共和国的元首。而在罗马，我们像红衣主教一样生活，因为我们在孔季主教以前住的宫殿的沙龙内住，现在我们又在"米涅尔瓦"大旅馆住，这里有两个大客厅、吊灯、地毯、壁炉和各种乱七八糟的东西，这些一天一夜就要花掉我们四十法郎。

因为走了太远的路，我的背有些酸痛，脚板燥热。太恐怖了，我们到底走了多少路啊！

我很奇怪列维坦竟然不喜欢意大利，这个国家很迷人。假如我是一个独身的画家，又有经济实力，我会选择在这里避寒。要知道，意大利不仅四季温暖如春、自然景色始终不变，而且在这个国家，你会深信：艺术会主导一切，而这种信念会让人生机勃勃。

我身体康健，也祝你们一切都好，并向你们大家问好。

致玛·契诃娃

1891 年 4 月 13 日，蒙特·卡洛

我从蒙特·卡洛给你写信，就是玩儿轮盘赌的那个地方。我无法形容这个游戏有多么激动人心。我先赢了 80 法郎，然后输了，然后又赢了，最后我输了 40 法郎。我的口袋里还剩下 20 法郎，我要再去碰碰运气。我从早上就在这儿了，现在是晚上 12点。如果我有多余的钱，我相信我会花一整年的时间去赌博，在赌场宏伟的大厅里穿梭。看着女士们输掉成千上万场赌局是很有趣的。今天早上，一位年轻的女士输了 5000 法郎。堆满金子的赌桌非常显眼，简直无法用言语表达。这个迷人的蒙特·卡洛简直就是一个贼窝。赌输了的人自杀是司空见惯的事情。

苏沃林的儿子输了 300 法郎。

我们很快就会见面的。我厌倦了在地球表面徘徊。我该清醒了，我的脚跟已经很酸了。

致米·巴·契诃夫

1891 年 4 月，圣周的星期一，尼斯

我们住在尼斯海滨。阳光明媚，这里很温暖，但多风。从尼斯到著名的摩纳哥有一个小时的车程。还有蒙特·卡洛，那里是玩轮盘赌的地方。想象一下贵宾大厅的房间，不过此贵宾大厅更漂亮、更高、更大。那里有很大的桌子，桌子上有轮盘赌，我回家后会向你们描述这些。前天我去了那里玩，又输了。这个游戏非常吸引人。输了之后，我和苏沃林仔细考虑了一下，想出了一个确保能赢的方法。我们昨天又去了，每人拿了 500 法郎；第一次下注时，我赢了两个金币，然后一次又一次地赢；我的背心口袋里装满了金子。我手里有 1808 年的法国货币，还有比利时、意大利、希腊和奥地利的硬币……我从来没有见过这么多的钱。我5 点开始玩，10 点的时候我口袋里一个法郎都没有了，唯一剩下的就是知道我还有回尼斯的回程机票后的满足感。就是这样，我的朋友！当然，你会说："这样做真卑鄙！我们太穷了，而他却在外面玩轮盘赌。"这种说法完全公正，我允许你杀了我。但我个人对自己很满意。无论如何，以后我可以告诉我的孙子们，我玩过轮盘赌，并且知道赌博带来的兴奋感。

[……]

昨天——星期天——我去了这里的俄罗斯教堂。奇怪的是，他们用棕榈枝代替柳树，用女子唱诗班代替男童唱诗班，使歌声有歌剧的效果。他们把外币放在盘子里；教堂司事和执事说法语，等等。

[……]

我觉得自己好像已经旅行了整整一年。我刚从彼得堡回来就去了萨哈林，然后又去了彼得堡，又去了意大利……

如果我不能在复活节前回家，当你们开斋的时候，请在祈祷时记住我，接受我遥远的祝福，保证我会在复活节的晚上非常想念你们。

致阿·谢·苏沃林

1891 年 5 月 10 日，阿列克辛

您寄给我的信已经收到了。用"个体"来署名的是杰特洛夫——基根①，我之前仅仅听说过他是一位小说家和有趣的旅行家，却没有接触过他所写的作品。您说得太正确了，我需要安抚一下我的心绪。现在的我特别热衷于读一些令人敬畏的文章，这并不仅是谈论我写的文章，而是拥有一般性问题的文章都要谈

---

① 符·路·基根，笔名杰特洛夫。

论。我渴求着能读到令人敬畏的文章，可是当代俄国批评界只会让我愤怒，却不给我提供任何的心灵鸡汤。我只能带着喜悦去读一些谈论普希金或者托尔斯泰的文章来安抚一下我这慵懒的头脑。

我对威尼斯和佛罗伦萨十分想念，也非常愿意能够再次登上维苏威火山，谈到博洛尼亚时，它已经在我的脑海里没有多少印象了，而谈到尼斯和巴黎时，我只想起了"我怀着厌恶的心情回顾我的生活"。

沃益达①的一篇短篇小说在最新一期的《外国文学通报》中发表了，这篇被发表的小说是米哈伊尔——税务督察员的译作。我很难过自己不懂外语，如果我精通外语，我相信，我一定会把外文小说翻译得非常精彩，因为每当我读到别人翻译的文章时，总会不自觉地把那些句子用自己的话语重新调整一遍，最终这篇文章里的句子被我调整得又细腻，又柔美。

我用一周的前三天写关于萨哈林的书，留出周日来写短篇小说，其他的时间全部用来写长篇小说②。我对写作的兴头儿很足，但是唯一让我不满意的地方就是家里的人口太多，多到如同我是一只小虾被迫和许多虾放在了一个篮子里，又挤又闷。这些天的天气都格外的好，我们居住的别墅区环境也特别好，气候干燥，

---

① 英国女作家，真名是路易莎·德拉拉梅。

② 小说《决斗》。

利于身心健康，周围树木很多……奥卡河边的鱼虾也很多。我还能每天看到来往的火车和轮船。这么美的地方，除了有些挤，其他的我都很满意。

您到莫斯科的时间确定后，一定要给我写信。我想您一定要做好心理准备，因为这里有您不喜欢的法国展览会。但是不必担心，我猜您一定会喜欢奥卡河的，谢尔普霍夫这儿有条小轮船，当您来的时候，我们可以在清晨 5 点从这儿出发去卡卢加，我相信在路途中您一定会爱上这里的。

我想一直单身，做一个悠闲的秃顶小老头儿，等到闲暇的时候就坐在自己喜欢的书房里写作。

祝您身体健康，幸福快乐。我在这里向您的家人问好。不要忘了给我写信！

致阿·谢·苏沃林

1891 年 5 月 18 日，阿列克辛

现在的您开心吧，是不是在为圣饼柜而开心。前一段时间我搬到了一个离奥卡河很近的乡村别墅里居住，在这里仅需 4 分钟就能到达奥卡河，附近全是别墅和来这里休息调养的人，在这儿还有许多白桦树，除了这些就什么都没有了。我真的厌倦了这里。我在这儿认识了一个叫科洛索夫斯基的地主，他拥有一个庄园，虽然很久没打理变得荒芜了，但我还是觉得这里充满了诗情

画意，所以我把他的一幢大石房的顶层租了下来。这里真的很美，美到我无法用语言来形容。设备很齐全，有很大的房间，有令我好奇的公园，还有河流、池塘和一个可以让我父母用来祈祷的教堂。这里的紫丁香和苹果树正开着花。这么看来，所有的条件都很合我意，这里真是好极了。我真的太喜欢这个庄园了，之前租的别墅不住了，我已经迫不及待地于当天搬到了这里。这个夏天租别墅和借庄园分别花了 90 卢布和 160 卢布，确实花了很多。

我希望您能够过来感受一下，这里的鲫鱼和虾非常多，我们可以一起去钓鱼。

罗舍福尔①家的别墅只有两层，这两层楼的房间比较少，家具也比较少，我认为这对您来说是不够用的，并且最令人抓狂的还不只是这些，如果您从车站回别墅，要多走 15 俄里的路。现在找不到适合您居住的别墅，科洛索夫斯基的庄园到明年才能租给您，到时候两层楼房都会重新装修，是非常不错的。我认为一个有钱人要找一个适合全家居住的别墅比骆驼穿针眼还难。别墅对于我来说真是遍地都是，但对您来说，找到一个合适的真难。

我养的獴突然跑到森林里找不到了，直到现在还没回来，大概是死在那里了吧！

---

① 伯爵夫人，是阿列克辛别墅的所有人。

我曾经下定决心不在报纸和杂志上发表自己写的有关萨哈林的作品，但是现在这个决定已成浮云，您却不知道多大的诱惑能使我放弃自己的决心。现在您需要吗？如果需要，我现在就能寄给您价值 100 金路易的东西。

昨天我在写萨哈林的天气，真的难为死我了，被它折磨了一整天，这种描述天气的语言真难写，但是我最终还是获得了很好的成绩。我所描绘出来的，是让任何人读了都会感觉冷的画面，这种用语言来表达天气比用数字来表达有趣多了。

现在的我每天 5 点起床，等到老年之后我应该会 4 点起。毫无疑问我的祖先们都是很早就起床的，可能比公鸡起得还早。在我看来，很早起床的都是一些非常忙碌的人。看来我以后也会成为一个爱管闲事，停不下来的老头子。

《马迈入侵》是一部喜剧，它属于克雷洛夫式的轻松喜剧，贯穿整部剧都没有展现出一个完整的性格。这种味道像是别墅里的丈夫身上所发出的，而这句话在剧本中意味着西伯利亚的叔叔们上侄儿们的家里来做客是不合适的。整部剧的内容非常粗陋，是东拼西凑结合起来的。因为让读者或观众期待的"客人巴结主妇"的剧情没有写出来，所以三幕戏就显得格外无聊，让人看了有些乏味。我要提醒一下常常写这种剧本的人，如果你们每天写这样的剧本，就像是每天去青楼，年纪还不大就会很快衰老的。

古列维奇①小姐和菲洛克谢尔②先生不会对《北方通报》产生多大的影响，因为他们只是把犹太哲学家的作品翻译出来，并把其中的精神提取出来放进了《北方通报》里而已，他们并不会把他们的智慧和才能也放进去，所以，影响力也就类似发散出的一股大蒜味儿，实际很渺小了。

女学生和打骂人的小军官都应该受到惩罚，应当把女学生送进精神病院，把打她的军官保留官职送进险要的关隘待 4 年。那个女学生有许多坏毛病，她会一直和第一个看到的人黏在一起，会累到自己强拖着腿走路，还会厚着脸皮写令人无法理解的信。我认为她真的很不幸，没有什么是可以救得了她的。当有一天她的父亲真的把她抛弃时，她会去哪儿呢？是惨一点儿去青楼，还是幸运一点儿去轻歌剧剧团呢？或者再幸运一点儿，到了年老的时候不会因肺痨病而死。以她那表达明确并有十足文学气味的文笔，她应该会写一些劝勉的杂文、剧本和寄自柏林及维也纳的书信。

祝您身体健康，当您想到我这儿来时，请发电报到"阿列克辛，别兹杰特内医生，转交契诃夫"，寄信就寄到图拉省阿列克辛吧！

---

① 俄国演员、作家、翻译家。
② 俄国文学批评家。

致费·阿·切尔温斯基[①]

1891 年 7 月 2 日，包吉莫沃

我真的没想到您会把写给我的信寄到塔甘罗格去，更没想到的是，萨哈林岛上的一个办公室会把一些公文材料包也寄到那里去了。我真的无法想象你们是根据什么知道我住在塔甘罗格的，我已经 6 年没去那里了，更想不到还有什么东西会寄到那里。我现在住在您附近的一个城市——图拉省阿列克辛市。若您来到了这个城市，欢迎到塞兹兰 - 维亚泽姆斯基路来，因为我就住在这里。

我自始至终都没有接触过斯卡比切夫斯基[②]的任何作品。近段时间，我得到了他写的《现代文学史》，读了一些，就再也没有想看的欲望了。不知道为什么，我不太喜欢这本书，更不喜欢他所写的东西。我真的搞不懂他为什么要写这些东西，像斯卡比切夫斯基之类的人都是一些苦行圣徒，他们奋不顾身地在大街上喊："皮匠伊万诺夫做的皮靴蹩脚！""木匠谢苗诺夫桌子做得好！"喊了又有什么用呢？皮靴和桌子都不会因为这样而变得更好或更坏，所以他们以诋毁别人的劳动为工作的劳动完全是荒唐的。这样看来，那些人不管是骂您还是诋毁您，您都不必在意，

---

① 彼得堡的一名文学家、律师。
② 俄国文学史家、文学批评家。

甚至说越早对您进行攻击越好。

我最近在旅行，也没来得及找您所发表的剧本，并且也不知道您的剧本在哪里发表了，我非常期待能读到，并且真心希望您能寄给我一份单印本。

…………

祝您身体健康。

致亚·巴·契诃夫

1891 年 7 月，阿列克辛

我多产的摄影师兄弟！

很久以前我收到过你的一封信，里面有塞马什科的照片，但是我一直没有回信，因为我一直在努力构想该怎么回信。我们所有的人都活得好好的，我们经常谈到你，很遗憾你的多产使你不能到我们这里来，我们非常欢迎你。正如我已经写信告诉你的那样，父亲已经离开了伊凡戈奇，现在和我们住在一起。苏沃林来过这里两次，他谈起过你，还钓过鱼。我忙于工作和其他同样令人厌烦和繁重的劳动，忙得不可开交。我梦想着赢得 4 万英镑，这样我就可以完全不用写作了，我已经厌倦了写作，我梦想着买一小块土地，像隐士一样过着悠闲的隐居生活，你和伊万就在附近，我梦想着给你们这两个穷亲戚每人 15 英亩的土地。总而言之，我过着沉闷的生活，我厌倦了爬格子赚小钱，衰老正在慢慢逼近。

在我看来，苏沃林分享的你的最后一个故事很不错。你为什么写得这么少？

和你一起获得学位的动物学家瓦格纳就住在同一个院子里。他正在写一篇论文。艺术家科斯沃也住在同一个院子里。我们晚上一起散步，讨论哲学［……］

致阿·谢·苏沃林

1891 年 7 月 24 日，包吉莫沃

非常感谢您对我的邀请。我会如约而至的，但是会去得比较晚，即使我很期待能够看到大海、沙滩，希望与您坐下来通宵畅聊，也留恋着迷人的克里米亚－费奥多西亚。我近期比较忙，正在忙着赶小说。虽然我写得比较多，但是无法达到自己预期的页数。我一定会给您寄去其中含有四五篇小品文的小说①，它已经完成一大半了，我相信您收到时一定会体会到其中的美。

我对您给我增加的每行五戈比的稿费表示感谢。但是这些并不能改变我的状况。如果我现在要累积财富，就像您在信中提到的那样，使我能够从那些微小的忧愁和焦虑的无底洞中脱离出来，那么现在能够达到这种状态的唯一办法就是和一个富有的女

---

① 小说《决斗》。

人结婚，或盗取《安娜·卡列尼娜》这本书的版权。因为两个办法都行不通，所以，我只能任我的生活顺其自然了。

我记得您曾说过托尔斯泰喜欢法国作家罗德①，当时您还向我夸赞过他。这几天我有幸读了他写的一部长篇小说，在读的过程中，我有些无奈，也有些不太理解。因为他同马奇捷特一样自大、无聊，又对创新充满着强迫感。虽然他聪明一些，但是他本身的艺术性就像我们在包吉莫沃的晚上煮稀饭时放的盐一样，实在是少得可怜呀！罗德在前言中懊悔地说，曾经的自己是自由主义者，他为现在文坛新人的唯灵论代替了唯物主义而感到骄傲。这难道不是在阿谀奉承吗？"左拉先生的才华我们无法匹敌，但是我们会真诚地信仰上帝。"

今天的天气特别好，现在的清晨如5月时一样明亮。更高兴的是周围变得特别安静了。

您寄给我的《采蘑菇的人》我已经收到了，但是这几天我非常绝望，不知怎么了，接连下了两天的雨，却还没有蘑菇长出来，无法去采蘑菇，这让我的心情都变差了，还不止这些，今天的咖啡也是炒焦了的，真的是无比焦虑啊！

莱辛在来信中说，他正在写文章，我认为这值得您敬重仰慕。

我真的弄不明白普列谢耶夫在斯卡尔科夫斯基管的局子里干什么，难道诗人梅□科夫斯基和他的女神在国外还没回来吗？

---

① 瑞士作家艾·罗德。

哎，这可真够遗憾的。

请替我向安娜·伊万诺芙娜、娜斯佳和鲍里亚问好。也祝您心想事成、身体健康。

致阿·谢·苏沃林

1891 年 9 月 8 日，莫斯科

已经到莫斯科的我，每天宅在家里，不想出门。我懒得不想动，更不想参与任何事情，甚至家里准备换房子的事我也从不过问。因为租赁杰维契也波里耶附近的房子费用较低，所以他们想搬过去住。

您提议用《虚伪》作为我中篇小说①的标题，我认为是不合适的。虚伪可分为有意识的和无意识的，您提议的《虚伪》只适合有意识的虚伪，而无意识的虚伪却是一种错误。我认为托尔斯泰把我们有钱和吃肉一并看作是虚伪的行为，是非常不合理的。

昨天我才得知库列平②的脖子上长了癌，这种绝症真的是无法治愈的。癌细胞会不断地扩散，直到蔓延至整个头部，在他死去之前都会受到神经痛的折磨。我听说库列平的妻子已经给您写过信了，不知道您是否收到了。

_____

① 小说《决斗》。
② 莫斯科记者。

被死亡选中的人是无法逃脱的，因为死亡做的事只有它自己明白。我给您讲述一个关于长生不老药的故事，您可以以此作为写作剧本的题材：从前一位老化学家研发了一种只需服用15滴就可以长生不老的药，但是他为了不让那些像他和他妻子一样没有道德的人获得这种药从而变得长生不老，就把药瓶打碎了。托尔斯泰认为人类不是不可磨灭的，但是，这中间夹杂着多少个人的东西，又有谁知道呢？我在前天读了他的《后记》。我认为这本书比我讨厌的《致省长太太的信》更让人难以接受，即使您打死我，我也不会改变对这本书的态度。当今那些文化人的思想真是令人担忧！所有的伟大圣贤都像将军一样蛮横无理，粗暴生硬，因为他们相信自己不会受到惩罚。第欧根尼把痰吐到别人的胡子上，托尔斯泰对医生大骂，像这样的行为没有受到任何惩罚，即使把他们送到警察分局，都无法把他们怎样，何况还不能在报上骂他们呢？所以这些无理的文化巨人们都让命运来决定吧！我认为那些哲学和我无法忍受的后记，以及省长太太的信等一切东西都不如《霍尔斯托梅尔》中的一匹牝马有价值。

请替我问候中学同窗阿历克塞·彼得罗维奇，祝他身体健康、永远开心和美梦成真。

也替我问候敬爱的安娜·伊万诺芙娜和阿历克塞·阿历克塞耶维奇及孩子们。

祝您身体健康，不要忘记我这个犯过错误还十分想念您的人。

致阿·谢·苏沃林

1891 年 10 月 16 日，莫斯科

祝贺您有了新厨师，并祝您胃口大开。希望我也一样，因为我很快就要来看您了——比我预期的要早——而且要吃三个人的饭。我只是想要离开家，哪怕只离开两个星期。从早到晚我都烦躁不安，我觉得仿佛有人在用一把钝刀切割我的灵魂，这种烦躁的外在表现使我匆匆上床睡觉，避免交谈。我所做的一切都不会成功。我开始为斯特伯尼克人写一个故事，刚写了一半又扔掉，然后又开始写另一个故事；我已经为这个故事挣扎了一个多星期，什么时候写完它，什么时候开始工作，什么时候写完第一个故事，这对我来说似乎很遥远。我还没有去过诺夫哥罗德省，原因不在我的控制之内，我也不知道什么时候去。事实上，这是一个无望的混乱——一个愚蠢的混乱，而不是生活。我现在最大的愿望就是赢得 20 万……

啊，我有这样一个题材的小说！如果我的心情还可以的话，我可以在 11 月 1 日开始写，12 月 1 日结束。我会签 5 个名。我渴望像在包吉莫沃那样写作，也就是说，从早到晚，甚至在睡梦中写作。

不要告诉任何人我要来彼得堡。我要隐姓埋名地生活。我在信中含糊地写道，我将于 11 月份来……

我应该让您想起卡什坦卡，还是忘了她？如果我们不刊登她

的照片，她不会失去童年和青春吗？然而，您最清楚……

附注：如果您见到我的哥哥亚历山大，告诉他我们的姨妈快要死于肺痨了。她剩下的日子屈指可数。她是一个了不起的女人，一个圣人。

如果您想去饥荒严重的省份，1 月份我们一起去吧，那会更引人注目的。

致林特瓦廖夫夫人
1891 年 10 月 25 日，莫斯科

尊敬的娜塔莉亚·米哈伊洛夫娜：

我没有像我预期的那样去尼日尼，而是坐在家里写作，打喷嚏。莫洛佐夫夫人见过部长，他绝对禁止私人主动参与救济饥荒的工作，并挥手示意她不要出现在他面前。这使我立刻变得麻木不仁。除此之外，我身无分文，打喷嚏，工作繁重，姨妈今天去世了，生病，不确定性——所有这一切都阻碍了我这样一个懒惰的人。我已经把我的旅行推迟到了 12 月 1 日。

很长一段时间没有您，我们觉得很无聊。我盼咐不许任何人进来，我坐在我的房间里，好像苍鹭站在芦苇中。我没有看见任何人，也没有人看见我。最好是这样，否则公众会拉响我的门铃，我的书房就会变成一个吸烟和交谈的房间。这样的生活很无

聊，但是我该怎么办呢？我要等到夏天，然后放纵自己。

我要拍卖这只獴。我应该很高兴卖掉 N 和他的诗，但是没有人愿意买。他几乎每天晚上都像往常一样冲进来看我，他的疑虑、挣扎、火山爆发、裂开的鼻孔、自由的生活、诸如此类的胡言乱语使我厌烦，上帝原谅他。

［……］

祝您身体健康，幸福快乐

附注：我全家都向您问好。

我们都很好，但是都很悲伤。我们的姨妈是大家的最爱，她被认为是善良和正义的化身，如果这一切都能化为肉身的话。当然，我们都会死去，但这仍然是令人悲哀的。

4 月份我会在您身边。到了春天，我希望我会有一大笔钱。我根据预兆来判断：没有钱就是有钱来的信号。

致阿·谢·苏沃林

1891 年 11 月 22 日，莫斯科

我的健康状况正在好转。我的咳嗽减少了，体力增强了。我的心情更加活跃，头脑中也好像旭日东升，一片光明。我早上醒来的时候精神很好，上床睡觉的时候没有忧郁的想法，晚饭的时候没有生气，也没有对母亲说不敬的话。

我不知道什么时候去找您。我有一大堆工作要做，要工作到春天——也就是说，无意义的空话要说到明年春天。一道自由的光芒照耀在我的地平线上。现在已经有了一点自由的气息。昨天我收到了一封来自波尔塔瓦省的信，信中说他们为我找到了一个合适的地方。一座砖房，有 7 个房间，铁皮屋顶。这房子是新建的，无须维修，有马厩、地窖、冷藏间、6 俄亩的土地、一片牧草场、一个古老阴凉的花园和普西奥河岸边。河岸是我的，在河岸的那一边有一片辽阔的美妙景色。价钱也很合理。先付 3000 卢布，剩下的 2000 卢布在几年内分期付清，一共是 5000 卢布。如果上天怜悯我，让我能买到这个庄园，我将在 3 月份搬到那里，在大自然的怀抱里安静地生活 9 个月，剩下的时间就在彼得堡度过了。我要派我妹妹去看看那个地方。……

啊！自由，自由！如果我一年的生活费不超过 2000 卢布——而这只有在这个庄园才有可能，我就绝对不用担心钱的问题了。然后我将工作，阅读，阅读……

［……］

致叶·米·沙芙罗娃
1891 年 9 月 16 日，莫斯科

我们这些长期单身的老男人身上有狗的味道吗？好，就当如此吧！可是说到妇科医生其实就是讨好妇女的无耻之徒，我倒要

说几句。妇科医生的生活非常平淡，您甚至做梦都想象不到这种生活，而假如您对这种有所了解的话，那么您可能会发挥您特有的邪恶想象，让它拥有的气味比狗更加糟糕。谁要是一直航行在海上，就会对陆地情有独钟；谁要是一直过着平淡的生活，就会对诗意的生活艳羡不已。所有的妇科医生都是理想主义者。您作品中的医生喜欢读诗——您的感觉把这个事实赋予您。我倒想再说一点：他还会是一个自由主义者，带点神秘主义的色彩，他还在想象着娶一个像涅克拉索夫作品中那样的俄罗斯女人一样的妻子。知名的斯涅吉廖夫总是颤抖着提到"俄罗斯女人"。我所认识的另一个妇科医生对一个戴面纱的、他远观极为神秘的陌生女人一见钟情。还有一个妇科医生，他一定要看每出戏的头场演出，戏散后他总要在衣帽间骂个不停，要人家相信作者只能对理想的妇女形象进行打造等。还有这样一点被您忽略了，那就是庸俗或愚蠢的人是不会成为一个好的妇科医生的。睿智，哪怕是让中学生领会的那种睿智，它所散发的光芒也要亮过秃顶，而您呢，倒是看到秃顶了，而且还重点说明了，却舍弃了睿智。一个胖子减肥您也看到了，还予以重点说明了，可是您却把这一点完全忽略了：他是一个教授，即，他思考了很长时间，做了不少事情，而这让他比很多人都要高，比所有的薇拉和塔干罗格的希腊女人都要高，比各种各样的宴会和葡萄酒都要高。诺亚有三个儿子，分别是西姆、哈姆以及加阿菲脱。哈姆只发现他父亲爱唱歌，却没有注意到诺亚有天才，他造了一艘方舟，让整个世界都幸免于难。干写作这行不应该学习哈姆。请您一定要把这一点牢牢记住。我不敢请求您，让您对妇科医生和教授有好感，可我敢于提醒您要公平一些，对于一个要尊重客观的作家来说，这种公平比空气的需求度还要高。

那个商人家的女孩您写得很好。在讲话时，医生说他自己都对医学持怀疑态度，这个地方也写得不错，可是不需要让他每说一句话就要喝口茶。喜欢尸体——这是因为您耽溺于其中的思想被惹怒了。事实上，您根本没有见过尸体。

现在我们将眼光从局部的问题上挪开，回过头来说整体。这里我可以大喊一声救命了。这不是短篇小说，不是中篇小说，也不是什么具有文学气息的作品，更像是一长排阴沉的兵营。您的结构艺术呢？当初，正是因为您的这种艺术，才让您忠诚的仆人深受触动。明快、优雅的笔调去哪儿了？您可以读一读您的这个短篇小说：对吃午饭的场景进行描写，然后对路过的姑娘和妇女进行描写，之后对同席的伙伴进行描写，再然后又对午餐的场景进行描写……就这样一直写下去。描写、描写，还是描写，压根儿看不到什么情节。应该直接着眼于商人的女儿，写她，薇拉——去掉她，也去掉那些希腊女人——除了医生和商人的后代以外，去掉所有的其他人物。

致阿·谢·苏沃林

1891 年 11 月 30 日，莫斯科

我把您通过代理寄给我的两份手稿还给您。其中一个故事是印度的传说——荷花、月桂花环、夏夜、蜂鸟——这是在印度！从渴望青春的浮士德开始，以托尔斯泰式的"真实生活的幸福"结尾。我删除了一些片段，把作品弄得更加妥帖，结果就成了一个没有什么价值的童话，但是很轻松，读起来可能会很有趣。另一个故事的框架有所欠缺，内容混乱，但是有情节，有点辛辣味道。您能看出来，我把它缩减了一半。这两个故事都可以发表……

我一直在幻想。我幻想着 3 月从莫斯科搬到庄园去，在秋天来到彼得堡，待到春天。我渴望在彼得堡度过至少一个冬天，而这只有在我不在莫斯科栖身的情况下，才有可能。我梦想着花 5 个月的时间和您谈论文学，并为《新时报》做我能做的事情。而在庄园里，我将全心全意地从事医学工作。

包包雷金来看过我。他也在幻想。他告诉我，他想以俄罗斯小说的生理学方式来写一些东西，讲长篇小说在我国的起源，以及它发展的自然过程。当他说话的时候，我无法摆脱一种感觉，那就是我面前是一个狂人，一个把文学置于生活中一切之上的文学狂人。在莫斯科，我很少见到真正的文学家，因此与包包雷金的谈话就像是天赐的甘露，尽管我不相信长篇小说生理学及其发

展的自然过程——也就是说，自然界可能存在这样一种生理学，但我不相信用现有的方法可以探测到它。包包雷金对果戈理不屑一顾，并且拒绝承认他是屠格涅夫、贡恰罗夫和托尔斯泰的先驱。他把果戈理放在一旁，将他置于俄罗斯小说发展的长河之外。这一点让我很不明白。既然是站在自然发展的立场上，那么不仅果戈理，甚至一只狗的叫声，都不可能置身于这条长河的河床之外，因为自然界的一切事物都会相互影响，即使我刚刚打的喷嚏也会对周围的自然环境产生影响。

…………

祝您身体健康！我正在读谢德林的《外省人的日记》，真是又长又无聊！同时又多么像真实的生活啊！

致尼·亚·列伊金
1891 年 12 月 2 日，莫斯科

亲爱的尼古拉·亚历山德洛维奇，我写这封信是想请您帮个大忙。事情是这样的，直到去年，我一直带着大学文凭旅行，无论走陆路还是海路它都能充当护照，但每次签发签证的时候，警察总是警告我，我不能靠着文凭旅行，应该从"适当的部门"获得护照。我问过每个人这个"适当的部门"是什么意思，但是没有人给我答案。一年前，莫斯科警察总长给了我一本护照，条件是我必须在一年内从"相关部门"拿到护照。可是我对"相关部

门"一无所知！前几天我才知道，由于我从来没有在政府部门工作过，而且我接受教育后成了一名医生，所以我应该在职业公民办注册，我相信文章学会会给我提供一份证书，作为我的终身护照。我记得您最近获得了职业公民的等级，并获得了证书，因此您一定是在某个地方向某个人申请的，所以，在某种意义上来说，您是个老手。看在上帝的分上，请告诉我应该申请哪个部门？我应该写什么请愿书？我应该在上面贴多少邮票？请愿书必须附上什么文件？等等。在市政厅里有一个"护照局"，如果您也不是很清楚这些，那个局可以为我揭露这个秘密吗？

请原谅我打扰您，但是我真的不知道该向谁申请［……］

您的《勋章》经常在科什剧院上演，而且很成功。它是和米亚斯尼茨基的《野兔》一起上演的，我没有看过，但朋友告诉我，两部戏剧之间有很大的不同：与《野兔》相比，《勋章》看起来干净、有艺术感。这就对了！文人被赶出剧院，戏剧由不知名的老人和年轻人创作，而杂志和报纸则由商人、政府职员和年轻女士编辑。但是在那里，魔鬼把他们带走了！……

致谢·阿·安德烈耶夫斯基

1891 年 12 月 25 日，莫斯科

我们先来说心理学，通过阅读您新近的一封信，可以推断得知，您身上有一种极易受到刺激的特点，这种特点只会出现在神

仙、诗人以及备受宠爱的美女们身上。三个女神要听一个普通牧人的观点，在听了音乐、看了鲜花和受了男子的爱抚以后，一个美女忽然想吃酸白菜和荞麦米，您也是如此，您也要认真听听我向您指出的不足之处，这充分说明您是一个诗人。

对于您写的几本书，我都非常认真地看过。我记得，我在读柳托斯坦斯基案时，正好在农村、在极具诗情画意的环境里，我是读出了声的，之后又说了很久有关您的话。一整个夏天，我的圆桌上都放着您的诗篇，我把这些诗篇读给所有有机会靠近这张圆桌的人听，一整个夏天都在读。现在您的书已经装上了书皮，和我很多其他宝贵的东西放在箱子里，等着我把它们带到索鲁钦齐，果戈理就出生在那里，而我将去那里定居。

可是我能给您写些什么呢？对于您的书和您的作者感情，我都表示充分的尊重，这就是说，我应该非常认真地写，不能率性而为。不管什么谩骂都不会像无知的言论那样对作者极尽侮辱，庸俗化他的作品。而我呢，说来也怪不好意思的，我得承认，这种无知正好体现在我自己的书信中。只是在引发我议论或者在我面前提到某个问题的时候，我才擅长议论。可能我的智慧和斯帕索维奇是一样的，我是个有思想的人，可是它们不会直接喷注到纸上。我试着给您写篇东西，可是写出来的却是一种报章体的东西，和斯卡比切夫斯基的那种格调很像。

您的辩词要么大书特书，要么就是干脆什么也不写，而我则不擅长大书特书。像您、柯尼以及其他一些法律家的发言对于我来说都有双重的意义。首先，在这些发言中，我会寻找艺术上的优势；其次，我在其中找寻那在学术上或审判具体操作中有价值的东西。您那篇和杀害自己同学相关的士官的发言真是太妙了，它优美、朴实又灵动，发言中提到的人都是活灵活现的，而且我甚至看到了那个峡谷的底部。从适用的角度来说，有关纳扎罗夫一案的发言是一篇非常睿智又有好处的发言。可是要知道这是严谨的，所以也应该严肃地来写这一点。

我一定给您寄一本我自己的书，要不然我就亲自带来。之前我之所以没有给您寄过来，是因为我当时不知道您是不是需要这些书，还有一部分原因是我觉得我已经给您寄过了。

为什么您不写它几部剧本呢？

27 号以后我将去彼得堡。

致阿·尼·普列谢耶夫
1891 年 12 月 25 日，莫斯科

亲爱的阿历克塞·尼古拉耶维奇：

昨天我碰巧知道了您的地址，于是写信给您。如果您有空的话，请写信给我，告诉我您的健康状况，以及您的近况，哪怕只有几行。

在过去的 6 周里，我得了流感。肺部出现了并发症，我咳嗽得很厉害。3 月份我要去南方的波尔塔瓦省，在那儿待到咳嗽好

了为止。我妹妹去那里买房子和花园了。

这里的文学活动很安静，但生活却很繁忙。有许多关于饥荒的讨论，以及由于上述讨论而产生的大量工作。剧场空无一人，天气恶劣，根本没有霜冻。让·什蒂赫格洛夫被托尔斯泰主义者迷住了。梅列日科夫斯基像往常一样待在家里，迷失在深入研究的迷宫中，像往常一样非常好。关于契诃夫，他们说他娶了继承人西比里雅科夫，得到了500万的嫁妆——整个彼得堡都在谈论这件事。我完全无法想象这种诽谤是为了谁的利益，又是为了什么目的。读彼得堡的来信真是令人作呕。

我今年没见过奥斯特洛夫斯基。

我们可能不会很快见面，因为我将在3月份离开，在11月份之前不会回到北方。我不会在莫斯科租房子住，因为那种快乐超出了我的能力范围，我将留在彼得堡。

我热情地拥抱您。对了，私下里解释一下。那天在巴黎的晚餐上，您说服我留在那里，并主动借钱给我。我拒绝了，在我看来，我的拒绝伤害了您，让您很苦恼，我想当我们分手时，您会感到一丝冷淡。也许我错了，但是如果我是对的，我向您保证，我亲爱的朋友，以我的名誉担保，我拒绝您不是因为我不想对您承担义务，而仅仅是出于一种自我保护的感觉；我在巴黎的行为很愚蠢，再多1000法郎只会对我的健康不利。相信我，如果我需要的话，我会像苏沃林一样毫不犹豫地向您借钱。

上帝保佑您。

致莉·阿·阿维洛娃

1892 年 2 月 21 日，莫斯科

亲爱的莉吉娅·阿历克塞耶芙娜，您的短篇小说我收到并且读完了。您不想和我见面，为此我真的应该好好骂一骂您的短篇小说，但……让上帝原谅您吧！

这篇小说写得非常好，可是假如我是作者或编辑的话，我一定会再花工夫给它加工加工。首先，要对结构进行加工……应该直接从"他走近窗子"开始写。接下来男主人公和索尼雅的谈话地点不应该在走廊，应该在涅瓦大街上，而且他们的谈话应该从中间开始写，让读者觉得他们早就开始交谈了，等等。其次，小说中的冬尼娅不应该是个女人。再次，有关索尼雅应该多说几句……最后，小说中的人物不需要全都是大学生或家庭教师，……这么写有点太落入俗套了，把主人公设置成税务司的一个官员，把冬尼娅写成一个军官，这样合适吗？……巴雷什金娜这个姓不好。《归来》这个标题太雅致了……可是我发现，我没有控制住自己，依然报复了您，因为您像叶卡捷琳娜女皇时代的女官那样对待我，也就是说您不想让我以语言或书面的形式评论您的短篇小说。

假如您没有意见的话，我就把您的短篇小说交给戈尔采夫，3 月 1 日前他会来我这里，但还是改动一部分比较好，反正也不着急。您再重新写一遍，您就会看到有什么变化了：它会更加生动、立体，而人物也会更加鲜明。

至于语言和笔法，您是这方面的专家。假如我是编辑的话，那我会付给您每印张至少两百卢布的稿费。

请您今天就写封信给我，跟我说：您有什么想法？我恭候您的指示并愿意为您提供服务。

安·契诃夫

您笔下人物似乎太着急了，请您去掉"理想"和"冲动"这些词，让它们见鬼去吧！

当您对别人写的东西加以批判的时候，您会觉得自己像个将军。

致符·阿·吉洪诺夫①

1892 年 2 月 22 日，莫斯科

你以为你在什切格罗夫的命名日聚会上喝醉了，那你就错了。你只是喝了一点，仅此而已。他们都跳舞的时候，你也在跳舞，你在马车夫包厢里跳吉吉蒂夫卡舞的时候，除了一阵哄笑，什么也没有引起。至于你的批评，很可能并不严厉，因为我不记得了。我只记得我和维登斯基在听你讲话时不知为什么哈哈大笑。

---

① 俄国剧作家、小说家。

你想要我的传记吗？就是这个。我 1860 年出生在塔甘罗格。在 1879 年完成了塔甘罗格高中的课程。1884 年，在莫斯科大学获得了医学学位。1888 年，获得了普希金奖。1890 年，穿过西伯利亚到了萨哈林，乘船返回。1891 年，去欧洲旅行，在那里喝着上好的葡萄酒，吃着牡蛎。1892 年，在一次命名日聚会上，我和符·阿·吉洪诺夫一起参加了一次纵欲狂欢。我从 1879 年开始写作。出版的作品集有《梅尔波梅尼的故事》《在黄昏》《短篇小说集》《天真的话》和一部小说《决斗》。……捷克人和塞尔维亚人也认可我，法国人对我并不是漠不关心。13 岁时，我发现了爱情的奥秘。与我的同事，不管是医生还是文人，我都相处得很好。我是单身汉。我想领取养老金。我行医，有时在夏天做验尸，虽然已经有两三年没做了。我最喜欢的作家是托尔斯泰，医生是扎哈尔林。

但这些都是无稽之谈。写你喜欢的东西。如果你没有事实，就用抒情来弥补。

致莉·阿·阿维洛娃①

1892 年 3 月 3 日，莫斯科

敬爱的莉吉娅·阿历克塞耶芙娜，您为何生我的气呢？这让

---

① 俄国作家，契诃夫经常会给她一些建议。

我觉得有些忐忑不安。我很担忧，我上次说的批评的话太过于尖锐、混沌和浅陋。我想再跟您说一次，您的短篇小说写得很好，我也完全没有说过需要"从根本上"修改。您只需要将大学生用其他的头衔替换掉，因为只有大学生和贫困的教师才有思想的这种想法是一种迷误，我们不应该去支持，这是第一条；现在的读者把大学生当作还在上学的孩子，不相信大学生，也不会把大学生看作英雄，这是第二条。希望您能够得到上帝的保佑，不需要写军官了，我主动退让一步，希望您能留下冬妮娅，但是麻烦您把她的眼泪擦一擦，并嘱咐她擦一些香粉。让她变成一个自力更生、充满活力的成年妇女，这样也许读者能够对她多些信任。太太，如今大家都不愿意再信任那些整日泪流满面的人了。而且这样的女人都是行事专断，不考虑别人意见的。但是，关于这一点并不是只言片语就能说清楚的。

我打算把稿子交给戈尔采夫看只有一个意图：您的短篇小说能够出现在《俄国思想》的月刊上。接下来我要把我随时都能够和乐意把您的作品寄去的大型杂志社的名单列举一下：《北方通报》《俄国思想》《俄罗斯评论》《劳动》等，我觉得《星期周报》应该也可以。您用威胁的语气说，那些编辑们永远都不要幻想能够读到您的稿子。这么做就是您的不对了。既是蘑菇，就要进篓。既然您决定兢兢业业地搞文学，那就应该矢志不移地往前闯，不能畏首畏尾，碰到困难也绝不气馁。请您谅解我说了如此有教育意义的话。

在周三或者周四我即将离开莫斯科。给您我的地址（是普通的邮件可以邮过去的地址）：莫斯科——库尔斯克铁路，洛帕斯尼亚车站。有一座庄园被我买下了。因为我买下这座庄园的方式是用了转移银行债务的方法，所以再过一两年我将把它卖出去。我这件事情做得可真是有些愚蠢。要是您对我的愤怒已经消失了，而且愿意寄给我您的手稿，那么就麻烦您寄到洛帕斯尼亚吧，记得用平信的方式，也可以寄到谢尔普霍夫，不过得用挂号邮件的方法。

祝您事事顺心。请您代替我向娜杰日达·阿历克塞耶芙娜问好！倘若我去彼得堡，我会顺路去拜访她。谢尔盖·尼古拉耶维奇家的天鹅真的很漂亮！在展览会上我曾经看见过他家的天鹅。

致阿·谢·苏沃林

1892 年 3 月 11 日，梅利霍沃

最近有件事情，我觉得很好，就是我终于搞懂了资本主义的好处——工人的劳动是非常不值钱的，工资几乎为零。我花了 20 卢布，改造了我的房子——把仆人住的下人房中的炉台拆了，重新安装了一台设备齐全的烹饪用炉。另外，我把我们住的房间里的厨房也拆了，换了一个新的荷兰式壁炉。我买了两把铁锹，花了 25 戈比。建了一个冷藏室，找了几个短工，每人每天 30 戈比。

我还雇用了一个年轻的工匠，雇用他的费用很便宜，一个月只需要5卢布，但是他很能干，不酗酒，不抽烟，还识字，还可以耕田、擦皮鞋、照料温室，当然还有比蘑菇价钱更便宜的活——擦地板、擦隔板、糊墙壁。有了他，我感觉现在的我轻松自在多了。但是，支付的这些工资如果会占到我空闲时间劳动收入的四分之一，那么，不到一个月，我就会破产的。因为像炉工、木匠、细木工这些活实在是太多太多了，几乎每天都有，感觉永远都不会结束一样。要想在这个四四方方的房子里阔绰地生活，必须有足够的金钱支撑。我感觉您听到这里可能已经有些不耐烦了，可我还是想说，三叶草的种子只需要100卢布，花在燕麦种子上的钱则多于100卢布，这样中间就有您发挥的余地了。您可以告诉我未来可以收获许多燕麦和金钱，但是这对现在的我有什么用呢？如果我现在有5个戈比，都比未来有1个卢布强。为了这些小费，我只能坐下来努力工作，至少赚够500卢布。现在，我已经挣够一半了。我很开心，雪渐渐在融化，天气在变暖，鸟儿在歌唱，天气晴朗，春光无限好。

　　我在大量阅读书籍，已经读完了刊登在《俄罗斯评论》1月号上的列斯科夫①的《神话般的性格》。这篇文章令我念念不忘，非常有意思地把美德、虔信和荒淫融合在了一起。如果您还没有读过的话，值得一读。我又读了一篇文章，幼稚极了，是皮萨列

---

　　① 俄国作家，作品有《走投无路》等。

夫评论普希金的文章。他使得奥涅金和塔吉雅娜声名狼藉，但是普希金却没有受到伤害。皮萨列夫是当代所有评论家，包括布列宁在内的人的长辈。他们都从细节处寻找别人的缺点，并且揭露出来，他们都是冷漠自私同时又有些小聪明的人，对待他人都是一样的蛮横无理。要说失去人性，这都是由皮萨列夫那粗暴的语气造成的，而不是他所谓的根本不存在的什么思想。他对塔吉雅娜的态度是十分可恶的，尤其是对她那封信，那封我一直珍藏的可爱的信。他的批评文章散发出一种臭气，一种让人讨厌的锱铢必较的检察官的臭气。算了，随他去吧！

您什么时候来我这儿啊，是在报喜节以前乘坐雪橇来，还是在节后坐车子来？我们的房子差不多收拾完了，只是还没有弄好我的书架。等我们装上柜子后，就把每样东西都涂一层油漆，这样屋子里就显得漂亮多了。夏天的时候再安装一个冲水马桶。

花园中有林荫道，两旁种满了菩提树，其他还有苹果树、樱桃树、李子树和覆盆子树。

您有一次在信中提到，让我向您提供一个喜剧题材。我非常愿意向您提供我脑海中的题材，因为我想看到您写喜剧。您快来吧，让我们在一个令人神清气爽的地方好好讨论一下。

祝您平安喜乐，万事如意。代我向您家人问好。阿历克塞·阿历克塞耶维奇下乡去了，这太好了！

致阿·谢·苏沃林

1892 年 3 月 17 日，梅利霍沃

啊，我亲爱的朋友，要是您能休假就好了！在乡下生活很不方便。令人难以忍受的解冻和泥泞的时代已经到来，但是大自然正在发生一些奇妙和感人的事情，它们的诗意和新奇弥补了生活中的一切不适。每天都有惊喜，一个比一个更好。椋鸟回来了；到处都是潺潺的水声；在雪融化的地方，草已经变绿了。我仿佛生活在澳大利亚，在地球的尽头；我的心情是平静的，从某种意义上说，我不会后悔昨天或期待明天。在这个偏远的地方的人们看起来都很好，这是很自然的，因为我们到乡下去，不是为了躲避人们，而是为了躲避我们的虚荣心。望着春天，我有一种可怕的渴望，那就是希望另一个世界也能有天堂。[……]

致阿·谢·苏沃林

1892 年 3 月 31 日，梅利霍沃

前段时间温度有点低，大家的兴致也特别低，鸟儿又再次回到南方，所以我没有给您写信，以免您受到我的坏情绪的影响。现在鸟儿又飞回来了，因此我也就写信给您了。所有的都和以前一样：不单调，也不快乐。我过着单调无味的生活，总有一个想

法让我的生活兴致缺失，那就是：必须写作，永远写作。我正在写一个中篇小说。我想先寄给您看看再发表，因为我很看重您的意见，可是请您务必快一点，因为我现在手头特别紧。在这个中篇小说里有不少议论，可是却没有爱情的成分在里面。有开头和结尾，也有情节，偏向于自由主义。篇幅有一两个印张。可是应该和你协商一下，要不然我怕我会写一些让人倒胃口的琐事。您有很强的鉴别力，我相信您的第一印象，就如同我深信太阳一直在天空挂着一样。因为我并不急着把我的小说发表出去，而且有充足的时间修改，那就请允许我给您寄样稿。照现在的趋势来看，是很有必要小心点的。如果让·谢格洛夫在把他那篇粗鲁又带有迷信的中篇小说《接近真理》发表之前，先拿给您或我看一下的话，可能青年作家们就不会因此那么不看好这篇小说了。假如封闭自己，让自己待在自尊又狭隘的牢笼中，只是间接地进行思想活动，那就很有可能胡乱说一大堆废话，虽然这并不是他本身所想的。您同意我寄给您校样吗？

无论如何，请您在费奥多西亚到来之前尽快发表自己的散文。请我弟弟伊万代为寄给我一册精装本，要不然您就亲自带过来。当我的花园开花时，请您来我家，青蛙和夜莺刚好也在这个季节举办音乐会。您大可不必担心住的地方。

相比在城里生活，在农村生活要节省多了，可我来到农村时恰好选择了一个最不合适的时机。原本燕麦卖 15 戈比，可是现在却卖 80 戈比，干草也没有，牧草还是昂贵的东西，我们家的载货马车有六辆，还不包括家禽。它们都让我弹尽粮绝了。

我好想有个养蜂场啊！我这里有个很好的可以用作养蜂的地方。放两百箱蜂是没有问题的。这太有意思了。

我身上依然有乌克兰人的本性显现。我已经命令人从井上把那架压水时吱吱作响的文明压水机拆掉，我想安上一根咯吱咯吱响的压水吊杆，这里的农民如果看到这种吊杆，一定会觉得很疑惑。我还命令粉刷一下下房。"命令"这个词有非常浓厚的地主气息，更准确地来说，应该用"请"。因为我家所有人都是在米沙的带领下干所有活儿的。温室里的东西是我们亲自种的，没有请工人。到了春天，我们还准备自己种树，自己动手种菜园，这样就更节省了。一开始干体力活时，我总是累得腰酸背痛，现在已经好多了，其实是习惯了。我作为一个干活的人，一个帮助别人干活的人是不合格的。我只会把雪扔到池塘里，只会挖小沟，即便只是钉一只钉子，我也总钉不整齐。

我现在写得很多，因此我想给您寄一个短篇小说过去，以便复活节的时候使用。可是我还没有来得及，节后一定寄上。

大概在复活节前夕，您就会收到这封信。耶稣复活了，愿上帝保佑您万事顺心！代我问候安娜·伊万诺芙娜以及孩子们。以后我要用白尔尼的书来写剧本。他的书在哪里可以买到？这是一个极其睿智的思想家，犹太人和小范围里的一些人对这种思想家都非常有好感。

致叶·米·沙芙罗娃

1892 年 4 月 6 日，梅利霍沃

您开心吧，已经找到了《米哈伊尔·伊万诺维奇》。应该附 5 张邮票，您却只附了 2 张，就这样，您的邮包只能被送到谢尔普霍夫，在这之后，他们又从谢尔普霍夫给我寄了通知书，说要我交 42 戈比的罚款。

然而对于您呢，应该让您交 42 卢布的罚款，正是因为您写的那位作家在鼓吹一些不符合道德标准的思想。"请您记住，任何样子的人都是上帝需要的。"这是他对米哈伊尔·伊万诺维奇所说的。我认为这句话完全不对，对于那些依靠女人来养活自己的黑发男子，上帝是不会需要的。依据现在已经存在的定义来说，上帝所表现的是最高的道德品性，他需要的应该只有那些完善的人。如果说"自然界的东西都是纯洁的，所有存在的东西也都是必需的"这句话是化学家或生物学家所说的，那么这种说法是能够理解的，因为这是自然科学家的观点，而不是道德家的观点。然而您所描写的列宾是在进行着道德说教。

您写的这个短篇小说和往常一样，可爱又有趣，把主角塑造成一个栩栩如生的人，但是，结构没有弄好。您在小说中写到，主角一会儿躺在罗圈椅上晃来晃去，一会儿去吃午饭，一会儿去散步，又一会儿去玩儿牌，简单一点来说，因为地点和时间变换得太多了，以至于人们期待着看到更多的情节，但是，您的小说中并没有写。您最开始写的是主角躺在罗圈椅中，好像吃午饭来结束这个作品会更合适。

祝您复活节快乐。我弟弟过来看我，在这里他也向您鞠躬问候，我们两个在这里祝您做任何事都称心如意。

致阿·谢·苏沃林
1892 年 4 月 8 日，梅利霍沃

如果夏皮罗给我看您签字的那张巨幅照片，面对如此笨重的礼物我真不知道该怎么办。您说我以前比较年轻。虽然看起来很奇怪，但不久前我已经过了 30 岁，感觉 40 岁就在眼前。我不仅在身体上变老了，在精神上也变老了：我对世界上的一切都变得麻木不仁，不知为什么，这种麻木不仁的开始正好与我的出国旅行相吻合，我上床睡觉的时候，感觉对生活的兴趣仿佛已经枯竭了……

画家列维坦和我住在一起。昨天晚上我和他一起出去打猎。他朝一只鹬开枪，这只鸟被射中翅膀，掉进了水池里。我捡起它，看到它有一个长长的喙，大大的黑眼睛，漂亮的羽毛。它吃惊地看着我。我该怎么办呢？列维坦皱起眉头，闭上眼睛，声音颤抖地请求我："我亲爱的朋友，用您的枪托打它的头。"我说："我不能。"他紧张地耸耸肩膀，扭扭脑袋，求我这样做；鹬继续

惊奇地看着我。我不得不听从列维坦的话，杀死了它。而后两个傻瓜回家坐下来吃晚饭。

[……]

致阿·谢·苏沃林
1892年6月4日，梅利霍沃

　　您没有顺道来我这里，原因正像您在信中所说的那样，因为三位姑娘，您不太好意思过来。可是，首先要说的是，那三位姑娘早就不在这儿了；其次，不管我家有多少姑娘，我的两个房间任何时候都为您敞开大门，因为这两个房间我不让任何人住，不管是小伙子，还是姑娘们。

　　难道在秋天到来之前，我们就没有机会见面了吗？这太令人伤心了。我本就不太高兴，现在又加上一条，我在短时间内不能和您见面了，那我就更郁闷了。您最起码把您的地址告诉我，这样我给您写信才比较方便。

　　天气闷热，也没有下雨。大自然心情不好，人也好不到哪儿去。我们这里稞麦已经长得很高了，二十天后就可以收割了。而燕麦却还很矮，看起来收成不会好。可是这里没有蚊子。当我听说让·谢格洛夫准备定居在弗拉基米尔时，我惊讶极了：要知道，那里的蚊子实在是太多了，更何况那里的生活太单调了，这是历史遗留问题。在所有的省城中，最单调的一个城市就是弗拉基米尔，在那儿甚至都没有一个戏院。如果他选择去图拉或沃罗涅日，情况倒没有那么糟糕。

我在写一个中篇小说——一个没占用多大篇幅的爱情故事。我写得很高兴，觉得写作本身就是一件令人愉悦的事情，而我的写作过程充满了烦琐，进程很慢。假如我头疼，或者有人一直在旁边乱说话，那我就坚持写下去。我的头时常犯病，而那些胡言乱语在我耳边出现的频率更高。我有一个非常有意思的喜剧题材，可是一直没有想好结局。如果谁给剧本想出很多与众不同的结局，谁就是新纪元的开拓者。这些结局太烦人了，总是写不好。主人公要么结婚，要么自尽，没有其他的路可选。我的这部还没有开始创作的喜剧作品的名字叫《烟盒》。假如我不能想出一个出人意料的结局，不能像开头一样大放异彩的话，我是不会动笔写的。只要我想出了结局，我就可以在很短的时间内把它创作完成。

男爵斯塔利·冯·戈尔施泰因将来的岳父是一个非常无趣的人。这是一口棺材，而棺材表面愈发华丽，内里就越加无趣。这个已经过无数次证明，证明幸福和金钱并不相关。这是一条平庸的真理，可再怎么说它也是真理。魏贝格说话很有意思。他那两只闪着狡黠光芒的眼睛尤其深得我心。

我反倒很愿意去费奥多西亚。当然，是一个人，无论如何，请您写封信带过去，要不然那里的人会以为我是个冒牌货。我一把中篇小说写完，就立刻去那里写喜剧。我喜欢住在开阔的房子里，还因为身体的原因，想到海里去洗洗澡。您什么时候回来呢？看在老天的分上，我们可否一起在费奥多西亚度过9月或10月呢？对我来说这真是太好了，我会觉得自己到了极乐世界。假如您还不讨厌我的话，那您就考虑一下，给我一个回复。到了秋天，我的经济状况会很不错，我不会总是说"该去写东西了"。假如我们可以提前在信中商量好，那么我会在费奥多西亚欢迎您的到来。

我们家女佣人之前是一个职业小偷，她曾经因为过于勤劳而让我们瞪大了眼睛。她偷了钱、头巾、书籍、照片……每个客人都会有5~10个卢布被她偷走。我在想，我有多少钱被她偷走了。我没有习惯把抽屉锁上，也没有习惯数手里有多少钱。我想，她大概偷了我两百左右个卢布。因为我印象很深，在3月和4月这两个月里我总是觉得不对劲：我的钱花得也太快了。

《俄罗斯评论》没有出版。

斯沃巴金给我来信了，他埋怨说那里的蚊子太多了，他在弗拉基米尔省住。

请您给我回信尽量写长一点。

请代我问候您妹妹和彼得·谢尔盖耶维奇。请您告诉受人欢迎的助产士：她是个非常美丽的女人。

愿上帝保佑您！

致阿·谢·苏沃林

[……] 我们的农业劳动取得了圆满成功。收成相当可观，出售玉米会给我们带来一千多卢布的收入。厨房的花园很壮观。黄瓜堆积如山，卷心菜也很好吃。如果不是因为可恶的霍乱，我可能会说，我从来没有像今年这样快乐地度过一个夏天。

目前还没有关于霍乱暴乱的消息。有传言说有些人被捕了，还发表了一些宣言等。他们说作家 Aa 被判处 15 年劳役。如果社会主义者真要利用霍乱来达到他们自己的目的，我会鄙视他们的。为了达到好的目的而使用的恶心手段使目的本身令人厌恶。……考虑到我的特殊地位，尽可能经常写信给我。我现在心情不好，您的信能够把我从霍乱的忧虑中解救出来，把我带到另一个世界，让我短暂地拥有一个空间……

致阿·谢·苏沃林

如果我再给您写信，我会被诅咒的。我已经给阿巴齐奥和圣莫里茨写过信了。我至少给您写了十几封信，但到目前为止您还没有给我发一个准确的地址，所以我的信没有一封到达，我冗长的关于霍乱的描述和演讲都白费了。这是令人痛心的。但是最令人痛心的是，在我写了一系列关于我们努力抗击霍乱的信之后，你们立刻从比亚里茨给我写信，说你们羡慕我的闲暇时光！好吧，真主宽恕你！

嗯，我还活着，身体很好。这个夏天非常美好，干燥、温暖，到处都是大地的果实，但是从 7 月开始，它的魅力就被霍乱的消息破坏了。当您在信中先是邀请我去维也纳，然后是阿巴吉奥的时候，我已经是谢尔普霍夫地区的医生之一了，我正试图对抗霍乱，全力组织一个全新的部门。[……] 我的灵魂已经筋疲力尽。我很无聊，我已经不属于自己，除了腹泻什么也不想，夜里突然听到狗叫声和敲门声（"他们不是来找我的吗?"），在未知的道路上骑着生病的马，除了霍乱什么都不期待，除了霍乱什么都不知道，同时对这种疾病完全不感兴趣，对所服务的人完全不感兴趣——我的好先生，那是一种任何人都不喜欢的东西。霍乱已经在莫斯科和周边地区蔓延。从它在莫斯科的运行轨迹来看，我们必须假定它已经在衰退，而且芽孢杆菌正在失去力量。人们肯定也会认为，俄罗斯受到了莫斯科和我们所采取措施的影响。受过教育的阶层正在积极工作，不吝惜自己或钱包；我每天都看到他们，觉得非常感动，当我想起智特尔和伯宁过去是如何对这些受过教育的人发泄他们火爆的脾气时，几乎要窒息。在尼日尼，医生和有教养的人通常都会创造奇迹。当我读到有关霍乱的消息时，激动得不知所措。在美好的旧时代，当成千上万的人被感染和死亡时，那些令人惊奇的成就是我们做梦也想不到的。遗憾的是，您不是医生，不能分享我的喜悦——也就是说，充分感受、认识和欣赏正在做的一切，但我们不能简单地谈论它。

治疗霍乱需要医生三思而后行——也就是说，每个患者的治疗时间是 5～10 个小时，甚至更长。由于我打算采用坎塔尼的疗法——即单宁灌肠和食盐溶液皮下注射——我的处境将比愚蠢更糟糕；当我忙于一个患者时，十几个患者可能会生病并死亡。您看，我是 25 个村子里唯一的一个医生，只有一个叫我"大人"的助手，他不敢在我面前抽烟，没有我一步也走不动。……

当然，我没有时间去思考文学，我什么也没写。我拒绝报酬是为了给自己保留一点行动的自由，所以我一分钱也没有。我要等他们打完麦子，把黑麦卖了。在那之前，我只能靠"熊"和蘑菇为生，这里有无数的蘑菇。顺便说一句，我从来没有像现在这样节俭地生活过。我们自己制造一切，包括面包。我相信再过几年，我的家庭开支每年不会超过 1000 卢布。

当您从报纸上得知霍乱已经结束时，您就会知道我又开始写作了。在我为泽姆斯基服务的时候，不要把我当成一个文人，一个人不能同时做两件事。

您写到我已放弃了萨哈林。我不能抛弃我的孩子。当我被纯文学的无聊所压迫时，会很高兴转向别的东西。什么时候我会完成有关萨哈林的内容和什么时候我会印刷的问题并不重要。当高尔金－弗拉斯科统治着整个监狱系统的时候，我非常不愿意拿出我的书。当然，如果我是出于需要才这么做的，那就另当别论了。

在所有的信件中，我都固执地问了您一个问题，您当然没有义务回答："秋天您会去哪里，您不想和我一起在费奥多西亚或者克里米亚度过 9 月和 10 月的部分时光吗？"我有一种烦躁的欲望，想吃，想喝，想睡，想谈论文学——也就是说，什么都不做，同时又觉得自己是个正派的人。但是，如果我的懒惰惹恼了您，我可以答应和您一起写或者在您身边写一部戏剧或一个故事……嗯？不行吗？那么，愿上帝与您同在。

天文学家来过这里两次，这两次我都对他感到厌烦。斯沃博丹也来过这里。他越来越好了。患重病使他经历了精神上的蜕变。

看看我写了多么长的一封信，尽管我不确定这封信最后能否到达您的手中。想象一下我对霍乱的厌倦，我的孤独，以及被迫不写作，多给我写信。您对法国十分轻蔑，我深有同感。德国人远远高贵于他们，尽管由于某种原因，他们被称为傻瓜。还有我和托尔斯泰一样喜欢的法俄友好条约，虽然这些友好中有些令人不愉快的暗示。另外，我对维周来访感到非常高兴。

……俄罗斯的夏天是最好的。顺便说一句，我并不想出国。除了新加坡、锡兰，就连我们的阿穆尔、意大利，甚至维苏威火山口，似乎都没什么吸引力。在印度和中国待了一段时间之后，我看不出其他欧洲国家和俄罗斯有什么不同。

村里的牧师经常来拜访我，他是个很好的人，是个鳏夫，还有几个私生子。

[……]

致阿·谢·苏沃林

1892 年 10 月 10 日，梅利霍沃

我出门去看病人的时候，收到了您发给我的电报，上面说斯沃博丹去世了。您可以想象出我的感受。斯沃博丹这个夏天一直和我在一起，他非常温柔体贴，非常依恋我。我很清楚，他活不了多久了，他也很清楚。他像老年人一样渴望每天的安宁和宁静，已经厌恶了舞台和舞台上的一切，害怕回到彼得堡。我当然应该去参加葬礼，但首先，您的电报是在晚上发来的，葬礼很可能在明天，我赶不及过去；其次，霍乱离我有 20 英里远，我不能离开我工作的中心。一个村庄有七个病例，两个已经死亡。霍乱可能会在我负责的区域爆发。奇怪的是，随着冬天的到来，霍乱正在越来越广泛的地区蔓延。

我已承诺在 10 月 15 日之前担任科室医生，因为科室将在那一天正式关闭。我要辞退我的助手，关闭科室，如果霍乱来了，我就要扮演一个滑稽的角色。另外，另一个科的医生得了胸膜炎，因此，如果霍乱出现在他的科室里，出于同志之谊，我一定

会承担起他的科室的工作。

[……]

由于霍乱，我这个夏天的文学成就几乎为零。我很少写作，对文学的思考更少。然而，我写了两个小故事——一个还可以忍受，另外一个很糟糕。

这个夏天的生活是艰苦的，但是对我来说，我从来没有像今年这样度过一个如此美好的夏天。尽管霍乱肆虐，贫困困扰了我一整个夏天，但我喜欢这种生活，也想继续这样生活下去。我种了很多棵树！由于我们的辛勤栽培，梅利霍沃已经焕然一新，现在看起来非常舒适和美丽，尽管很可能它一无是处。习惯的力量和财产意识是伟大的。不用付房租是多么令人愉快啊！我们结识了新朋友，建立了新关系。过去我们总是害怕农民，现在看来，真是荒唐可笑。我曾在泽姆斯基任职，主持过卫生委员会的工作，参观过工厂，这些我都很喜欢。他们现在把我当成他们自己人，当他们经过梅利霍沃时，经常和我一起过夜。还有，我们给自己买了一辆新的舒适的有篷马车，修了一条新路，所以现在我们不用驾车穿过村子了。我们正在挖一个池塘……还有别的吗？事实上，迄今为止，一切都是崭新而有趣的，但是我不知道以后会怎样。已经下雪了，天气很冷，但我并不想念莫斯科。到目前为止，我还没有任何感觉。

这里受过教育的人很有魅力，也很有趣。最重要的是，他们是诚实的。只有警察没有吸引力。

我们有七匹马，一头宽脸的小牛犊，还有一些小狗，叫作缪尔和梅里列斯……

致阿·谢·苏沃林
1892 年 11 月 25 日，梅利霍沃

　　您的意思很容易理解，您也没有必要责骂自己表达晦涩。您是个酒鬼，我却给了您甜柠檬水，而您在喝了柠檬水之后，理所当然地注意到它里面没有酒精。这正是我们的作品所缺乏的——可以使人陶醉，也可以使人屈服的酒精，这一层意思您也已经说明了。为什么不是这样呢？撇开《第六病室》和我自己不谈，让我们大致讨论一下这个问题，因为这个问题更有意思。如果这不会让您感到厌烦的话，让我来讨论一下一般原因，把整个时代都包括进来。老实告诉我，我同时代的人，也就是 30 岁到 45 岁的男人中，有谁给了世界一滴酒精？柯罗连科、纳德松①和今天所有的剧作家不都是柠檬水吗？列宾和希什金②的照片让您头晕目眩了吗？它们动人，有才气，赢得了您的赞赏，但同时您无法忘记您想吸烟。科学和技术知识现在正在经历一个伟大的时代，但对于我们这类人来说，它是一个松弛、陈腐和乏味的时代。我们

---

① 谢·雅·纳德松，俄国诗人。
② 俄国巡回展览派画家。

自己也是陈腐和乏味的，我们只能生出橡皮孩子①。斯塔索夫是唯一一个没有看到这一点的人，大自然赋予了他一种罕见的能力，让他喝泔水也能喝醉。正如布列宁想象的那样，造成这种情况的原因并不在于我们的愚蠢，我们的才能的缺乏，或者我们的傲慢，而在于一种对艺术家来说比梅毒或阳痿更糟糕的疾病。我们缺乏"某种东西"，这么说是公正的，这意味着，掀开我们缪斯的长袍，您会发现那个地方平平的。请允许我提醒你们，我们所说的那些不朽的或者简称为好的作家，那些使我们陶醉的作家们，都有一个共同的而且非常重要的特点：他们正朝着某个目标前进，并且也在呼唤你朝着那个目标前进。〔……〕有些人拥有更直接的目标——废除农奴制、解放他们的国家、政治、美好的事物，或仅仅是像丹尼斯·达维多夫②那样，想要伏特加；其他人拥有遥远的目标——上帝、坟墓之外的生命、人类的幸福等。他们中最优秀的是现实主义者，把生活描绘成现实的样子，〔……〕那我们呢？我们！我们把生活描绘成现在的样子，但除此之外什么也没有……再往前您可以鞭打我们，我们也会一动不动！我们既没有眼前的目标，也没有遥远的目标，在我们的心中什么都没有。我们没有政治，不相信革命，没有上帝，不怕鬼，我个人甚至不怕死亡和失明。一个什么都不想要，什么都不希

---

① 暗指格里戈罗维奇的著名故事《橡皮孩子》。
② 俄国诗人。

望，什么都不害怕的人不可能成为一个艺术家。它是否是一种疾病——它是什么并不重要；但是我们应该认识到，我们的处境很糟糕。我不知道十年或二十年后我们会怎样——那时情况可能会有所不同，但眼下就对我们寄予厚望，希望我们写出真正有价值的东西，就太过草率了，这跟我们是否有才气无关。我们机械地写作，仅仅遵循一些人进入政府服务部门，另一些人进入贸易部门，其他人写作的规矩。格里戈罗维奇和您认为我很聪明。是的，我至少不会隐瞒自己的病情，不会欺骗自己，不会用比如19世纪60年代的想法等别人的破衣烂衫来掩饰自己的空虚，等等。我不会像迦尔洵那样跳楼自杀，但也不会自以为有一个更好的未来。我不应该为我的疾病负责，也不应该为自己治愈自己，因为这种疾病，我们必须假定，它有自己的不为我们所知的良好目标。

[……]

致阿·谢·苏沃林

1892 年 12 月 3 日，梅利霍沃

新生代的作家和艺术家们的创作大多缺乏目的性的现象是在情理之中的，同时也是非常有趣味性的，所以倘若萨佐诺娃①莫

---

① 《新时报》的一名撰稿人，苏沃林的女朋友。

名其妙地被一个恐怖的东西惊到了，那么一定不是我在信中动了心眼或者是违背良心说了坏话。您一定是看了她给您写的信之后才发现我在信里面不诚恳的，不然当初您是不会把我的信寄给她的。虽然在我给您写过的很多信里面，语言常常是不公平和幼稚的，但是我从来没有说过违背我良心的谎话。

假如您非要看不诚恳的东西，可以去萨佐诺娃的信中找找，里面有上百万普特不朴实的东西。"最崇高的奇迹就是人类自身，因为不论何时我们都喜欢研究人类，从不厌倦"……当然还有："生活的目的——其实就是生活本身""我给予生活信任，给予生活中的光明时刻信任，为了光明时刻我能够并且应该继续往下生活，我给予人类信任，给予他的美好心灵信任"，等等。难道她说的这些话都是朴实的吗？有什么道理呢？她说的这些就像是果汁糖块。在说"能够"和"应该"之前，先让她说一下现在的东西，然后我再去听。她说她给予"生活"信任，假如她聪明的话，她的信任不会给任何东西以及任何人，或者如果说她只是一个普通妇女，她直接去和农民一样给予上帝信任好了，还可以在黑暗的地方划着十字。

您在给我写的信中说要"为了生活而生活"，您肯定是受了她那封信的影响。我诚挚地对您表示感谢。您要清楚，她那封充满了趣味性的信比我的信更像是墓地，有一千倍的像。我在信里面说我找不到人生的目的，但我相信您明白我是必须要有目的的，并且愿意去找寻人生的目的。但是萨佐诺娃在信里面说：不要用幸福去诱惑人，人是得不到那些幸福的……"要看重自己已经得到的东西"，所以她认为人的不幸在于总是在追寻那遥不可及的人生目的。这种看法要么是妇女的思想，要么是失望的哲学。是谁真的以为，人在追求那些伟大的人生目的就好比是牛在追求人生目的一样，其实我们很少需要目的，而"人的不幸"全在于这些目的——谁真的这么认为，那谁这一辈子就只围绕在吃喝拉撒睡上了，而一旦他对这些感到枯燥乏味了，也就只能奔跑着，用头撞向大桌子的一角。

我并不是在说萨佐诺娃的坏话，只是觉得她是一个不喜欢生活的人。她确实是好人，但您把我写给您的信给她看终究是不对的。因为我和她现在并不熟悉，我拿她当外人，所以我现在觉得很不好意思。

在我们这儿，马车的车轮已经套上了履带，人也开始品尝胡瓜鱼清汤了。因为下过两场大雪的缘故，路非常难走，不过现在很宁静，已经有圣诞节的气氛了。

您在《俄国思想》这本杂志上看到过维·克雷洛夫谈外国戏剧的那篇文章了吗？虽然我不喜欢这个人写的剧本，但是他喜欢戏剧，所以我选择信任他。

其实我好像做了对不住您的事情。因为我勾引了叶若夫，一个有名的年轻小说家：有一次我和他通信商议将他的书出版的事情，到现在一直没确定下来。今天我收到了他给我写的信，说是已经把他的短篇小说寄给了您，供您排版使用。《云彩以及其他的小说》是这本书的名字。好一个云彩！我觉得像极了苹果。

听说莫斯科有 12 位文学家给您邮过去了反对阿姆菲捷阿特罗夫的抗议书。这到底是不是真的？

祝您身体健康！不管什么时候都不要写信给我说，您比我还要坦诚率真。祝您事事顺心！

致阿·谢·苏沃林
1893 年 2 月 5 日，梅利霍沃

我父亲生病了，他觉得背部剧痛，手指发麻，这种情况并不是持续的，而是间歇性的，总的来说，这种症状有点像狭心症。他喜欢发空泛的议论，一个人能吃十个人的饭，并且听不进别人的劝说，对于他来说，最有效的医药就是控制饮食。在我的行医和家庭生活中，我发现，如果你要建议老人少吃，他们会感到自己受辱了。抨击素食主义制，特别是布列宁对列斯科夫的讨伐，我认为在这个意义上是令人怀疑的，假如您现在开始宣扬吃米饭，人们一定会一起嘲笑您。在我看来，大概只有一些暴饮暴食者会高兴。

亲爱的，我妹妹生病了，好像是伤寒病，这真是一件倒霉的事。这个可怜的人一开始是在莫斯科病倒的。当我把她接到家时，她的声音已经完全沙哑了，体温达到了 40℃，全身也变得虚弱和疼痛了。她烦闷苦恼，我就在这儿陪了她两个晚上。她时时

发出"我完啦"的呻吟，这让我们全家都感到害怕，特别是我的妈妈。以前也有过这种情况，就像玛莎要死了一样。现在她的头已经剧痛了四天四夜了，就是连动一下都会痛。我认为，给自己人治病比任何事情都要难过。你把所有应该做的事都做了，但你总是觉得，自己所做的似乎毫无意义。

我忘记自己把毕业证书放在了哪里，但是我知道护照在家里。如果您需要的话，我可以把证明寄给您，来证明我真的是医生。但希望您等一下，等到 3 月底。我有些犹豫。顺便说一下吧，我现在认为，以《海鸥》做名字不太适合。光辉、田野、闪电、箱子、螺旋锥、裤子等，这一切都不合适。我觉得它可以叫冬天，也可以叫夏天，或者叫月亮也不错。要不然直接把它叫作《十二》，您觉得怎样？

梅列日科夫斯基的剧本《雷雨已过》已经在《劳动》1 月号上刊载了。如果您没有充足的时间和愿望去读完所有的剧本，那我希望您可以体会一下剧本的结局。在这个剧本的结尾中写道，梅列日科夫斯基几乎要把让·谢格洛夫给压倒了。最令人讨厌的伪善就是在文学上的表现。

您为什么这样严厉地对待雷赛布①和他那一伙人？法国人属于一个严厉的民族。因为他们不仅拥有断头台，还拥有一套威吓的方式，从他们的监狱里走出来的人，都变成了身体衰弱的白

---

① 法国企业家，进行了开凿巴拿马运河的骗局。

痴。对于他们来说，这种判决过于严厉，或者他们出于客套，会说他们也感觉这种判决过于严厉。雷赛布一伙应该受到了判决，因为他们从高处摔了下来，头发在一夜间也全白了。在我看来，宁愿被别人责备为过分宽厚和不懂政治，也不能去冒残酷无情的险。您曾经发出去一份电报，它确实很残酷无情。里面表达着五年监禁、剥夺权利等最高的惩罚，这样的惩罚连检察长也感到非常满意，然而，您却在电报里面说"我们认为这是过分宽容的"。我的天，这是为了谁而进行的惩罚呢？又是需要什么样的惩罚呢？

太阳非常好，散发着春天的气息。然而这个春天的气息并不是在鼻子里，而是在心中的某个地方，就是在胸部和腹部之间。夜晚非常冷，就算白天屋顶上也有雪水滴下。

因为女天文学家正在彼得堡，所以我有幸向您表达祝贺。我希望她能去您那儿坐上八个小时。她想去某个地方学习，她的医生女友非常相信她以后会有很大的成就。如果您真的要出国，若能在那里见到普列谢耶夫，一定帮我和他说，让他给我买六把椅子。如果他不买，那我绝对不会轻易放弃。我并不是缺这几把椅子，而是让他感觉到点什么。那些贞节的问题也请您帮我打听一下。

曾经住在您家的时候，我又胖又结实，但是，现在的我在这里变得既萎靡又软弱。我非常生气。我的天职不是尽责任和履行神圣义务。请您原谅我的不知廉耻。那位医生是我的中学同学，虽然我已经把他忘记了，这是对的，他在高加索一个穷乡僻壤的地方，突然给我寄了一封信。他在信中是这样说的，"一切优秀的知识分子都欢迎您从泛神论转到人类中心说"。人类中心说是什么东西？我从小到大就从来没有听说过。

我依旧在吸雪茄烟。

您一定要和安娜·伊万诺芙娜说，我在这里向她问好，要不然她总是说，我在给您的信里只潦草地说一句"向你们全家问好"就完事了。在这里我深深地向她鞠一躬，来代表我对她的感谢，非常感谢她对我的招待，对此我永生难忘。我在你们家过得太好了。

希望蓝天、太阳、月亮和星星都来保佑您。愿您能写信给我。

什么新闻都没有。祝您一切安好。

致阿·谢·苏沃林

1893 年 2 月 24 日，梅利霍沃

[……] 我的上帝，《父与子》① 简直棒极了！巴扎罗夫生病那一场充满了感染力，以至于我感到身体不适，感觉好像是被他传染了。还有巴扎罗夫的死，那对老人，库克希娜？这是无法用

---

① 这封信中谈的都是屠格涅夫的作品。

语言表达的。这简直是天才的杰作。我不喜欢整部《前夜》，只喜欢埃琳娜的父亲和结局。结局充满了悲剧气氛。《狗》写得很好，里面的语言很精彩。如果您忘记了，请读一下。《阿霞》很迷人，《风平浪静》少头无尾，令人不满意。我一点儿也不喜欢《烟》。《贵族之家》比《父与子》差一点儿，但结局也很出人意料。除了《父与子》中的老妇人——也就是巴扎罗夫的母亲，通常的母亲，尤其是社会上的其他女性，都是一样的（如丽莎的母亲，埃琳娜的母亲，以及拉夫雷茨基的母亲，她曾经是一个农奴，还有那个卑微的农妇，除了这些人，屠格涅夫笔下的所有女孩和妇女都是令人无法忍受的，虚伪的）。丽莎和埃琳娜不是俄国女孩，而是某种毕达斯式①的女预言家，充满了夸张的自命不凡。《烟雾》中的伊丽娜，《父与子》中的奥丁佐夫夫人，还有那些迷人的女人，事实上，都是永远渴望得到某种东西的暴躁、诱人、贪得无厌的动物，都是荒谬的。当人们想到托尔斯泰的《安娜·卡列尼娜》时，屠格涅夫笔下那些有着诱人肩膀的年轻姑娘们，都黯然失色。

［……］

对自然的描述很好，但是……我觉得我们已经摆脱了这种描述的方式，我们需要一些不同的东西……

［……］

---

① 希腊神话中的预言女祭司。

致亚·巴·契诃夫

1893 年 4 月 30 日，莫斯科

气凌霄汉的阁下：

　　信的开头我就先写春天的景色吧！天气渐趋炎热，所有的植物都从地里开始冒尖了，每一种植物都展现出自己的个性。糟糕的天气已经变成了脑海中的回忆，但忧郁的心情却仍然存在，因为痔疮的痛苦还一直折磨着我。我有没有写信告诉过您关于痔疮的事情呢？很痒，焦灼，刺激，还有很多脏东西。您可以去和一个年龄大的官员讨论一下，他会和您说这究竟是怎么一回事。

　　如今我寄过去了孩子们穿的衬衫。请原谅我寄晚了。母亲只缝了一件衬衣给小米沙，原因是：第一，时间来不及了；第二，不知道小米沙有多高。

　　我还把您的手稿——稿——稿寄过去了！麻烦您想一个方法——方法——方法！首先想一下更改小说名称的方法。要删减，兄长，要删减！直截了当地从第二页开始删减。对呀，那位商店顾客与小说的情节毫无关系可言，为什么要花费一页的篇幅去描写他呢？就算是删一半我还是嫌留下的内容多呢！请您谅解，一般情况下，我对那些没有经过修改的短篇小说持反对态度。我觉得应该狠狠地进行修改。您可以和王子①这样说：我没有把这个短篇小说寄给编辑部，而是把它寄给了您，因为我相信，作者会比我修改得更好。为了不耽误这篇小说的进度，您可以对他讲：我给您寄了如何修改这篇小说的完整方案，您因此对我充满了感激之情，等等。

您在信中说您希望到梅利霍沃。真好！我太开心了。您可以在 5 月份的时候来这里，在降灵节的时候来也行——那一天我肯定会待在家里。

我已经不耐烦并且讨厌干公差了。我是否应该辞职？您有什么好的意见？

您需要把您别墅的地址给我，方便我给您写急信，或者方便我突然去彼得堡时使用。

我收到了几封信，是老苏沃林从国外寄来的。我已经写了回信给他。这也就说明，一切又回到原来的样子了。

我这会儿正在喝着果子水。

祝您身体健康！向您行礼！

---

① 苏沃林的儿子阿历克塞·阿历克塞耶维奇·苏沃林。

致维·亚·戈尔采夫

1893 年 12 月 28 日，梅利霍沃

刚才波塔片科①和丽卡②过来了。现在波塔片科正在唱歌。但是让人难过的是，您没有过来！我这里天气晴朗，还有葡萄酒，不过最重要的是终于能够逃脱莫斯科的氛围，好好地歇息了，看来您已经厌倦了那里的生活氛围。当然我们也可以聊会儿天，比如聊一聊那份恭候您多时的校样，因为一直没有等到您，它现在已经躺在那里睡着了。但是，我会在新年之前把它给您寄过去。

唉，我的短篇小说③被《俄罗斯新闻》的编辑部给认认真真地删了许多内容，甚至连头和头发都被剃掉了。真是孩童般的单纯，却出人意料的胆小如鼠。如果他们删掉的只有几行内容，也就罢了，但是他们现在切除了中心段，连尾巴也咬下来了，导致我的短篇小说一点儿都不好看了，甚至还非常恶心肉麻。

行，我们暂且打个比方，比方说这个短篇小说猥琐粗俗，那就干脆不把它发表出来就好了，否则，秉承着公平公正的原则，

---

① 俄国戏剧家、小说家。
② 契诃夫的女朋友丽·斯·米济塔娃。
③ 《大洛沃嘉和小洛沃嘉》。

就应该跟作者讲一下或者以书面的形式联系作者后再进行修改，更何况小说有一段时间是搁置在那里的，并没有进入圣诞号。但是，这一切都毫无意义。抱歉，我让您觉得厌倦了。

波塔片科向您问候。他现在舒适悠闲，感慨地说：我终于到达了不需要提前支付款项的国家！（我是根据他的口述写的这句话。）

写封信跟我说您来这里的时间。您应该知道，除了新年，还有一个主显节。我们还可以聊一聊剧本，如果您愿意，我们大概能够写出这个剧本来，我是愿意的。还请您再考虑考虑。

……我原先盼望着1月份的时候《俄罗斯新闻》能够把钱给我寄过来，不料我的短篇小说出了差错，现在我完全没有兴致再去想这笔钱了。您一定不要向萨布林①透露任何消息。假如我不想再与他成为合作伙伴，那么说我没有空就是最方便和稳当的办法，所以我要把我没有空说成最主要的原因。

记得把您的女儿也一块儿带过来玩儿。我家那只达克斯狗生狗宝宝了，如果她想要一只的话，我们就送给她。我们还可以一起坐着雪橇游逛。31日午夜您在祷告的时候别忘了提起我，当然我做祷告的时候也一定会提起您的。亲爱的，祝福您有一个健康的身体。

丽卡也正在唱歌。

---

① 《俄罗斯新闻》的一名编委，俄国统计学家。

致阿·谢·苏沃林

1894 年 3 月 27 日，雅尔塔

[……]

我总体健康状况良好，只是有些部位生病了。例如，咳嗽、心悸、痔疮。我的心一连六天不停地悸动，这种感觉很糟糕。自从我完全戒烟以后，就摆脱了忧郁和焦虑的情绪。也许是因为不抽烟，托尔斯泰的道德观已经无法再触动我了；在我的内心深处对它采取了敌对的态度，这当然不是公正的。我身上流着农民的血，农民的美德无法使我高贵起来。从童年开始，我就知道唯有努力才能改变自己，并且对此深信不疑，因为我过去曾被他们瞧不起。[……]但是托尔斯泰的哲学深深地打动了我，并且控制了我六七年的时间，影响我的不是它的一般主张，而是托尔斯泰表达它的方式，他的明智，或许还有他的独特魅力。现在，我心中有些东西在抗议，理性和正义告诉我，在对人的热爱中，有些东西比贞洁和节制肉食更伟大。战争是邪恶的，法院是邪恶的；但这并不意味着我应该穿着树皮鞋，和劳动者一起睡在炉子上，等等。这不是重点，这不是"赞成和反对"的问题；问题是托尔斯泰以这样或那样的方式让我认为他不在我的灵魂里，他离开了我，说："我让你的房子空着。"我找不到房子了。我厌倦了各种各样的理论，像马克斯·诺道①这样的无赖，我总是带着厌恶读他写的东西。发烧的患者不想要食物，但是他们确实想要一些东西，这种模糊的渴望被他们表达为"渴望酸的东西"。我也想要一些酸涩的东西，这不仅仅是一种偶然的感觉，因为我注意到周围其他人也有同样的情绪。就好像他们都曾经相爱过，都失恋过，现在都在寻找新的消遣。很可能俄罗斯人也将经历另一个对自然科学充满热情的时期，而唯物主义运动将成为时尚。自然科学正在创造奇迹。它可以像马迈②一样影响人们，用它的巨大和宏伟来征服他们。然而，这一切都掌握在上帝手中。关于这个问题的空谈让人头脑发热。[……]

致阿·谢·苏沃林

1894 年 4 月 21 日，梅利霍沃

当然，这个国家非常美好，天气好的时候，俄罗斯是一个非常美丽迷人的国家，特别是对于那些在这个国家出生和度过童年的人来说。但你永远不会给自己买房产，因为你不知道自己想要什么。要想喜欢一处房产，你必须下定决心买下它；只要它不是你的，它就会显得不舒适而且充满缺陷。我的咳嗽好了很多，我

---

① 德国作家、哲学家。
② 俄国俗语，意思是暴徒。

晒黑了，他们说我更胖了。前几天我差点摔倒，有一分钟左右我还以为自己要死了。当时的情况是，我和邻居沿着林荫道散步，正在说话的时候，突然有什么东西似乎在我的胸中破碎了，我有一种温暖和窒息的感觉，我的耳朵里有一种歌声，我记得我心悸了很长一段时间，我想——"那一定是有什么意义的。"我飞快地朝客人们坐着的阳台走去，心里有一种想法——在陌生人面前摔倒死去会很尴尬，但我走进卧室，喝了点儿水之后，又恢复了健康。

所以您不是唯一一个因为摇摇欲坠而痛苦的人！

我开始建造一个漂亮的小屋……

致阿·谢·苏沃林

1894 年 8 月 15 日，梅利霍沃

我们此次去伏尔加河的旅行相当奇异。我陪同波塔片科首先到达了雅罗斯拉夫尔，目的是方便从那里直接航行到察里津，紧接着到卡拉奇，然后顺着顿河一路航行到塔甘罗格。从雅罗斯拉夫尔到下诺夫哥罗德之间的风景美不胜收，不过我之前也见到过这样的美景。况且那时在船舱里面会感到炎热，而站在甲板上又被风吹得脸疼。周围的人在我身边会让我觉得恼火，因为他们并不是知识分子。谢尔盖延科与列夫·托尔斯泰是好朋友，他在下诺夫哥罗德接待我们。因为天气燥热，风也是干的，市场上乱哄

哄地闹作一团，又因为谢尔盖延科一路上不停在讲话，所以我瞬间感到憋闷、烦躁和反胃，我拿着箱子可耻地跑了，往……往车站的方向跑。波塔片科也紧跟在我后面奔跑着。我们就这样坐上了开回莫斯科的火车。不过我俩因为什么收获都没有就回家而感到羞愧，所以商量好要去某一个地方，哪怕去拉普兰也是可以接受的。若不是因为有妻子的原因，我们很乐意去费奥多西亚，不过——呼！……波塔片科的妻子①住在费奥多西亚。我们考虑了一阵儿，又商量了一会儿，数了数自己手里的钱，就去了普肖尔河，去了您非常了解的苏梅。

在洛帕斯尼亚时，商店给我送来了一包账单。我发现账单的总数算错了，和以前的账单对不上号，除此之外我还发现一些项目被漏掉了。举个例子，漏掉的其中一个项目就包括您向《北方通报》付款给古列维奇太太的那400卢布。还有一些地方也并不是很清楚。

无论如何，我欠下的债务从去年8月份开始增加了一倍还要多。我从保存的去年的账单中可以看出，截至1893年8月13日，我一共欠了5159卢布，那时理应将1669卢布付给我。从5159卢布中去掉1669卢布，还剩下3490卢布。这就是我在这一年里欠下的所有债务。不过我在去年一年的时间里卖出了很多本书。我只取出来了300卢布（不包括未入账的400卢布），但是增加了

---

① 波塔片科的第一个妻子。

4077卢布的债！！如此说来，自打1892年取出5000卢布买庄园以来，我只还了600卢布的债！的确如此：1892年我欠下了8170卢布的债，如今欠下了7567卢布的债。换句话说，从1892年2月以后，我卖书的收入为600卢布。我在信中把所有的事情都跟您说了，只是希望会计处算错了账，我的经济状况并没有那么不乐观。在我去您那以前，请不要让我的这个影影绰绰的希望幻灭，我到了以后，咱们再好好研究一下账单，了解是什么状况。无论如何，请您不要难为会计，不要对会计说出一些不信任的话，因为我不敢肯定错误一定出在会计那里，而且他又是刚刚接手的人。

普肖尔河真的很美丽。这儿真是一个充满了诗情画意的好地方！温暖，辽阔，水源充足，草木茂盛。这里的人也都善良亲切。我们在普肖尔河畔吃、喝、玩儿了六天，别的什么事情都没做。我想您知道我的幸福梦想就是能过上安静休闲的日子。我目前在洛帕斯尼亚，在梅利霍沃……雨水是冰凉的……天空是铅灰色的……道路是泥泞的。有人从塔甘罗格给我寄来了一封让人沉痛的信，或许我的叔父活在这个世上的时间不会太长了。我应该去他那里看望一下家人，想办法给他治病，给他安慰。

我打算从塔甘罗格直接去您那儿，不过有一个条件：不许您带我去艾瓦佐夫斯基家。麻烦您写封信寄到塔甘罗格这边来，跟我说明一下那边的天气如何。不过，您还是不要写信吧，我们来交换一下电报。

有时候会有这样的情况：在一个三等餐厅看到一条炸出来很长时间的已经冷了的鱼，你想：这条鱼看起来令人没有胃口，谁会去吃呢？毫无疑问，会有人要这条鱼的，并且还会吃掉它，因为也会有人觉得它看起来很美味。这种说法也可以用在巴兰采维奇的作品上。他是一个市民阶层的作家，他纯粹是为只能坐三等车的人写作的，因为托尔斯泰和屠格涅夫的作品对于这些人来讲太高端了、太贵族化了，甚至有点格格不入，他们吸收不了。这些人不屑于买洋蓟和龙须菜，反而有滋有味地吃着芥末蘸咸肉。您站在这些人的角度想一下，那灰色的死气沉沉的院子、像厨娘一样的有文化的妇女、煤油灯的独特气味和贫瘠的兴趣爱好，您就会明白巴兰采维奇以及他的读者了。他作品的色彩并不鲜明，因为他描绘的这部分生活灰暗无比。他的作品是虚假的（比如说《好书》），因为作为市民阶层的作家不得不虚假。这是黄色作家，只不过经过了改良。黄色作家以及他的读者都是犯罪的人，但是市民阶层的作家以及他的读者则都是道貌岸然的，而且迎合他们狭隘的道德。

阁下，在此向您道别。祝福您有一个健康的身体。衷心地向安娜·伊万诺芙娜问好，祝她事事顺心。

您的　安·契诃夫

您为什么说我喝了太多的伏特加呢？其实我一次都喝不了三杯伏特加的。

致叶·米·沙芙罗娃

1894 年 11 月 22 日，谢尔普霍夫

　　一收到您的来信，我就立刻读了《侯爵夫人》。我觉得叶·沙芙罗夫①先生有了很大的提高。我实在是太喜欢这个短篇小说了。在小说里，除了才华（这才华在以前就毋庸置疑地展现出来了）以外，作者的成熟也能使读者感受到。但是我觉得标题有一点做作。作者把女主人公的朴实描写得非常到位，也正因为如此，"侯爵夫人"这个外号就有点像多余的附属品，就像是您将一个金环串在一个农夫的嘴巴上。假如去掉这个外号，达莎或者娜塔莎取代涅莉，那么小说的结尾就会更加幽默诙谐，人物形象也更丰满……您看看，这可不是评价，而是带有主观性的议论，您有不去理会这种议论的权利，虽然就像您说的一样，我是对于您来说很关键的人：我是您的老师。倘若您想要我指出您的缺点，那我要指出一点，这一点在您写的全部的短篇小说中一直都反复存在：很多详细的描述占据了画面的首要地位。您的观察能力很强，所以不舍得去掉一些细节，但是没有办法，牺牲细节是为了顾全整体。这就是生理条件：细节，哪怕是很风趣的细节，也会让人感到疲劳，从而注意力下降，您在写作的时候应牢记这

----

　　①　叶·米·沙芙罗娃的笔名。

一点。

当然，对于我的这个看法您可以不赞成。

现在我刚刚从区法院那边回来，一口气连续审了三个案子，而且我都是首席陪审员。我太累了，可能会胡说八道。

我比您还要觉得遗憾，我们没能在雅尔塔叙叙旧。因为第二天我就离开雅尔塔动身前往国外了。

您可以选择杀死我，吊死我，不过您写的短篇小说不在我这儿。我只想着，我包扎好小说后就把它寄到您说的那个地方了。但是我不记得究竟把它寄到了哪里。我想着有一个短篇小说被《每日新闻》发表了，稿费救济了饥民。若是您的这些短篇小说都找不到了，那就太遗憾了，虽然这个不幸到现在还不能说是无可挽回的。您可以用您的记忆重新找回它们。

很感谢您想起了我！麻烦您以后也不要忘了这些老头儿。现在让我祝您安好。

我的地址还是原来的，就是：洛帕斯尼亚车站。

致阿·谢·苏沃林

1895 年 3 月 30 日，梅利霍沃

春天已经到了，但是这里的积雪还是很厚，谁也不知道什么时候会融化。一旦太阳隐藏到云层里面，就会开始有一股来自雪

地的寒气，这是很可怕的。玛莎已经在为花坛忙碌了。她把自己累坏了，而且总是很生气，所以她没有必要去读斯米尔诺夫夫人的文章。文章给出的建议非常好，年轻的女士们会读的，这将是她们的救赎。只有一点不清楚：如果庄园离城镇很远，他们如何处理苹果和卷心菜，如果他们的黑麦面包一点儿也卖不出去，就没有一毛钱的收入，那他们拿什么给自己买衣服呢？在自己的土地上辛勤劳动，获得生活的基本保障，需要满足一个条件，那就是像农民一样工作，不考虑阶级或性别。现在没有农奴可以使用，人们必须自己挥舞着镰刀和斧头……在俄罗斯，即使是最不起眼的农业生产者，要想获得成功，也必须与自然进行残酷的斗争。而愿望无法满足现实斗争的需求，你需要体力和勇气，你需要传统——还有年轻的女士们？建议年轻女士从事农业，就像建议她们成为熊，弯腰驯兽一样……

我没有钱，但我住在乡下：没有餐馆，没有马夫，似乎也不需要钱。

致阿·谢·苏沃林

1895 年 4 月 13 日，梅利霍沃

您问我收到那封信了吗，是的，我收到了，并且之前在彼得堡时就告诉您了。就在那封信中，您更加让人有些不敢相信，因为您对现在和过去都充满着批评。您再回忆一下，您之前是怎样

写叶卡捷琳娜二世和丝绸衬衫的？我在找这封信的时候，也看了一下您寄来的所有信，同时把它们整理了一下。这些信中留存着多少美好的东西啊！特别荣耀的是您在上演《塔吉雅娜·列宾娜》，同时我在上演《伊万诺夫》的那个时候，那种生活的激情是一眼就能看得清楚的。

我现在正吃力地读着显克微支的《波瓦涅茨基一家》。这就是波兰式的，带有番红花夹心的甜乳渣糕。显克微支的作品就是在保罗·布尔热的作品上加一些波塔片科的作品，再洒一些华沙制造的花露水，最终分成两份而形成的。相信《波瓦涅茨基一家》一定深受布尔热的《国际都市》、罗马城和婚礼的影响。显克微支的这部作品中有耶稣教地下经堂、有为唯物主义叹息的古怪老教授、有成为圣徒的李奥十三世①和非凡人所有的脸孔，有提议返回到祈祷书的告诫，有对于一个颓废派的诋毁。这个颓废派的死因是吗啡中毒，他在临死之前做了忏悔，吃了圣餐，这么说，他就是为教会忏悔了自己的迷惑谬误。书中有很多描写家庭幸福生活的内容，那些有关爱情的议论非常多。主角的妻子非常忠诚于丈夫，她十分周密地"一心一意"地体会上帝的意识与生活，以至于到最后，让人觉得像是接了一个流着唾液的吻，实在是甜。看来，显克微支并没有读过托尔斯泰的作品，对尼采也不了解，他在说催眠术时，就像一个小市民；但是，他书中的每一

---

①　罗马教皇。

页上都有着鲁本斯①、博尔盖西②、柯勒乔③、波提切利④等词，他这是想向资产阶级的读者显示自己的学问，同时想暗地里嘲笑戏弄唯物主义。这部长篇小说是以催促资产阶级安稳地熟睡并做黄金梦为目的的。诚恳地对待自己的妻子吧，和她一同按照祈祷书祷告，积累财帛、热爱运动吧，如果你这样做了，不论你是在人间，还是在另一个世界，你都一定会万事顺利的。资产阶级相当喜欢所谓的"正面"典型和拥有圆满结局的长篇小说，正因为这样的小说可以使资产阶级问心无愧地认为，既可以积累钱帛，又可以保持清白；既可以做凶兽，又可以过上幸福的生活。

我们这里的春天像是可怜兮兮的。田野里依旧有积雪；无论是乘雪橇还是坐马车都不适合；而那些牲畜也都早已想念青草和自由了。昨天，有一个醉酒的老农民，在池塘边脱光了衣服洗澡，然而，他那衰老的母亲用棒子在一边打他，这导致很多人都围在池塘边笑他。洗完澡后，农民光脚踩在雪地上朝家里走去，他的母亲跟在后边。曾经有一次，他的母亲来我这儿治疗身上被她儿子打出来的瘀青伤痕。把教育愚昧群众的事情置之不理，这实在是十分卑劣的行为。

亚沃尔斯卡娅和柯尔希分开住了。他在为她而吃醋，这是实

① 佛兰德斯画家。
② 17世纪时建造的罗马别墅，收藏了很多艺术作品。
③ 意大利文艺复兴时期画家。
④ 意大利文艺复兴时期画家。

情。文学戏剧小组的戏表演得如何了？

［……］

米沙已经来了，他告诉我，他获得了一枚三级斯坦尼斯拉夫奖章。

致阿·谢·苏沃林

1895 年 10 月 21 日，梅利霍沃

谢谢您的来信，谢谢您热情的话语和邀请。我会来，但很可能不会在 11 月月底之前来，因为我有很多事要做。首先在春天，我要在我担任督学的村子里建一所新学校；在开始之前，我必须做一个计划，做好预算，到处奔走，等等。其次——您能想象吗——我正在写一部戏剧①，可能要到 11 月的月底才能完成。我写这本书并不是没有乐趣，尽管我是完全不顾舞台条件地瞎扯。这是一部喜剧，有三个女主角，六个男主角，四幕，风景（湖上风景）；剧中有大量关于文学的对话，情节很少。

我读到了有关奥兹洛娃失败的消息，感到很遗憾，因为没有什么比失败更痛苦的了［……］我听说了《黑暗势力》在你们剧院的成功［……］8 月份我在托尔斯泰家的时候，他一边洗手一边告诉我，他不会修改他的剧本。现在我想起这一点，就知道即

———————

① 《海鸥》。

使在那时他也知道他的剧本将会被审查机构全部通过。我和他待了两天一夜。他给我留下了愉快的印象，我感到像在家一样轻松，我们的谈话也很轻松［……］

致阿·谢·苏沃林

1895 年 10 月 26 日，莫斯科

［……］

托尔斯泰的女儿们都很可爱。她们崇拜她们的父亲，对他有狂热的信仰，这意味着托尔斯泰真的有一种伟大的道德力量，因为如果他是不真诚的，不是无可指责的，他的女儿们会第一个对他采取怀疑的态度，因为女儿们就像麻雀：你无法用空的谷壳抓住她们……一个男人可以随心所欲地欺骗他的未婚妻或情妇，在他所爱的女人眼里，驴子可能会被当成哲学家；但是女儿就是另外一回事了。

［……］

致维·戈列采夫①

1896 年 3 月 17 日，梅利霍沃

亲爱的维克多·阿里克山德洛维奇，玛莎说您认为我的小说

① 《俄罗斯思想》杂志的编辑，政论家。

中有一句不太得体，希望我能删掉它。怎么办？请您通知他们再把校样寄给我，我也许能找一句话把它替换掉。我会先让玛莎读一遍。

您最近怎么样？祝您复活节愉快。

就只给我写两句也行。

致阿·谢·苏沃林
1896 年 6 月 20 日，梅利霍沃

《传教士山格》这部作品非常有意思，也非常打动人，读起来非常通顺、明理。尽管译文并不怎么样，而剧本本身也写得差强人意，很明显，作者是一气呵成的。可是这个剧本并不适合剧院，因为太难演了：情节没有，生动的人物没有，戏剧趣味也没有。不管是作为一个剧本还是作为一般的文学作品，这个剧本都毫无价值，原因主要是思想不够明晰。结局不太清晰，甚至用奇怪来形容也不为过。假如作者自己对奇迹并没有特别明晰的信仰的话，就不应该让自己的人物去创造奇迹。

《卡尔·比尤林》就不同了。这是一个完完整整的剧本，它鲜活、幽默，可是，除了最后一幕以外，这一幕写得有点俗气，有点索·伊·斯米尔诺娃的意思。假如您愿意，假如您准备去费奥多西亚，那我们就一起改改这个剧本，让它和俄国人的风俗更

相符。可是只需要三幕就足矣。题名《几个女人》非常新颖，又让人惊讶，它让观众对剧本充满期待，可以带给剧本中没有的而且也是剧本根本无法提供的东西。还是叫《女提琴手》或《在海边》吧！多写一点大海，就让它叫这个名字吧！不需要打巴掌，只需要骂一声"坏蛋"或"说谎的人"就足矣。俄国的公众喜欢寻衅滋事，可是他们无法忍受屈辱，像打耳光、当众侮辱是流氓等非常厉害的屈辱。更何况我们的公众也对打耳光是崇高的行为表示质疑。

我用挂号邮件把这个剧本给您寄去。

我到莫斯科去过，在那里参观了亚拉姆、埃为尔塔日等大饭店，两个晚上都没有合眼，现在觉得有点难受。假如一个人长久不睡觉，他的时间观念就会乱，因此我现在觉得，我在莫斯科附近待过的那几个阴冷的早上似乎发生于六年前。

我这里的玫瑰花开得正艳，还有不少草莓，可是我依然想去其他地方溜达。据说，有个非常好的展览会在下诺夫哥罗德召开，不管是豪华程度，还是严谨程度，都会让人目瞪口呆。这个展览会非常无趣，因为低级趣味的东西压根儿不存在——我那些看过展览会的熟人都是这样评价它的。可是我不太想到下诺夫哥罗德去。我是担心在那里会和谢尔盖延科遇上，他会劝我去巴兰诺夫家吃早饭。

请转达我对安娜·伊万诺芙娜、娜斯佳和鲍里亚的问候。我梦到你们了，在梦中我还和安娜·伊万诺芙娜、鲍里亚两人交谈了几句。

我在建造一个钟楼。我们发出了募捐的号召。农民们在一张张大纸上签下自己的名字，并把黑乎乎的印章盖上去，而我从邮局把它们寄出去。好，就这样吧，祝您一切顺利，多喝一些约尔什酒，少淋一些雨水，在特维尔省几乎就没有晴过，这让人的心情实在好不起来。

致塔·利·托尔斯泰娅
1896 年 11 月 9 日，梅利霍沃

尊敬的塔吉雅娜·利沃芙娜，您看，我给您的回信都到什么时候了。在我从克里米亚回来以后，我才收到您的信，时间是 9 月的下半月。当时天气很好，心情也很好，而我却不想给您回信。因为我坚信，今、明两天，我是不会到雅斯纳亚·波朗纳去的。可是后来，有很多信件和电报寄来，一定要我到彼得堡去，当时我正准备上演我的剧本。我去了，显而易见，剧本演出失败了——现在我又回来了。户外全是雪，再到雅斯纳亚·波朗纳去已经太晚了。

您在信中询问我：有没有什么新作品？可否带给您看看？夏末我写了一个五印张篇幅的中篇小说——《我的一生》（我没有想出其他的题名），当时我就准备带它到雅斯纳亚·波朗纳去，是校样。现在这部中篇小说已经在《田地附刊》上发表了，而我

已经非常不喜欢它了，因为书报检查局已经修改过它，使得很多地方连我都认不出来了。

在彼得堡，我遇到了德·瓦·格里戈罗维奇。我很惊讶，他一点儿都不生气。土黄色的面庞，就像得了癌症一样。他说，下诺夫哥罗德展览会可把他累惨了。

请允许我对您的来信以及您对我的友善态度表示感谢，请您相信我，相比我口头上所表达出来的，我对您这种态度的评价要高得多。代我问候列夫·尼古拉耶维奇，祝你们一切顺心。

致符·伊·涅米罗维奇·丹钦科①
1896 年 11 月 26 日，梅利霍沃

我正在回答您信中的主要内容——为什么我们很少谈论严肃的话题。当人们沉默的时候，那是因为他们无话可说，或者因为他们感到不自在。有什么好谈的？我们没有政治，没有公共生活，没有俱乐部生活，甚至没有街头生活；我们的公民生活贫乏、单调、繁重、乏味——说起话来就像跟 L 打交道一样无聊。您说我们是文人，这本身就使我们的生活丰富多彩。是这样吗？我们深陷自己的职业之中，它逐渐将我们与外部世界隔离开来，结果就是我们没有多少空闲时间，没有多少钱，没有多少书，我

---

① 戏剧家，他第一个发现了契诃夫戏剧的美。

们很少读书，很不情愿地听很少的东西，我们很少去别的地方。我们应该谈谈文学吗？但我们已经谈过了。每年都是同样的事情一次又一次地发生，我们通常所说的关于文学的话题都可以归结为讨论谁写得更好，谁写得更差。关于更广泛和更普遍的话题的对话永远不会流行起来……我们应该谈谈个人生活吗？是的，这有时可能很有趣，我们也许会谈论它；但是在那里，我们又一次受到了约束，变得矜持和虚伪：我们被自我保护的本能所约束，我们害怕……我个人很害怕我的熟人 N，他的聪明吸引了我们，会在我周围的每一辆铁路客车和每一个房子里竖起手指，解决为什么我和 X 变得如此亲密的问题……简而言之，对于我们的沉默，对于我们谈话的轻浮和愉快，不要责备你自己或我，责备批评家所谓的"时代"，责备气候，遥远的距离，您想怎样就怎样，让环境走上它们自己注定的、无情的道路，希望有一个更美好的未来。

致阿·谢·苏沃林

1897 年 1 月 11 日，梅利霍沃

我们正在进行人口普查……每天清晨，我从一个小屋走到另一个小屋，把头撞在我不习惯的矮门上，由于运气不好，我头疼得厉害；我有偏头痛和流感。一个九岁的小女孩儿从弃儿医院出来，痛哭流涕，因为小屋里的其他小女孩儿都叫米哈伊洛夫娜，

而她以教父的名字被称为吕夫娜，我说叫你米哈伊洛夫娜。他们都非常高兴，开始感谢我。这就是所谓的与不义财神交朋友。

《外科杂志》已经被审查机构批准了。我们正准备让它面世。请帮我们一个忙——把附上的广告印在您的头版，记在我的账上。这将会是一本非常好的杂志，这个广告只会带来明显的、实实在在的好处。

您知道，当一个人的下肢完全坏死后，将其切掉对患者是有好处的。

我们在谈论医学话题的时候得知了一个信息，一种治疗癌症的药物找到了。在过去将近一年的时间里，多亏了俄罗斯医生丹尼森科，他们尝试了白屈菜的汁液，发现了惊人的结果。癌症是一种可怕的无法忍受的疾病，它令人痛苦。你可以想象，一个人得知这样的结果是多么令人愉快……

致阿·谢·苏沃林

1897 年 2 月 8 日，莫斯科

人口普查结束了。我非常厌倦这种工作，因为我不得不一边举例一边写到手指酸痛，还要给 15 个成员讲课。成员们工作得很出色，带着一种学究式的、几乎是荒谬的精确。另外，承担人口普查任务的泽姆斯基·纳查尔尼克家族则表现得令人作呕。他们什么也不做，什么也不懂，在最困难的时候，他们常常说自己

生病了。[……]

我要在莫斯科的大莫斯科饭店里短暂停留 10 天，然后回家。整个大斋节以及 4 月之后的四个月，我又得忙着和木匠们打交道。我又要建一所学校。一个代表团通过农民向我求助，我没有勇气拒绝。地主教堂捐出 1000 卢布，农民收了 300 卢布，这就是全部的钱，而学校的费用不会少于 3000 卢布。所以我又有一整个夏天的时间来考虑钱的问题，我要到处凑钱。总地来说，农村的生活充满了工作和关怀……

致阿·谢·苏沃林

1897 年 4 月 1 日，莫斯科

医生已经诊断出我的肺上部有肺结核，并命令我改变生活方式。我认可他们的诊断，但无法理解他们的处方，因为这几乎是不可能的。他们告诉我，我必须生活在乡下，您也知道，长期生活在乡下就意味着不断地担心农民、动物和各种基本力量，逃避乡下的烦恼和焦虑就像逃离地狱的火焰一样困难。但是我仍然会尽可能地改变我的生活，并且已经通过玛莎宣布我将放弃在这个国家的医疗实践，这对我来说既是一种巨大的解脱，又是一种巨大的剥夺。我将放下区里所有的公务，买件衬衣，晒晒太阳，大吃一顿。他们告诉我一天要吃六顿饭，并且对我吃得少感到愤慨，因为他们认为我吃得太少。我不能说太多话，不能游泳，等等。

除了我的肺，所有器官都是健康的。到目前为止，我一直认为喝酒不会对身体造成伤害，现在调查发现，我实际喝的酒比应该喝的少。真可惜！

这里有足够的空间，两扇窗户，三张桌子。那天晚上，托尔斯泰在这里（我们聊了很长时间），凌晨4点钟，我又大出血……

梅利霍沃是一个健康的地方，它正好处在高地的分水岭，所以这里没有发烧或白喉。经过协商，他们决定不让我去任何地方，而是继续住在梅利霍沃。我只能把房子布置得稍微舒服一点儿……

致阿·谢·苏沃林

1897年4月7日，莫斯科

您写道我的理想是懒惰。不，这不是懒惰。我鄙视懒惰，就像我鄙视软弱和缺乏精神和道德能量一样。我说的不是懒惰，而是休闲，我也没有说休闲是一种理想，而只是个人幸福的必要条件之一。

如果科赫的新血清的实验结果令人满意，我当然要去柏林。喂食对我来说完全没有用。在过去的两个星期里，他们一直在热情地喂我吃东西，但是没有用，我的体重并没有增加。

我应该结婚。也许一个妻子至少可以减少一半的来访者。昨天他们一整天都在，简直糟透了。他们一次来两个人，每个人都求我不要说话，同时还问我一些问题……

致米·奥·梅尼希科夫
1897 年 4 月 16 日，梅利霍沃

亲爱的米哈伊尔·奥西波维奇，我的两叶肺出了点小问题。3 月 20 日我去彼得堡的途中就开始咯血，只好在莫斯科住了两个星期的医院。医生的结论是：肺尖发生病变。他们让我暂停所有有趣的活动。

请您代我问候莉吉娅·伊万诺芙娜和雅莎。对于她们的关切和厚意，我非常感动。

今天我的头很痛，这一天必定会过得很糟糕了，可是天气却非常好，花园里热闹非凡。客人、钢琴声、欢笑声……这所有的都发生在屋里，而户外也有很多鸟叫声。

书报检查机关把一大块从《农夫》身上挖下来。

感谢您，紧紧握住您的手，并祝您一切都好，妹妹向您问好。

否极泰来。我在医院住院时，列夫·托尔斯泰来看过我，我们进行了一次非常有意思的交谈，我觉得这次谈话非常有意思，因为我大多数时候都充当的是听者的角色，很少扮演说者的角色。我们说到了永生的话题。对于得到康德认可的那种永生，他

是持肯定意见的。在他看来，我们大家（人和动物）都将在起因（理智、爱）中存在，而这个起因的本质和宗旨对我们是保密的。而我觉得，这个起因或力量就如同一团模糊的胶状物。我的"我"，也就是我这个个人，以及我的意识——它们都将和这团模糊的物体融合在一起，我并不需要这种永生，我也无法理解它。而列夫·托尔斯泰却很吃惊于我这种无法理解。

为什么直到现在您的书都还没有出版？伊·列·谢格洛夫来医院看过我。他的身体好一点儿了，健康状态还在恢复中。他马上要搬到彼得堡住了。

致亚·伊·埃特尔

1897 年 4 月 17 日，梅利霍沃

亲爱的朋友亚历山大·伊万诺维奇：

我现在在家里。复活节前的两周，我躺在奥斯特鲁莫夫的诊所里。我咯血，被医生诊断为肺结核。我现在觉得好极了，没有什么疼痛，内心也没有什么不安，但是医生禁止我喝酒、活动和交谈，他们命令我吃很多东西，禁止我行医——我觉得很沉闷。

我对人民剧院一无所知。在代表大会上，人们无动于衷，毫无兴趣地谈论着这个问题，那些承诺起草宪法并开始工作的小组显然已经心灰意冷了。我想是因为春天的缘故吧，在这个小组里，我唯一看到的就是戈尔采夫，但我并没有时间和他谈论剧院的事情。

没什么新闻。文学界死一般的平静。在编辑办公室里，他们喝着茶和廉价的葡萄酒，显然是无所事事。托尔斯泰正在写一本关于艺术的书。他来诊所看我，说不喜欢他的小说《复活》，所以把它放在了一边，只写关于艺术的东西，还读了 60 本关于艺术的书。他的想法并不新鲜，各个时代所有聪明的老人都用不同的调子唱同一首曲子。老年人总是倾向于看到世界的末日，总是宣称道德堕落到了极致，艺术变得浅薄，人们变得越来越虚弱，等等。

列夫·托尔斯泰想在他的书中说服我们，现在艺术已经进入了它的最后阶段，它已经走进了一条死胡同，它没有出路（除了撤退）。

我现在什么也不做，我用大麻籽喂麻雀，每天修剪一棵玫瑰树。经过我的修剪，玫瑰花盛开。我不是在照看农场。

保重，亲爱的亚历山大·伊万诺维奇，谢谢您的来信和友好的慰问。看在我身体虚弱的分上，给我写信吧，不要因为我回信不及时而过分责备我。

以后我一读完您的信，就会尽快回信。最温馨的问候。

致阿·谢·苏沃林

1897 年 7 月 12 日，梅利霍沃

［……］我在读梅特林克的作品，我已经读完了他的《盲人》《不速之客》，正在读《阿格拉凡和赛莉塞特》，它们都是奇怪而

美妙的东西，但是它们给我留下了深刻的印象，如果我有一个剧院，我一定会上演《盲人》。顺便说一句，这个剧本里有壮丽的布景：远处的大海和灯塔。观众是有些愚蠢，但为了避免这出戏的失败，你可以在节目中写下剧本的内容（当然是简短的），说这出戏是比利时作家梅特林克的作品，他是个颓废派作家，剧中讲的事情是，一个领导一些盲人的老人在沉默中死去，盲人不知道这一点，正坐在那里等待他的归来。

[……]

致菲·德·巴秋什科夫

1897 年 12 月 15 日，尼斯

[……] 在您的一封信中，您希望我从这里的生活中汲取一些东西作为主题，给您发一个具有异域风情的故事。这样一个故事，我只能根据回忆写出来，而且我从未直接按实际情形写生。我已经让记忆筛选主题了，所以在记忆里只留下重要的或者典型的东西。

致阿·谢·苏沃林

1898 年 1 月 4 日，尼斯

我是这样打算的：本月月底或 2 月月初去阿尔及利亚和突尼

斯等地，之后回到尼斯，在那里恭候您的大驾（您在信中说过要来尼斯），待一段时间以后再一道到巴黎去，假如您愿意的话，在那里坐"闪电"列车回俄国过复活节。您最近一封寄到这儿的信是打开的。

我极少到蒙特卡洛去，将近一个月才去一次。一开始，当索博列夫斯基和涅米罗维奇在这里时，我赌博过，可是非常克制，只是小玩一下，有时带50法郎回来，有时候——100法郎，后来因为它让我觉得疲惫（体力上）就没去了。

德莱福斯案件变得活跃了，可是还没有走上正常轨道。左拉是个非常崇高的人，他的热情让我（工团的成员，已经从犹太人那里得到100法郎）很兴奋。法国这个国家非常好，它的作家也很不错。

新年前，我寄了一份贺电给您。我想，一定是因为当时邮局里有太多电报积压在一起，所以它才没有准时送到，——既然我这样想，因此为了不发生意外，我再次祝您新年快乐。

请来信告诉我，要不要等您到尼斯来，希望您没有改变主意。

哈尔科夫的一位眼科医生吉尔什曼在这里，他是个鼎鼎有名的慈善家，科尼的朋友，是个非常忠实的人。他是来探望他儿子的，他的儿子得了肺结核病。我时常和他见面，在一起沟通，可是他的妻子会给我造成阻碍，这是一个忙碌不停、无知、无趣的女人，就像很多妻子一样。这里有一位女画家，她每天要给我画10～15次漫画。

从在《新时报》上发表的摘录来看，列夫·尼古拉耶维奇谈艺术的文章挺无趣的。他谈的那些都过时了。说什么艺术已经衰败，已经无路可走，说它原本不应该是这个样子，等等，这就相当于说吃喝的愿望已经过时了，和现在的情势不符了，不是目前所需要的东西了。当然，饥饿这种把戏太老套了，只要一想到吃，我们就无路可走了。可是吃东西仍然很重要，而且以后我们也是必须要吃东西的，无论哲学家和气呼呼的老头子们在那里聊什么。

祝您身体健康。

致菲·德·巴秋什科夫①

1898 年 1 月 28 日

[……]

我们在这里只谈左拉和德莱福斯。绝大多数受过教育的人都站在左拉一边，认为德莱福斯是无辜的。左拉赢得了公众的极大尊敬；他的抗议信犹如一股清新的空气，每个法国人都感受到了这一点，感谢上帝！世界上还是有正义的，如果一个无辜的人被判有罪，还有人会为他辩护。法国的报纸非常有趣，而俄国的报纸一文不值。《新时报》简直令人作呕。

[……]

---

① 俄国教授、批评家，西欧文学史家。

致亚·巴·契诃夫

1898 年 2 月 23 日，尼斯

哥哥：

政府似乎表明对于你追求剧院女孩的事情并不反对，已经安排了我的《伊万诺夫》在 2 月 13 日上演。霍列娃①也一样，为了让你满意，她和多马绍娃商议好后便下命令将你的《普拉东·安德烈耶维奇》停演，换成了我的《求婚》上演。你看，所有的事情都很顺利。

我的健康状况也是一样，因此你们，继承我遗产的人们，只能替我开心。牙医把我的一颗牙掰断了，然后他又拔了三次，导致我得了上颚感染性骨膜炎，痛不欲生。正是因为发烧，我才有机会体验我在《伤寒》中特别文艺地描写过的心情，而那些知识分子在看你的《普拉东·安德烈耶维奇》时也体验过这种心情。总有一种令人憎恨的肥胖感。前天我做了一个切除手术，现在我又继续在桌子上写作了。你得不到遗产了。

4 月份的时候我打算回家，4 月 10 日前后回去。在这以前地址还是原来的。

雅罗斯拉夫尔告诉我，米沙又有了一个女儿。米沙刚当上爸爸，他就跟上了天堂一样幸福。

---

① 苏沃林剧院的演出剧目负责人。

《新时报》在左拉案件中的做法实在是太不知羞耻了。我和老头儿在信中针对这一问题交换过多次意见（语气很柔和），后来我们两个都一言不发了。我不愿意写信，也不愿意收到他的来信，因为他在信中一直为他没有分寸的报纸进行辩护，还说他对军人非常热爱——这太让我反感了，我不想收到他的信。我也对军人非常热爱，但若是我办报，我不会允许"仙人掌"们一边不给稿费就将左拉的长篇小说发表在副刊上，另一边又在报上将污水泼在同一个左拉身上。况且是因为什么原因要把污水泼在左拉身上呢？是因为他拥有"仙人掌"们都不了解的东西，即伟大的热情和单纯的心灵。还有，直到在左拉接受审判的时候仍然骂左拉——做出这样的事一点儿都没有文学家的品质。

我已经收到了你的照片，并把它送给了一个法国的女人，写的题词是〔……〕她还会再思考的，这指的是一篇文章，文章的内容是关于你讲的妇女这个话题的。

记得给我回信，不要害羞。向娜塔丽娅·亚历山大洛芙娜和孩子们问好！

致莉·阿·阿维洛娃

1898 年 7 月 23—27 日，梅利霍沃

最近来这儿的客人特别多，我怎么也找不到空闲的时间来对您最近的一封来信做出回复。我想写一封长长的信，但是我一想

到几乎每分钟都会受到打扰，我的手就握不住笔了。的确如此，当我写到"打扰"一词时，一个小姑娘进来说是有一位患者来了。我应该去看一下。

关于财政的问题已经得到了很好的解决。我把从《花絮》上剪下来的小小说卖给瑟京，卖十年。而且我还能够从《俄国思想》编辑部那里获得 1000 卢布，顺便说一下，他们还提高了我的稿费，以前给我 250 卢布，现在给我 300 卢布。我不知道该怎么办，我已经开始讨厌写作了。我其实很愿意当一个医生，找一个能够工作的地方，但是我的体力已经缺乏应变性了。现在我在写东西时或者只要我一想到要去写东西，就像是吃了一盘掉进了蟑螂的菜汤一样恶心，请您谅解我做了这么一个比喻。我讨厌的并不是写作本身，而是文学，这个环境一直缠绕着你，怎么躲也躲不开，就像大气层一直和地球在一起一样。

我们这里的天气很晴朗，所以我不想去任何地方。我应该写点东西给《俄国思想》第 8 期了，准确的说我已经写完了，就差定稿。祝福您身体健康，事事顺心。信笺已经被我写得满满当当，连一根老鼠尾巴都塞不下了，那就让我的署名跟兔子尾巴一样吧！

致阿·谢·苏沃林

1898 年 9 月 5 日，梅利霍沃

我到达莫斯科的时间是周三中午。如果您未变更来莫斯科的

计划，就麻烦您给新巴斯马恩纳娅街的克列斯托沃兹德维任斯基家发一份电报。周四和周五我应该也会在莫斯科度过。这两天过后我打算去南方。

天气很不好，下着雨和雪。但我又不想离开这儿。

无论如何，我希望您能发一份电报告诉我您的选择，来或者不来。

祝您身体健康，幸福快乐。

《智慧的痛苦》中的索菲雅跟塔吉雅娜特别像，就好比是母鸡与雄鹰那样的相似。索菲雅写得太差劲，都不像是一个人物，只能说是维克托·克雷洛夫格调的一个很小的角色。请您谅解我的这个与正统思想不同的说法。

旅行完之后的叶若夫变得十分活泼。

我周三之前都会在家里，在洛帕斯尼亚。若您是在周一之前收到这封信的，请将电报发到洛帕斯尼亚（洛帕斯尼亚，收件人是契诃夫）。

致米·巴·契诃夫

1898 年 10 月 26 日，雅尔塔

我要在雅尔塔买一块地，建一个地方来过冬。不断地在旅馆、旅馆搬运工、偶尔做饭等之间周旋，让我警觉起来。母亲将和我一起度过冬天。这里没有冬天，现在是 10 月底，但是玫瑰和其他花朵正在自由地开放，树木是绿色的，天气很温暖。

这里有大量的水。除了房子以外，什么都不需要，也不需要任何附属建筑；它们都在同一个屋檐下。煤、木头和所有的东西都放在地下室。母鸡一年四季都在下蛋，不需要专门的房子，一个围栏就足够了。附近有一家面包店和集市，这样对母亲来说既舒适又方便。顺便说一下，整个秋天都有鸡油菌和牛肝菌可以采集，这对母亲来说是一种娱乐。房子不是我自己在建，而是建筑师在建。房子将在 4 月前建造好，面积很大，将有一个花园和花坛，还有一个菜园。这条铁路明年将通往雅尔塔……

至于结婚，你那么急着要结婚——我该对你说什么呢？仅仅因为爱情而结婚是有趣的；仅仅因为一个女孩漂亮就和她结婚，就像仅仅因为质量好就在集市上买一些不想要的东西。

[……]

我的《万尼亚舅舅》正在全省范围内上演，每到一处都很成功。因此，人们永远不知道自己会得到什么，会失去什么；我根本没有预料到这一点……

致亚·谢·梅尔佩特①

1898 年 10 月 29 日，雅尔塔

我非常敬爱的亚科夫·谢苗诺维奇，我现在一切安好。但是

---

① 俄国翻译家、学者。

我想请您删掉用绿色铅笔划出的那个字。我认为，在描写生平的细节中有很多东西是多余的。换作我写的话，就不提起弟兄和教师们了，因为提起他们会使文章显得累赘。我也会采用另一种方法来标明时代。"在1893年"这种写法对于法国人其实说明不了多少问题，如果这么说的话会更好："在陀思妥耶夫斯基20岁时"，还有，对陀思妥耶夫斯基开始创作的生活时代做一个清晰并且简练的关于历史和文学的概述也是有必要的。理应写明，他是在这样的情形之下，在统治者是尼古拉一世的年代、在文坛的主宰者是别林斯基和普希金（后者对他的影响是特别大的、超越一切的）的时代开始写作的。况且我觉得，以年代来讲，别林斯基、普希金、涅克拉索夫这些名字比年代更加意义深远，因为数字只能牵强地引起听众的注意力，说明不了什么问题。您的论文笔调贯通、有趣，有说服性。

我期待着读您写的下一篇。

如果您可以和伊万·雅科夫列维奇相见，请代我问候他。

我已经用包裹把普希金的作品给您寄过去了。我猜，您一定收到了吧！

致阿·马·彼什科夫（马·高尔基）

1898 年 11 月 16 日，雅尔塔

　　我特别敬爱的阿历克塞·马克西莫维奇，很早就收到了您寄给我的信和书，也很早就想写信给您，但总是被各种事情缠身。请您谅解我。一旦有空，我立刻就坐下来给您写一封细致的信。昨天我在睡前看了您的《戈尔特瓦的集市》，很喜欢，并且想写几句话给您，怕您恼火和认为我是坏人。我特别地开心：我们两个认识了。我由衷地向您和米罗夫①表达感谢，因为是他在信里说起了我。

　　就写到这里吧，等我有空和方便写信的时候再和您聊！祝您万事如意，友善地握住您的手。

致阿·马·彼什科夫（马·高尔基）

1898 年 12 月 3 日，雅尔塔

　　我很敬爱的阿历克塞·马克西莫维奇，看到您最近寄给我的那封信，我实在是太开心了。我真心实意地对您表示谢意。《万尼亚舅舅》在很早之前就已经写完了，但是我在舞台上一次也没

---

　　①　维·谢·米罗留包夫，俄国记者。

有见过它。近些年来这部戏常常在省城的舞台上演出，这大概是因为我出了一个戏剧集。我对自己的剧本相当冷漠，因为我和戏剧已经没有半点关系了，我再也不愿意写这东西给剧院了。

您询问我是如何看待您的短篇小说的。我的看法是什么呢？毋庸置疑您是个天才，而且是名副其实的了不起的天才。举个例子，短篇小说《在草原上》就非常明显地展现出了您的才能，我甚至嫉妒这么好的作品竟然不是出自我之手。您既是艺术家，又是聪明人。您有着非常强的理解能力。形象的塑造是您最拿手的，就比如说您要描写某一样东西，这样东西可以用手触摸到，可以用眼睛看到。这才称得上真正的艺术。我的看法就是这样的，而且我很开心能够把我的看法说给您听。再重复一下，我觉得很开心，所以说如果我们可以相见，聊一两个小时，您就会相信我对您的高评价了，也相信我对您的才能寄予厚望。

现在还要再说一下不足之处吗？这个不是很容易。说出一个天才的不足之处就好像说出一棵在园里生长的大树的缺点一样，我们要清楚，问题不是出现在大树那里，而是出现在观看大树的人的兴趣和喜好上。难道不是吗？

我先说明一点。在我看来，您做事是毫无分寸的。您就像是在剧院里坐着观赏戏剧的观众，任意地表达自己的欢乐，结果妨碍了自己和其他人观赏戏剧。您在描写自然景色时特别能体现出自制力不强的缺点，您经常用这些描写将人物的对话打断，这些描写给人的感觉是，如果再紧凑和简短一点就好了，差不多两三行就行。您不停地重复提到幽静安宁、悄声细语、轻柔悦耳等，使整个描写显得华丽和单一，它们会将读者的兴致一扫而光，甚至可能会让读者厌烦。您在描写女人（《玛尔娃》《在筏上》）和恋爱场景时，也同样体现了您的没有分寸。您这并不是宏大的气势和雄浑的笔触，而是缺乏分寸。而且您的短篇小说中常常会有不适合这篇小说的字词出现。"伴奏""圆面""和谐"——这些字词都太扎眼了。波浪也是您经常写到的。在您的描写知识分子的场景中，可以让读者感受到紧张的气氛，仿佛您是个小心谨慎的人。这并不是因为您对知识分子欠缺观察，相反，您很熟悉他们，但是您的心里是没有把握的，您不知道从哪方面对他们进行描写。

您多大了？我不了解您，不知道您的出身，也不知道您究竟是什么样的人，但是我能感觉出来，您应该趁着年轻离开下诺夫哥罗德，在文坛和文人的身边待两三年，也可以说胡混一段时间；这么做的目的并不是请教我们这种雄鸡，以便让自己更精简和娴熟，而是为了让自己完全沉迷于文学，深深地爱上文学；况且在省城生活久了，人会提前衰老的。柯罗连科、波塔片科、马明、埃特尔——他们都是优秀、不凡的人；最初您和他们相处的时候会感到无聊，不过相处上一两年您就会适应的，就能够正确评价他们的优点了，与他们相处会向您补偿城市生活带来的繁难和不习惯。

我现在急着去邮局。祝福您有一个健康的身体，事事顺心。

紧紧地握住您的手。再次感谢您给我写了信。

致阿·马·彼什科夫（马·高尔基）

1899 年 1 月 3 日，雅尔塔

［……］显然您对我有点儿误会。我在信中跟您谈的不是您文体粗糙，而只是那些外来的、不地道的俄国字眼儿或者很少使用的词语带来的不协调。例如，"宿命论"，在其他作家的作品中并不引人关注，但您的作品音调优美、和谐，任何一点儿艰涩和生硬的东西都会十分惹眼。当然，这是个人品位的问题，也许这只是因为我太容易受刺激，或者是很久以前就养成了明确习惯的人的保守主义。我已经接受了"八等文官"和"二等上尉"这样的描写，但是当"调情"和"拥护者"出现在描写中时，我就会产生反感。

您是否是自学成才的？在您的作品里，您完全是一个艺术家，同时也是一个真正意义上的"受过教育"的人。您身上缺少的正好是聪明，您很聪明，您的感情微妙而细腻，您最好的作品是《在大草原上》和《在木筏上》——我有写信告诉您吗？这是两本非常好的杰作，体现出您是一个有经验的艺术家。［……］

您对自然的描绘很有艺术性，您是一个真正的风景画家。只是您经常把自然拟人化，比如大海呼吸、天空凝视、草原吠叫、大自然低语、说话、哀悼等，这些比喻会使您的描述有些单调，有些甜腻，有些不够清晰；只有通过"日落""天黑了""开始下雨"等简单的短语，才能体现大自然的美丽和表现力——朴素是您最高层次的特征，也许比任何其他作家都要朴素。

[……]

致伊·伊·戈尔布诺夫——波沙多夫①

1899 年 1 月 27 日，雅尔塔

敬爱的伊万·伊万诺维奇，我大约在一周以前给您寄了一封信到莫斯科，一封具有重要商业价值的信。如今我才知道，这封信并没有送到您的手上。事情是这样的，我将我的一切作品以及所有权都卖给或者说差不多已经卖给了《田地》周刊的出版者，他叫马科斯。我在上面提到的那封信里也向您说了这件事，还拜托您寄个材料给我，说一下还剩多少本书在您那里。麻烦您写信告诉我，我的哪些短篇小说被您印了？有多少本正在卖？我们目前应该怎么办？彼·阿·谢尔盖延科正在谈判中。跟您说一下他在莫斯科的地址：鲁比亚恩卡，"别利维尤"饭店。他叫彼得·阿历克塞耶维奇。因为他受委派把全部的账目都要结算完，所以劳烦您给他寄过去一份材料。

发生的所有事情让我感觉就像是被一只从阳台掉下的花盆砸

---

① 俄国作家，信奉托尔斯泰学说。

到头一样。我很早就听到消息，说是马科斯打算买我的作品，然而我无论如何也想不到事情会发生得这么迅速，以至于我平白无故地一下子成了一名马克思主义者。

这也很清晰地说明，您那个想为知识界读者出版我的三个最新的短篇小说的想法破灭了。我还没有看过契约，但是谢尔盖延科通过电报跟我说，契约中提前说了，假如我以后想印自己的书，就要支付一笔巨额赔偿金，因此我认为这个契约就跟狗窝一样，狗窝中有一只凶狠的、毛厚且蓬松的老狗在窥探着。

在苏沃林的信中，他把谢尔盖延科当作掘墓人。

4月份的时候我在梅利霍沃。而且会在那里待整整一个夏天，秋天的时候我或许会去克里米亚。不管是在梅利霍沃，还是在克里米亚，我都盼望着您能来我家做客。因为您答应过我要来我家，所以我由衷地感谢您。您是我们家里最最期待的客人。4月份的时候我们再写信商量您来我家的事情吧！

您不要给我寄那些所谓的应该给作者的书，您只需要给我寄一本《妻子》、一本《命名日》、五本《第六病室》。若是您那里出了新书的话，麻烦您给我一块儿寄过来。

当我还在写《宝贝儿》时，我万万没想到列夫·尼古拉耶维奇会看它。感谢您，我怀着真诚的、激动的心情读了您信里写的列夫·尼古拉耶维奇说的话。

紧紧地握住您的手。祝您一切都好。祝福您有一个健康的身体并事事顺心。

致彼·彼·格涅季奇①

1899 年 2 月 4 日，雅尔塔

敬爱的彼得·彼得洛维奇，我先由衷地谢谢您写了篇文章来评论我的剧本。对我来讲这种喜悦是无法用语言表达的。艺术剧院的戏班子的成员也表示非常满足，您鼓励了他们，关于您的文章我接收了许多激情澎湃的信件。

不过谈起《普希金文集》，说实话，我不知该如何是好。我既没有现成的作品，现在又什么都不能写。我现在只能对卖给了马科斯的那个短篇小说进行修改，我只能读一些校样，因此大概不能马上就坐在这里写作，最起码不会比 4 月底早，那时我也将住在我在谢尔普霍夫县的家里。这里的环境并不适合写作，况且我的私人生活中又都是些这种事，导致我的注意力不集中，甚至连一篇短篇小说都写不出来。所以您看啊，任何明确的承诺我都不能轻易许给您。

您最近还好吗？我们已经很长时间没有见面了。我打算在 5 月底去彼得堡，不过那个时候您应该在南方吧？

祝您事事顺心，紧紧地握住您的手并再一次向您表达谢意。关于高尔基的《在大草原上》和《在木筏上》，我推荐您去看一

---

① 俄国剧作家、小说家。

看。不难看出，这个人才华横溢。尽管他粗鲁，不成熟，但是他才华超众。如果您没有时间的话，您可以只看《在大草原上》。

我把自己卖给了马科斯，价格是 7.5 万卢布。我和我的遗产继承人也会得到演出剧本的收入。以后作品出版了，每印张是 250 卢布的稿费；一印张的稿费是每五年增加 200 卢布。

《十万火急的信》已经根据地址顺利地寄过去了，梅尔佩特还给我寄来了一千个谢谢，还有个消息要告诉您：您的剧本已经开始排练了。

致伊·伊·奥尔洛夫①

1899 年 2 月 22 日，雅尔塔

敬爱的伊万·伊万诺维奇，您好！您的名叫克鲁托夫斯基②的朋友曾经来过我这里：我们一起聊了法国人，还聊了巴拿马，但是并不如您所愿，因为他在和我聊完政治以后，就去找那两位女乐师了，所以我没有机会把他带入雅尔塔熟人们的圈子里面去。这些事情发生在昨天，今天他又去了古尔祖夫。

我将一切都卖给了马克斯，包括昨天和明天，所以说我这一

---

① 俄国地方自治会医生。
② 园艺学家。

生都会是一名马克思主义者。在已经出版过的小说里面，每20个印张我可以获得5000卢布，五年以后我可以获得7000卢布，依此类推——每过五年都会增加一次，如此，等我95岁的时候，我可以获得一大笔钱。以我曾经写下的作品数目来看，我可以得到相应的7.5万卢布呢！因为我斤斤计较地提出各种条件，所以我和我的继承人将获得剧本的演出收入。不过，唉，我与王德尔皮利特之间还相差很远。我现在已经用完了2.5万卢布，剩下的5万卢布不能一下子都拿到手，还需要分成两年，所以现在还不是我炫耀富有和讲场面的时候。

最近没有发生什么特殊的新闻。而且我也很少写东西。我有一个之前没有在彼得堡和莫斯科演过的剧本，在下个戏剧季时将在小剧场上演。您看看，这也是一笔小小的资金收入。因为整个1月份和2月份的天气都很潮湿，所以我在阿乌特卡的房屋应该还没有开始建造。[……]我有一个在那里建造一座便宜的小房子的梦想，不过一定要建造成欧洲式的，这样冬天也可以住在里面。现在那里只有一个二层楼的小屋子，而且只适合夏天居住。

我的那份电报是关于鬼岛①的，也是纯私人的，不可以用来发表。这份电报让雅尔塔的许多人都在愤懑和抱怨。一个在这里长期居住的来自科学院的院士康达科夫因为这份电报特地对我

––––––––––––––––

① 契诃夫对雅尔塔的称谓。

说："我非常愤怒，也觉得可惜。"

"发生什么事情了？"我大吃一惊。

"我之所以愤怒和可惜，是因为发表这份电报的人不是我。"

的确如此。不是所有人都能承受得住冬季的雅尔塔这块牌子的。落寞、闲言碎语、心怀鬼胎和最卑鄙的污蔑。阿尔特舒勒在最初的时候就生活得很艰辛。那些敬爱的同行们都拼命地编造谣言伤害他。

在您的信中有一段文字引用了《圣经》。在信中您对省长不满意，对磨难表现出厌恶，那么我在回复您时也引用《圣经》中的一段文字吧：不要在魔鬼和人的儿子身上寄予希望……有一个说法我还要再提一句，是关于人类的儿子们的，也就是影响您正常生活的人们的说法：时代之子。不是省长做错了，而是那个所谓的知识界，我亲爱的先生，是知识界。当他们还在读大学的时候，我们当他们是正义善良的人，是希望，是俄国的将来，可当他们长大了，走上自己的人生道路了，我们的希望和将来就都没有了，筛选过后就只有医生、别墅的主人、饥不择食的官吏和沦为小偷的工程师。您可以在脑海中回忆，我们从大学里走出来的教授卡特科夫、波别多诺斯采夫、维什涅格拉茨基，他们并不是粗鲁的人，是教授，是有名的人……我对知识界不抱有任何信心，那是个假装善良的、弄虚作假的、狂悖无道的、傲慢无礼的、好逸恶劳的知识界，哪怕是身在那个世界中的人沉痛和埋怨的时候我也还是选择不相信，因为在他们的世界内部就有压迫着他们的人。我信仰着另一些人，在他们身上看到了生存下去的路，他们在俄国的各个地方，他们的身份要么是知识分子，要么是农民，可能他们人数并不多，但是非常有力量。公平公正的、能正确预知未来道路的人在我们的祖国几乎是没有的；这是因为我提到的那些人在社会上所起的作用太过微弱，并没有多大的优势，不过他们的工作倒是完成得非常出色。无论如何，科学并没有停止向前发展的脚步，社会也在不断进步，关于道德的问题也变得令人不安宁，等等，而且这里的所有行为都是与检察官、工程师、省长没有关系的，不管整个知识界还是其他的一切。

伊·盖·维特最近怎么样？现在科夫莱因也在这儿呢！他早就已经被安顿好了。科利佐夫的身体状况比以前好一点儿了。将您的手握紧，并祝您有个健康的身体、事事顺心、心情愉悦。请您回信给我！！

致阿维洛夫夫人

1899 年 3 月 9 日，雅尔塔

我不会出席作家代表大会。秋天，我将身处克里米亚半岛或国外——当然，前提是我活着而且自由。我打算整个夏天都待在谢尔普霍夫我自己的房子里。

顺便问一下，您在图拉省的哪个地区买的房子？在购买房产

后的头两年里，人会有一段艰难的时期，有时确实很糟糕，但是渐渐的，人会通过甜蜜的习惯而进入涅槃。我买了一处房产并进行了抵押，头几年我过得很艰难（饥荒、霍乱）。后来一切都进行得很顺利，现在想起我在奥卡附近有一个属于自己的角落，真是令人愉快。我和农民们和睦相处，他们从来不偷我的东西，当我走过村庄时，老妇人们微笑着在胸前画十字。我对除了孩子以外的所有人都用正式的称呼，而且从不对他们大喊大叫；但是对于建立我们之间的良好关系最有帮助的是医学。[……]

所以，夫人，这里有些东西像是给您的布道。您满意吗？

[……]

说到新作家，您把梅尔辛和很多其他作家放在一起。这是不对的。梅尔辛与众不同。他是一个伟大的、不被欣赏的作家，一个聪明的、有影响力的作家。[……]

您问我是否为苏沃林感到抱歉。当然了。他为自己的错误付出了沉重的代价。但是我一点儿也不为他周围的人感到难过……

致阿·马·彼什科夫（马·高尔基）
1899 年 4 月 25 日，莫斯科

敬爱的阿历克塞·马克西莫维奇，我没有收到半点与您有关的消息。您现在在哪里呢？您在干些什么事情？您计划以后要去哪里？

前天我去了列·尼·托尔斯泰的家，得知他对您很赏识，还夸奖您是一个"优秀的作家"。他喜欢的您的作品有《市集》和《在大草原上》，不喜欢的作品是《玛尔娃》。他是这样讲的："任何东西都能够虚构，但心理活动是不能虚构的，可是在高尔基的作品中经常可以看到虚构出来的心理活动，写的是从未亲身体验过的心理。"这就是他说的话。我跟他说，等您来到莫斯科的时候我们会一起去拜访他。

您打算什么时候来莫斯科？《海鸥》的演出定于周四，这场演出是因为我而举办的，并不是公开的演出。要是您来这边的话，我会给您留一张票。跟您说一下我的地址：莫斯科，小德米特洛夫街，舍什科娃家，14室（进出的地方在杰克佳尔内胡同）。我打算在5月1日以后去农村（莫斯科省，洛帕斯尼亚）。

我收到了一些来自彼得堡的信件，能感觉出写这些信的人情绪低落，像是在悔过自新。我也跟他们一样感到心情低落，因为实在不知道怎么样去给他们写回信，也不知道能为他们做什么。的确，假如生活不是心理虚构，那它真的很复杂。

您就随您的心情给我回一封信吧！托尔斯泰总是询问您的近况，他的强烈的好奇心被您给唤醒了。看上去，他被感动了。

行了，祝您身体健康，紧紧地握住您的手。向您的小马克西姆卡问好。

致阿·马·彼什科夫（马·高尔基）

1899 年 5 月 9 日，梅利霍沃

　　敬爱的阿历克塞·马克西莫维奇，我把斯特林堡①写的剧本《朱丽小姐》给您寄过去，希望您能看一下。看完后，请您把剧本交还给它的主人，邮寄的地址是：彼得堡，潘捷列伊莫诺夫大街，13/15，收件人是叶列娜·米哈伊洛芙娜·沙芙罗娃。

　　以前我喜欢拿着枪去追杀猎物，不过现在我并不喜欢这么做了。我已经看过了尚未布置场景的《海鸥》。我做不到镇定地对这场戏做出评价，因为海鸥演得并不好，甚至让人讨厌，她一直在抱头痛哭，而特利哥林（小说家）在舞台上一直转来转去，说台词的时候就像瘫痪了一样病恹恹的。他"并没有独立的意志"，演员把剧本里的这句话理解成了这个意思，让我看着都想呕吐。不过整体看来演得倒是可以，很扣人心弦。甚至在某一些地方，我都不敢相信是我能写得出来的。

　　我觉得很开心，因为我认识了彼得罗夫神甫②。我已经看到了一些关于他的情况。倘若 7 月初他能够到达阿卢什塔来，那么我们见面倒不是什么困难的事。不过我没有读过他写的书。

---

①　瑞典作家。
②　一名俄国神甫。

目前我居住在梅利霍沃的房子里。这里天气炎热，白嘴鸦发出响亮的鸣叫声，经常会有农民过来看我。我现在的生活并不单调。

我新买了一只金表，不过款式太一般了。

您何时能够来洛帕斯尼亚？

好了，祝福您身体健康、幸福开心。千万不要忘记我，哪怕只是偶尔写封信寄给我也可以。

若是您有写剧本的想法，那就动笔写吧，写完了寄给我让我看看。您开始写吧，不过在剧本写完之前您最好守住这个秘密，不然别人会打乱您的思路，坏掉您的心情。

紧紧地握住您的手。

致叶·米·沙芙罗娃
1899 年 5 月 9 日，梅利霍沃

尊敬的同行，我在 19 世纪 80 年代（也或许是 19 世纪 90 年代初期）的时候就已经看过《朱丽小姐》了，因此我对剧本的内容很了解，不过如今我还是饶有兴趣地又看了一遍。很感谢您，衷心地感谢！

请您谅解我，因为我没有征求您的同意就把这个剧本给小说家高尔基看了。他看完以后，就会把剧本寄给您。您情绪低落，还说自己一无所成——您这样子令我非常担心。

目前我在洛帕斯尼亚，居住在自己的屋子里。5 月底的时候

我即将前往彼得堡。

紧紧地握住您的手。祝您事事顺心。

那个翻译《朱丽小姐》的人是谁？要是您也可以翻译斯特林堡的短篇小说，并且成功出版，甚至出版上一卷，这样就太好了！这说明您是一个优秀的作家，是一种特殊的精神上的力量。

我把这封信寄到了潘捷列伊莫诺夫大街，13/15。如果我写上的地址是错误的，那就请您告诉我正确的地址。

致奥·列·克尼佩尔①

1899 年 9 月 30 日，雅尔塔

我依照嘱咐，立马给您写了回信。阿斯特罗夫和叶琳娜的最后一场戏份是您在信中询问过的。您说，阿斯特罗夫在这场戏里对待叶琳娜的态度就像对待处在热恋期的爱人一样，"他抓住了自己的感情，就像一个落水者抓住了一根救命稻草一样"。不过这是不正确的，完全不正确！阿斯特罗夫深爱着叶琳娜，他为叶琳娜美丽的容颜着迷，但他在最后一幕中明白了，他和叶琳娜是修不成正果的，对于他来讲，叶琳娜将再也不会出现。所以，他在这场戏里同叶琳娜交谈时的语气和他讲到非洲无比炎热时的语

---

① 莫斯科艺术剧院的演员，后来成为契诃夫的妻子。

气如出一辙，而他也仅仅是因为没有什么事情可以做才吻了叶琳娜。倘若阿斯特罗夫演这场戏时非常热情，那第四幕（平和且百无聊赖的第四幕）的氛围就会全部幻化成泡沫。

我让公爵给亚历山大·列奥尼多维奇带回去一本日本推拿书。让亚历山大·列奥尼多维奇用这本书让瑞典人开开眼界。

雅尔塔受到来自莫斯科的冷风的影响，突然变得寒冷了。哦，可爱的小演员。我多渴望能够去莫斯科！但是，您现在的心情是兴高采烈、蒙头转向的，根本就顾不上理会我。

现在的我正在写信给您，却忍不住时常望向那大大的窗户：窗户外面非常开阔，用笔墨根本就描绘不出这样的美景。啊，有蛇，在收到您寄给我的照片之前，我不会寄给您我的照片的。正如您在信中所言，我从来没有称呼过您"小蛇"。您的确是条蛇，不过并不是小蛇，而是一条大蛇。这句话难道不会令您感到喜悦吗？

信的内容就到这里吧，亲爱的，我握住您的手并向您鞠躬，鞠的躬很深以至于我的额头触到了地面。

我会很快给您寄过去礼品。

致格·伊·罗索利莫[①]

1899 年 10 月 11 日，雅尔塔

亲爱的格利戈里·伊万诺维奇，今天给拉尔采维契医生寄了

---

① 莫斯科大学教授、神经病理学者。

8卢布50戈比的照相费和5卢布的一年会费。我自己的一张差强人意的照片（是我在得小肠炎时拍的），我用挂号邮件寄到您那里去了。自传吗？我得了一种叫作自传恐惧症的毛病。读了一些和我自己相关的细节描写，特别是写了以后还要发表出来——对于我来说，这不吝于忍受一种酷刑。我现在在一张纸上写了几个日子，差不多什么说明都没有加上去，寄给您了，更多的我写不了了。假如您愿意，那么请您加上：在入学时我交给校长的申请报告上，我写了"进医学系"几个字。

您问我，我们什么时候可以再见。应该在春天以后。我现在在雅尔塔，在流放地，可能这是一个非常好的流放地，可是再怎么说它也是流放地。生活太无趣了。我的身体情况一般，并不是天天都很好。此外，我还有痔瘤和直肠卡他，所以时常会不舒服，因为我时不时要排泄大便，所以被折磨得痛苦不已。我应该马上做手术。

很可惜，我没有参加午餐会，没有机会和同学们见面。年级互助会——这件事情非常好，可是像我们文学家互助金融机关的互助基金部，我觉得是更具有现实意义，也更加好操作。因为每个去世会员的家庭都可以得到帮助，而只有在某个会员去世以后，才交纳新的会费。

夏天或秋天，您会到克里米亚来吗？这里是一个很好的休息的地方。顺道提一下，莫斯科省的自治会医生们非常喜欢黑海南岸。他们在这里过着安稳的生活，花销一般，每次都是带着满足的心情离开的。

假如有什么有趣的事情，请您给我写信。实话实说，我在这里觉得很枯燥，没有信件收时真的可以自尽，可以学会喝克里米亚的差劲儿葡萄酒，和丑陋又愚昧的女人住在一起。

祝您身体健康，紧紧握住您的手，代我问候您的家庭。

致奥·列·克尼佩尔

1899 年 11 月 1 日，雅尔塔

我理解你的心情，亲爱的演员，我非常理解你的心情，如果我是你，我可不会这么绝望。不管是安娜这个角色，还是这部戏本身，都不值得浪费这么多感情和精力。这是一出老戏。它已经过时了，而且有很多缺陷；如果超过一半的演员永远都无法真正合拍，那么自然是这出戏的错，这是一。第二是，你必须永远放弃对成功和失败的担忧。不要为这个担心。你的职责是日复一日地安安静静地工作，为不可避免的错误和失败做好准备——简而言之，做好你作为演员的工作，谢幕的次数就让别人去计算吧！写作或者表演，并且在这个时候意识到自己做的并不是应该做的事情——这是很平常的事情，对于新手来说是很有益的。第三，院长发电报说第二场演出很精彩，每个人都演得很精彩，他完全满意……

致阿·马·彼什科夫（马·高尔基）

1900 年 1 月 2 日，雅尔塔

亲爱的阿历克塞·马克西莫维奇：

祝您新年快乐！您过得怎么样？您感觉怎么样？您什么时候来雅尔塔？请给我写一封详细一点的信。我已经收到了照片，它很好，非常感谢。

还要谢谢您为我们照顾外地来的患者的事情操劳。把已经筹集到的钱和将要筹集到的钱寄给我，或者寄给慈善社的行政人员，都可以。

我的中篇小说已经寄给了《生活》。有没有告诉您，我非常喜欢您的小说《孤儿》，并把它寄给了莫斯科一流的朗诵者？莫斯科医学院有一位名叫福特的教授，他很擅长朗诵斯利普托夫的著作。我找不到比他更好的朗诵者了，所以把您的《孤儿》寄给了他。我有没有告诉过您，我有多喜欢您第三卷《我的旅伴》里的一个故事，它是和《在大草原上》一样的力作。如果我是您，我会从三卷书中挑出最好的东西，印成价格为一卢布一本的书——从作品质量和严整性来说，这本书的确非常出色。事实上，在这三卷书中，所有的故事似乎都混到了一起，虽然没有什么差的作品，但它给人的印象是，这三卷书不是一位作者的作品，而是七位作者的作品……

随便给我写一两行话吧！

致奥·列·克尼佩尔

1900 年 1 月 2 日，雅尔塔

您好，亲爱的女演员！这么久没给您写信，您生气吗？我经常给您写信，但您没有收到我的信，因为我们俩共同的熟人在邮局截获了我的信。

祝大家新年快乐。真心希望您幸福，向您鞠躬。愿您快乐、富有、健康。

我们过得很好，吃得很多，聊得很多，笑得很开心，还经常谈起您。玛莎回到莫斯科后会告诉您我们是怎样度过圣诞节的。

我现在不祝贺您《孤独的人》演出成功，我仍然梦想着你们都会来到雅尔塔，我将会看到舞台上的《孤独的人》，并且发自内心地祝贺您。我写信给梅尔霍德①，并在信中敦促他，扮演神经紧张的人时不要太激烈。您知道，绝大多数人都是神经质的：多数人痛苦，少数人感到剧烈的痛苦；但是您在什么地方——在街上和房子里——能看到人们流泪、跳起来、抱住他们的头吗？痛苦应该用生活中的方式来表达——不是用胳膊和腿，而是用语

---

① 当时艺术剧院的一名演员，在豪普特曼的《孤独的人》中扮演约翰尼斯。

气和表情；不是用手势，而是用优雅。受过教育的人心灵的微妙情感必须以外在的方式巧妙地表达出来。你会说——舞台有舞台的条件。不，没有条件容许虚假。

我的妹妹告诉我，您演得很精彩。啊，要是艺术剧院能来雅尔塔就好了！《新时报》高度赞扬了你们剧团。那里的策略有所改变；显然，在大斋节他们也会赞美你们。我的故事①，一个非常奇怪的故事，将出现在《生活》的 2 月号上。有很多的人物，也有风景，有一弯新月，还有远处的一只麻鸦，发出"呜呜！呜呜！"的叫声，就像一头被关在牛棚里的母牛。这个作品里面什么都有。

列维坦和我们在一起。在我的壁炉上方，他画了一个干草地上的月光之夜。草原，远处的森林，一轮月亮高高地悬挂在这一切之上。

祝您身体健康，亲爱的，优秀的女演员。我一直在怀念您。

您打算什么时候把您的照片寄给我？真是背信弃义！

致阿·谢·苏沃林

1900 年 1 月 8 日，雅尔塔

我的健康状况还不错。我感觉比去年好多了，但是医生不让

---

① 《在峡谷里》。

我离开雅尔塔。我厌倦了这个迷人的小镇，就像厌倦了一个讨厌的妻子一样。它治愈了我的肺结核，但也让我老了10岁。2月之前我无法去尼斯。我正在写一些东西，不久前我给《自然》写了一个很长的故事。我很缺钱，到目前为止我从马科斯那里得到的所有剧本的钱都花完了。

如果要用马科斯的论文来评判巴瑞丁斯基王子，我必须承认我对他不公平，因为我想象中的他和他完全不同。当然，他们会关停他的报纸，但他将长期保持他作为一个好记者的声誉。您问我为什么赛维尼·库里尔会成功？因为我们的社会已经筋疲力尽，仇恨已经把它变得像沼泽里的青草一样腐烂，它渴望新鲜、自由、光明——一种绝望的渴望。

［……］

我听见宣礼员在尖塔里呼唤。土耳其人非常虔诚，现在是他们的斋戒日，他们一整天都没吃东西。……

以下是著名作家契诃夫在他的小说《我的生活》中写的关于这个主题的文章①。铁路承包商是爱报复的人，拒绝他们一点小事，他们就会因此惩罚你一辈子——这是他们的传统。

谢谢您的来信，谢谢您的宽容。

---

① 信后附有一份打印的剪报。

致瓦·米·索博列夫斯基

1900 年 1 月 19 日，雅尔塔

亲爱的瓦西里·米哈伊洛维奇：

11 月我写了一个故事①，本打算把它寄给罗斯基娅·维耶多莫蒂，但是故事的篇幅已经超过了 16 页，我不得不把它寄到别的地方。然后，埃尔帕特耶夫斯基和我决定在新年前夕给您发一份电报，但是太匆忙太混乱了，我们错过了合适的时机，现在我给您送去我的新年祝福。请原谅我的许多过错。您知道我有多么爱您和尊重您，如果我们通信的间隔延长了，那只能怪外部原因。

我还活着，而且差不多痊愈了。我经常生病，但是每次都不会病很长时间；这个冬天我一次也没卧床休息过，尽管我病了，我还是四处走动。我比去年更加努力地工作，而且更加无聊……所有的常青树看起来都像锡做的，人们从中得不到快乐。人们看不到任何有趣的东西，因为他们对当地的生活毫无兴趣。

埃尔帕特耶夫斯基和康达科夫在这里。前者为自己建造了一座巨大的房子，高高耸立在整个雅尔塔之上，而后者则要去圣彼得堡接受他在学院的席位——并且很高兴去那里。埃尔帕特耶夫

---

① 《在峡谷里》。

斯基性格开朗、热情，总是精神饱满，无论天气如何都穿着夏天的大衣外出；康达科夫则是一个易怒的人，穿着一件皮大衣到处走动。他们经常来看我，和我谈论您。

［……］在俄罗斯所有温暖的地方中，最好的是克里米亚南海岸，这是毫无疑问的，不管他们怎么评价高加索的自然美景。

当你去沃什维兹坚卡时，请代我向瓦尔瓦拉·阿列克谢耶夫纳、瓦拉娅、娜塔莎和格列布致意。我可以想象格列布和娜塔莎长大了多少。如果你们现在都来这里过复活节，我可以看看你们所有人。请不要忘记我，也不要生我的气。我向您致以最诚挚的祝福。我热情地握住您的手，拥抱您。

致格·伊·罗索利莫

1900 年 1 月 21 日，雅尔塔

亲爱的格里戈里·伊万诺维奇：

［……］我寄给您一个挂号包裹，里面是我所有的似乎适合孩子们的东西——两个关于狗的故事。我想我没有其他类似的东西了。我不知道如何为孩子们写作，十年才为他们写一次，那些所谓儿童读物我不喜欢也不相信。孩子们只应该得到同样适合成年人的东西。安徒生的《护卫舰帕拉达》，还有果戈理的作品，都很适合儿童和成年人阅读。书籍不应该为儿童而写，但人们应该知道如何从为成年人写的东西中进行选择——也就是说，从真

正的艺术作品中进行选择。能够在药物中进行选择，并以适当的剂量给药，比因为患者是个孩子而试图为他发明一种特殊的治疗方法更直接。原谅这种医学上的比较。也许这与当时的情况是一致的，因为在过去的四天里，我一直忙着给我母亲和我自己看病。［……］

如果我写了什么，我会在适当的时候让您知道，但是我写的任何东西只能由一个人出版——马科斯！对于其他任何人出版的任何东西，我都必须支付 5000 卢布（每个签名）的罚款［……］

致奥·列·克尼佩尔
1900 年 1 月 22 日，雅尔塔

亲爱的女演员：

1 月 17 日，我收到了你母亲和兄弟、你叔叔亚历山大·巴甫洛维奇·伊凡诺维奇（签名：萨沙叔叔）和新索科洛夫斯基的电报。请代我向他们表示热烈的感谢，并表达我对他们真挚的感情。你为什么不写信？发生了什么事？还是你已经很着迷了？……嗯，没办法。愿上帝与你同在！

我听说 5 月份你会在雅尔塔。如果这件事解决了，你为什么不事先打听一下剧院呢？这家剧院是以租赁方式出租的，如果不和租户诺维科夫谈判，你是租不到的。如果你委托我，我也许会和他谈谈这件事。

17 号是我的命名日，也是我被选入学院的那一天，由于身体不适，我过得暗淡而沮丧。现在我恢复了，但是我母亲生病了。这些小麻烦完全带走了我对命名日或学院选举的所有兴趣和爱好，它们也妨碍了我在适当的时候给你写信和回复你的电报。母亲现在好多了。我有时会看到斯雷丁一家。他们来看我们，我很少去看他们，但还是去了……

你不给我写信，也不打算很快写信……x 是所有这些的罪魁祸首。我理解你！吻你的小手。

致费·德·巴秋什科夫
1900 年 1 月 24 日，雅尔塔

尊敬的费奥多尔·德米特利耶维奇：

罗什请我把《农夫》① 中被审查官删掉的段落寄给他，但没有这样的段落。有一章没有出现在杂志上，也没有出现在书里，这一章是农民们关于宗教和政府的谈话。但是没有必要把这一章寄到巴黎去，就像实际上根本没有必要把"农夫"翻译成法语一样。

我非常真诚地感谢您提供的照片；列宾的插图是我没有想到的，也是我没有梦想到的荣誉。如果能够得到插图原本，我会非

---

① 契诃夫的中篇小说。

常高兴。请告诉伊里亚·叶菲莫维奇①，我将迫不及待地期待他的到来，而且他现在也不能改变主意，因为我已经在遗嘱中写明要把原本赠给塔甘罗格市，顺便说一句，我就是在那里出生的。

您在信中提到了高尔基，顺便问一句，您觉得高尔基怎么样？我不喜欢他写的所有东西，但有些作品我特别喜欢，在我看来，毫无疑问，高尔基具有艺术家们通常具有的那种禀赋。他是真正的艺术家。他是个好人，聪明，有思想，而且体贴。但是他身上有许多不必要的压力——例如，他的方言土语……

［……］

非常感谢您的来信，感谢您记得我。我在这里很无聊，厌倦了这里，我有一种感觉，好像被扔到了海里，而且天气也不好，我身体也不好，仍然在咳嗽。祝您万事如意。

致米·奥·梅尼希科夫

1900 年 1 月 28 日，雅尔塔

亲爱的米哈伊尔·奥西波维奇：

我搞不清楚托尔斯泰得了什么病。切里诺夫医生没有给我任何答复，从我在报纸上读到的和您现在写给我的东西来看，我不能得出任何结论。肠胃溃疡会给出不同的指征：没有溃疡，就算

----

① 列宾。

有过也只是几条出血划痕，只是胆结石通过并划伤胃壁而出现的出血伤口。也不是癌症，一般情况下，癌症首先会表现在食欲上，最重要的是，如果他得了癌症，从脸上就能看出来。最有可能的情况是，列夫·尼古拉耶维奇健康状况良好（除了胆结石），还能再活 20 年。他的病把我吓坏了，使我紧张不安。我害怕托尔斯泰去世。如果他死了，我的生命中就会有一大片空白。首先，因为我从来没有像爱他那样爱过任何人。我不是一个有信仰的人，但在所有的信仰中，我认为他的信仰最接近我。其次，如果托尔斯泰还在文学界，那么作为一个文学家是轻松愉快的；即使认识到自己什么都没有做，并且永远不会做任何事情，也不是那么恐怖，因为托尔斯泰会代替大家做。他的活动是对文学的种种期望和信赖的保证。最后，托尔斯泰立场坚定，拥有巨大的权威，只要他还活着，文学中的不良趣味，各种粗俗，傲慢和悲哀，所有恼怒的虚荣就不会露头。只有他的道德权威才能使所谓的文学的情绪和倾向得到某种提升。没有他，他们就是一群没有牧羊人的羊群，或者说是杂乱无章的。

在结束有关托尔斯泰的话之前，我有一些关于《复活》的话要说，我没有零零碎碎地读过这本书，而是作为一个整体一口气读完的。这是一部非凡的艺术作品。最无趣的部分是关于聂赫留朵夫和喀秋莎的关系，最有趣的是王子、将军、阿姨、农民、囚犯、狱卒。那些描写彼得罗巴甫洛夫斯克要塞的司令官、招魂者和将军家的场面，我是带着一颗悸动的心阅读的——真是太好了！还有坐在安乐椅上的科尔查金夫人，还有那个农夫，费奥多西亚的丈夫！农民称他的老婆是"一个麻利的人"，其实托尔斯泰的笔才是最麻利的。这篇小说还没有写完，现有的东西不能称为结尾。

我絮絮叨叨说了这么久，您应该觉得烦了吧？等您到了克里米亚，我将专门采访您，之后发表在《每日新闻》上。现在很多人写托尔斯泰，就像老婆子们议论疯修士一样，满是一些装腔作势的疯话。

我已经连续两个星期不舒服了。我挣扎着。现在我坐着什么也不干，左锁骨下面贴着一张班蝥硬膏，我自己觉得还好。不是有一张班蝥硬膏贴在上面，而是有一块贴了硬膏以后留下的红斑。

我一定会把照片寄给您的，院士这个称号让我很是高兴，我很高兴发现西格玛现在正对我充满羡慕之情。假如在有了什么误会以后，我不再拥有这个称号，我会更高兴。而误会是早晚会发生的，因为那些学识渊博的院士们担心我们会冒犯他们。他们是迫于无奈才选托尔斯泰当院士的。照他们的说法，他是一个虚无主义者。最起码有一位太太、一位一等文官的太太是这样叫他的——为此我衷心地祝贺他。

我为什么收不到《星期周报》？我寄去的一份稿子——C. 沃斯克列夫先斯基写的《伊万·伊万诺维奇的蠢事》还在编辑那里保存着。假如这个作品无法发表的话，请寄回来。祝您身体健康，紧紧握住您的手，代我问候雅莎和莉吉娅·伊万诺芙娜。

致米兹诺夫

1900 年 1 月 29 日，雅尔塔

亲爱的里拉：

　　他们写信给我，说您长得很胖，变得很有尊严，我没想到您会记得我，给我写信。但是您还记得我，亲爱的，非常感谢您。您没有写您的健康状况：显然它不坏，我很高兴。我希望您母亲身体健康，一切都进展顺利。我几乎很好：不时生病，但不是经常生病，只是因为我老了——这和细菌没有关系。我现在看到一个可爱的女人时，会以一种老态龙钟的方式微笑，然后抿着嘴唇——仅此而已。

　　里拉，我在雅尔塔感到非常无聊。我的生活不是奔跑或流动，而是爬行。不要忘记我，无论如何要时不时地给我写信。在您的信中，就像在您的生活中一样，您是一个非常有趣的女人。我温暖地握住您的手。

致阿·马·彼什科夫（马·高尔基）

1900 年 2 月 3 日，雅尔塔

亲爱的阿历克塞·马克西莫维奇：

　　谢谢您的来信，您在信中谈了托尔斯泰和我从来没有在舞台上看到过的《万尼亚舅舅》，也谢谢您没有忘记我。在雅尔塔这个神圣的地方，没有来信几乎活不下去。整天无所事事，温度总是在冰点以上，没有一个有趣的女人，河滨大街上是一张张丑脸——所有这一切都可能在很短的时间内让人身体变坏，让人精疲力竭。我对此感到厌倦；在我看来，冬天似乎已经持续了十年。

您得了胸膜炎。如果是这样，您为什么还留在尼日尼？为什么？顺便问一下，尼日尼对您有什么好的？是什么胶水把您一直粘在那个小镇上？如果您喜欢莫斯科，为什么不住在莫斯科呢？莫斯科有剧院和其他所有的地方，而且，最重要的是，从莫斯科出国很方便。当您住在尼日尼的时候，您会待在尼日尼，再也不会去比瓦西苏尔斯克更远的地方。而您应该多看，多了解，拥有更广阔的视野。您富有想象力，对什么都会抓住不放，但它就像一个没有足够燃料的大烤炉。人们大体上能感觉到这一点，特别是在您的短篇小说中：您在一个短篇小说中总是呈现两三个人物，但这些人物是独立存在的，和人群没有关系；人们能够看到这些人物在您的想象中是鲜活的，但您只抓住了这些人物，却没有抓住人群。您的几个克里米亚短篇小说（例如《我的旅伴》）不在此列，在那些作品中除了人物外，还有一种他们所来自的人群的感觉，以及气氛和背景——事实上，一切都能感觉到。您看，我跟您说了很多，目的就是让您别留在尼日尼。您年富力强，吃苦耐劳，如果我是您，我会去印度和各种各样的地方旅行。我要攻读两个或两个以上学院的学位——我要，是的，我要！您可以笑我，但是我已经 40 岁了，哮喘和各种可怕的事情阻碍了我的自由生活，我确实觉得自己受到了不好的对待。无论如何，请做一个好伙伴和好同志，不要因为我像大祭司一样对您说教而生气。

给我写信。我很期待《福玛·高尔基耶夫》，这本书我还没有好好读过。

没有任何新闻。祝您健康，我热情地握住您的手。

致奥·列·克尼佩尔

1900 年 2 月 10 日，雅尔塔

亲爱的女演员：

冬天很冷，我身体不舒服，几乎整整一个月没有人给我写信了——我已经下定决心要出国，那里并不是那么枯燥无味；但是现在天气已经开始暖和起来，情况也好多了，我决定只在夏末去国外参加展览会。

还有你，为什么沮丧？为什么感到沮丧？你生活、工作、喝酒；当你叔叔给你大声朗读时，你笑了——你还想要什么？我就是另一回事了。我没有过充实的生活，我不喝酒，尽管我喜欢喝酒；我喜欢噪声，却听不见——事实上，我就像一棵移植的树，犹豫着是生根还是开始枯萎。我有时允许自己抱怨无聊，我也有理由这么做——但你呢？梅尔霍尔德也在抱怨他生活的乏味。哎，哎！

顺便说一下，关于梅尔霍尔德，他应该整个夏天都待在克里米亚。他的健康需要他这么做。只不过必须是整个夏天。

现在我又好了。我什么也不做，因为我打算开始工作。我在花园里挖土。小朋友们，你们写道，未来是神秘的。不久前我收到了你的长官涅米罗维奇的一封信。他写道，该公司现在在塞瓦斯托波尔，5月初在雅尔塔：雅尔塔将有5场演出，然后是晚间彩排。只有剧团里最有价值的成员才会留下来参加排练，其他人可以在他们喜欢的地方度假。我相信你是最有价值的。对导演而言，你是珍贵的；对作者而言，你是无价之宝。有一个双关语可以形容你。除非你把你的肖像寄给我，否则我不会再给你写信了。

感谢你对我婚姻的美好祝愿。我已经跟我的未婚妻说你打算来雅尔塔，让她少来一点儿。她说，如果"那个可怕的女人"来到雅尔塔，她会紧紧地拥抱我。我注意到，在炎热的天气里被拥抱这么久是不卫生的。她觉得受到了冒犯，陷入了沉思。过了一会儿，她说剧院是个恶魔，我不想再写剧本的意图是极其值得称赞的，并要求我吻她。对此，我回答说，我现在是一名学者，不应该如此随心所欲地亲吻。她突然大哭起来，我就走了。

明年春季，剧团将会在哈科夫，到时候我会去见你的，只是不要跟任何人提起这件事。纳德耶日达·伊万诺夫娜已经前往莫斯科。

致奥·列·克尼佩尔

1900 年 2 月 14 日，雅尔塔

亲爱的女演员：

这些照片非常非常好，尤其是你那张垂头丧气地倚在椅背上的照片，它让你有一种谨慎、悲伤、温柔的表情，这背后隐藏着一个小恶魔。另一张也不错，但它看起来有点像犹太女人，一个在音乐学院学习的非常有音乐天赋的人，但同时作为替补偷偷学习牙医学，并与莫吉廖夫的一个年轻人订婚，他的未婚夫是m——这样的人。你生气了吗？真的，真的很生气？这是我对你没有签字的报复。

我在秋天种下的 70 朵玫瑰中，只有三朵没有生根。百合花、鸢尾花、郁金香、晚香玉和风信子都从地里长出来了。柳树已经绿了。角落里的小座位旁边的草已经很茂盛了。杏树正在开花。我在花园里放了很多小椅子，不是大的铁腿椅子，而是木制的，我把它们漆成了绿色。我在小溪上架了三座桥。我在种植棕榈树。事实上，这里有各种各样的新奇事物，如此之多，以至于你都不知道这是座房子还是座花园。只是主人没有改变，它还是那个闷闷不乐的生物，是居住在尼基盖特①的天才的忠实崇拜者。

---

① 奥·列·克尼佩尔住在尼基盖特。

自秋天以来，我既没听过音乐、没听过唱歌，也没见过一个有趣的女人。我怎么能不忧郁呢？

我已经下定决心不给你写信了，但是既然你把照片寄来了，我就取消了禁令，你看，我正在写信。我甚至会去塞瓦斯托波尔，只是我重复一遍，不要告诉任何人，尤其是维斯涅夫斯基。我要隐姓埋名去那儿，我要在旅馆的登记簿上登记，布莱克菲兹伯爵。

当我说你像照片里的犹太女人时，我是在开玩笑。别生气，宝贝。因此，我亲吻你的小手，永远属于你。

致阿·马·彼什科夫（马·高尔基）
1900 年 2 月 15 日，雅尔塔

亲爱的阿历克塞·马克西莫维奇，您在《尼日尼小报》上发表的文章是我灵魂的慰藉。您是多么有才华的人啊！除了小说，我什么也不会写，而您却能够自然地驾驭杂志书评写作者的那支笔。起初我以为我非常喜欢这篇文章是因为您在里面表扬了我，后来发现斯列金和他的家人以及亚尔采夫对此都很满意。所以，您也可以写写政论文章。上帝保佑您！

为什么还不给我寄《福玛·高尔基耶夫》？我只读了一点点，应该一口气读完，就像我前不久读完《复活》的那种读法一样。除了聂赫留朵夫和喀秋莎的关系有些模糊和虚构之外，小说中的

一切都给人留下了有力、丰富和开阔的印象［……］

请您写信给他们，让他们给我寄《福玛》。

短篇小说《26 个和 1 个》是一部好作品，是《生活》这个浅显的杂志所发表的作品中最好的一篇。小说中有浓烈的地方特色，还可以闻到面包圈的味道。［……］

他们刚刚带来了您的信。所以您不想去印度？真遗憾。如果您以往的生活中曾经有过印度这个地方，有过漫长的海上航行，当您无法入睡时，您就有东西可以回忆了。出国旅行花费的时间很少，并不妨碍您徒步在俄罗斯旅行。

我感到无聊，不是从幸福的意义上来说，也不是从厌倦生存的意义上来说，而是因为缺少人，缺少我喜欢的音乐，缺少女人，雅尔塔没有女人。我也厌倦了没有鱼子酱和酸菜。

显然您已经放弃了来雅尔塔的想法，这让我感到很抱歉。莫斯科艺术剧院将于 5 月在这里演出 5 场，然后留下来继续排练。您来吧，在他们排练的时候研究舞台条件，然后在 5～8 天内写一部戏剧，我会全心全意地欢迎您写的剧本。

是的，我现在有权显示我已经 40 岁了，我已经不再年轻了。我曾经是最年轻的小说家，但是您出现之后，我立刻变得更有尊严了，现在没有人叫我最年轻的了。［……］

致奥·列·克尼佩尔

1900 年 3 月 26 日，雅尔塔

亲爱的女演员，你的来信给人一种忧郁的感觉，你情绪低落，非常不快乐，但不会持续很久——你可以想象，很快你就会坐在火车上，津津有味地吃着午饭。你能先和玛莎在一起真是太好了，我们至少有时间聊聊天，散散步，看看东西，喝点东西，吃点东西。但是请不要带着……

我没有新剧本，这是报纸上的谎言。报纸从来不报道我的真实情况。如果我真的开始写一出戏，我要做的第一件事当然就是告诉你这个事实。

这里风很大，春天还没有正式开始，但是我们都不戴手套和毛皮帽子到处走动。郁金香很快就要长出来了。我有一个漂亮的花园，但它杂乱无章，长满苔藓——是一个业余爱好者的花园。

高尔基来了。他对你和你的剧院赞不绝口。我会把你介绍给他的。

哦，天哪！有人来了。有客人进来了。再见了，女演员！

致奥·列·克尼佩尔

1900 年 5 月 20 日，雅尔塔

你好，迷人的女演员！近来可好？你感觉怎么样？我在回雅尔塔的路上非常不舒服①。离开莫斯科前，我头疼得厉害，体温也很高。我很邪恶，对你隐瞒了这件事，现在我没事了。

列维坦怎么样了？我对不知道他的情况而感到非常担心。如果你听说了，请写信给我。

保持健康快乐。我听说玛莎要给你寄一封信，所以赶紧写了这几行字。……

致玛·契诃娃

1900 年 9 月 9 日，雅尔塔

亲爱的玛莎：

我回复了你写的那封关于母亲的信。在我看来，她最好秋天就去莫斯科，而不是 12 月以后。你知道，她一个月后会厌倦莫斯科，渴望去雅尔塔，如果你秋天带她去莫斯科，她会在圣诞节前回到雅尔塔。在我看来是这样的，但也许我错了；无论如何，

---

① 契诃夫从雅尔塔回来后随艺术剧团去了莫斯科。

你必须考虑雅尔塔在圣诞节前比圣诞节后更加乏味——无限乏味。9 月 20 日之后，我很可能会在莫斯科，然后我们再做决定。我不知道从莫斯科去哪里——首先去巴黎，然后可能去尼斯，从尼斯到非洲。我会坚持到春天，整个 4 月或 5 月，那时我会再次来到莫斯科。

没有新闻。也没有雨，所有的东西都干了。我在家里，这里安静、祥和、令人满意，当然也很乏味。

《三姐妹》很难写，比我其他的剧本都难。好吧，没关系，也许下个季度会有所收获，顺便说一句，在雅尔塔很难写作：我被打断了，我觉得好像我没有写作的目的，我昨天写的东西，今天就不喜欢了……

好吧，照顾好自己。

我向奥尔加·列昂纳多夫娜、维什涅夫斯基和其他所有人致以最谦卑的问候。

如果高尔基在莫斯科，告诉他我在尼日尼给他写了一封信。

致阿·马·彼什科夫（马·高尔基）
1901 年 10 月 22 日，莫斯科

亲爱的阿历克塞·马克西莫维奇，自从我读了您的剧本①，

---

① 《小市民》。

已经过去五天了。我到现在还没有写信给您，因为找不到剧本的第四幕，我一直在等它，可还是没有等到。所以我只读了三幕，但我认为这已经足够评判这部戏了。正如我所料，这个剧本写得非常好，很有高尔基的风格，非常有趣；要说缺点，我注意到只有一个缺点，就像一个男人的红头发一样——这种形式上的保守主义。您让新的原创的人物按照旧乐谱唱新歌曲，您的剧本有四幕，许多人物进行说教，能够感觉出您害怕冗长的心情。但是所有这些都不重要，可以说，所有这些都被这部戏的精彩部分淹没了。毕尔契兴栩栩如生，他的女儿很迷人，达吉雅娜和彼得也是，而他们的母亲是一位光彩照人的老妇人。这出戏的中心人物尼尔刻画得活泼有趣！事实上，这出戏从第一幕开始就吸引了观众。上帝保佑您，除了阿尔乔姆之外，不要让任何人扮演毕尔契兴，也一定要让阿历克塞耶夫－斯坦尼斯拉夫斯基扮演尼尔。这两个人物正是我们所需要的，只是在尼尔这个奇妙的角色上，一定要多花一两倍的笔墨；用他来结束这部戏，让他成为主角。只是不要把他与彼得和达吉雅娜相提并论，让他独立，这些都是美好的、出色的人。当尼尔试图表现得比彼得和达吉雅娜更优秀，并且说自己是个好小伙子时，我们正派工人的特征——谦逊的特征——就消失了。他自夸，他争辩，但是就算没有这一切也可以看出他是一个什么样的人。让他快乐，让他在整个四幕中玩恶作剧，让他在工作之后大吃一顿——这就足以征服观众了。我重复一遍，彼得很好。［……］

致伊·阿·布宁[①]

1902 年 1 月 15 日

亲爱的伊凡·阿历克塞耶维奇，祝您新年快乐！我在这里给您拜年了，衷心祝愿您在新的一年里能够闻名海外，拥有一个可爱的女朋友，还有您买的三种公债券希望都能中奖，那 20 万卢布的奖金就全是您的了！

之前的一个半月，我一直在生病，但是现在似乎已经康复了，不过还是有一点咳嗽。我现在基本上没有什么在做的事情，一直在等待春暖花开。

我有没有写信跟您聊过《松树》的事情？当然先要谢谢您给我寄来了单印本，这个作品还是很不错的，题材非常新颖，但是内容有点过于紧凑了，就好像一道浓缩的清肉汤一样。

我非常期待您的到来，只希望您能快点来，我会非常高兴，一定要跟您紧紧地握个手，最后，祝您身体健康。

《南方评论》的约稿信我已经给过回信了，我倒是不反对，只是我近来并不准备写些什么，还希望他们能够理解。但是我写好了一定会立马给他们寄过去的，当然我对所有的约稿者都是这

---

① 俄国作家。

么回答的。

致康·谢·阿历克塞耶夫（斯坦尼斯拉夫斯基）

1902 年 1 月 20 日，雅尔塔

亲爱的康斯坦丁·谢尔盖耶维奇，我从信件中得知，作家们的肖像都并列挂在塔甘罗格图书馆的大相框中。看起来他们想把您也加进去，所以我觉得如果不麻烦的话，还请您寄一张陈列用的相片，目前不需要准备相框，后续如果有需要的话，可以再补寄。

读《小市民》的时候，我觉得主角无疑是尼尔，他既不是农民也不是作坊工人，而是一个有知识的工人，这是一个全新的角色。不过在剧本里对他的描写并不多，我认为丰满一下这个角色还挺容易的，并不会占用太多的时间。但是令人遗憾的是，高尔基应该不会看排练的。

还有一件事，第四幕（不包括结局）完成得不是特别好，因为高尔基没有看排练，所以也没有办法补救了。

紧紧地握手，对您以及玛利亚·彼得罗芙娜致以我最诚挚的问候。

致亚·伊·库普林①

1902 年 1 月 22 日，雅尔塔

亲爱的亚历山大·伊万诺维奇，写这封信是为了告诉您，列·尼·托尔斯泰已经读过您的中篇小说《在杂技团里》，他很喜欢您的作品，还请您按照下面的地址把书寄给他：塔夫里切斯省，柯列依斯，还希望您能在目录上标明您认为最优秀的短篇小说，方便他可以先从这些作品开始。您也可以把书寄给我，由我转交给他。

我会尽快把为《大众杂志》撰写的稿件给您寄过去，但是请您允许我先战胜"病魔"。

最后，祝您一切顺遂，身体安康。向维克多·谢尔盖耶维奇转达我的问好和敬意。

致奥·列·克尼佩尔

1902 年 1 月 31 日，雅尔塔

亲爱的小奥莉娅，你过得怎么样？我的日子过得平淡如水，但是我也不能过另一种生活［……］

---

① 俄国著名作家。

麻烦你把收据转交给维什涅夫斯基，并告诉他：钱已经交给出纳员了，收据是我昨天派人去取的，我也不知道是谁把书给送过去的。

值得开心的是，昨天托尔斯泰的病情有所好转，我又看见了希望。

海报以及对晚会的描写我都如数收到，真的感谢你，亲爱的。这事太有趣了，最让我发笑的角力士、卡恰洛夫的靴子和莫斯克温指挥的乐队，你的生活真是丰富多彩又有趣，对比之下我的生活就乏味得多。

最后，祝你健康，我心爱的。愿上帝与你同在。还有，不要忘记我，吻你，拥抱你。

有件事请你转告玛莎，妈妈已经能走路了，身体也已经痊愈，我是在 1 月 31 日用过茶后给你写的这封信，给玛莎的信是在早上写的，诸事顺利。

致奥·列·克尼佩尔

1902 年 2 月 13 日，雅尔塔

我心爱的小狗儿，因为天气突然转冷，所以我不去码头接你了，但是我会在书房里热烈迎接你的！之后我们会共进晚餐，然后彻夜长谈。

我昨天收到了苏沃林的信，还是挺意外的，说起来我们都三年没有互通书信了。这次来信，他指责了剧院，但是夸赞了你，毕竟如果连你也一起骂似乎不太合适。

叶卡捷琳娜·巴普洛芙娜①似乎已经动身去莫斯科了，如果没有演出安排，她应该会去看排练，她了解不少情况。

请你告诉奇列诺夫，我最近几日一定会给他写信，一定！其实没有什么好写的，不然我早就给他写信了。

信件到雅尔塔需要五天，并不是三天，所以今天，也就是我2月13日寄出的这封信你应该会在2月17日或是18日收到，这个你会知道的。所以，我明天会另写一份短信寄出，之后就不写了。或许再过几天，我就会尽到一个丈夫应尽的义务了。

你到了之后，不要跟我交谈关于吃什么的问题，这样的讨论一点意思都没有，尤其是在雅尔塔。玛莎走了之后，事情全都变了，还是按照玛莎来之前的老样子，当然也不可能是别的什么样子。

我最近在读屠格涅夫的作品，这位作家以后只会留下八分之一甚至十分之一的作品，其余的都是要进档案馆的，也许25～35年后就会这样了。难不成你曾经非常喜欢《闹钟》杂志的画家奇恰戈夫的作品？哎哟哟！

我想不通为什么萨瓦·莫罗佐夫会让贵族到自己家里去，这

---

① 高尔基的妻子。

些人吃饱了之后只会做一件事，就是嘲笑他，就好像嘲笑亚库梯人一样。如果换成是我，我肯定会把这些畜生用乱棍赶走。

我这里有香水，也有花露水，不过都不多。

吻你，我最心爱的，怎么看你都不够，我热切地期盼着你的到来。今天天气一点儿都不好，阴冷阴冷的，如果不是想到你，想到我最可爱的妻子，我应该会狂饮起来吧！

拥抱你，我挚爱的德国女人。

致奥·列·克尼佩尔

1902 年 2 月 28 日，雅尔塔

亲爱的妻子，你到家没有？我很担心你。你的脚伤，加上这恶劣的天气，让我今天一天都十分忐忑，只有收到你的信我才能放心。看在上帝的分上，请你尽可能详细地告诉我。亲爱的，你要给我写信。天气依然十分寒冷，此刻我脑海中浮现的是你冻得蜷缩起身体发脾气的样子。

快点来吧，我可不能没有妻子。

把信写得详细一点儿，你们去彼得堡演出的情况，以及演出是否成功，等等。要是你见到米拉留波夫，就告诉他，今天我收到了他的电报。

我在尼斯的时候认识了基尔什曼教授，我今天才得知，他的儿子去世了。

[……]

亲吻你，拥抱你，我的小狗。要记得我。

致奥·列·克尼佩尔

1902 年 3 月 11 日，雅尔塔

妻子，你好……李莉娜①不演了，真是遗憾……取代她的将是我的偶像蒙特。

我今天感觉不好，因为没有收到你的信。写信告诉我，李莉娜到底还演不演，她是什么情况。向包括聂米洛维奇在内的所有人问好，告诉他他的照片我已经收到了，谢谢。

今天的报纸上有一则非常奇怪的电文，是关于高尔基的。

我爱你，不管是现在还是将来，虽然你已经从一条狗变成了一只鳄鱼。送给你 1000 个吻。

致奥·列·克尼佩尔

1902 年 3 月 31 日，雅尔塔

亲爱的，我现在要去托尔斯泰那里。天气真好，你在彼得堡待够了吧？枯燥吗？冷吗？

――――――――

① 斯坦尼斯拉夫斯基的妻子，因病无法出演《三姐妹》。

有关名誉院士的事情，现在还没有任何决策下来，也不知道是什么情况，我也没听任何人说过，所以，我不知道应该怎么办。今天我要和列夫·尼古拉耶维奇就这个问题好好谈一谈。

高尔基的剧本演出大获成功？你们真是太厉害了！

好，再见，我的亲爱的。假如有什么需要的话，我会打电报的。假如我明天没有继续给你写信，这应该是最后一封了。

我身体很好，明天就不再补牙了。画家尼卢斯周三将开始给我画像，他和布宁是朋友。

好，妻子，再见！我们一定会在一起的，以后，直到 9 月或 10 月，我们都要一直在一起。

永无止境地拥抱你、亲吻你。

《野鸭》出洋相了吗？

致弗·加·柯罗连科

1902 年 4 月 19 日，雅尔塔

亲爱的弗拉基米尔·加拉克契昂诺维奇，我的爱人从彼得堡过来了，但是她的情况很不好，高烧 39℃，身体非常虚弱，周身疼痛，走路都做不到，她是被人从船上抬下来的，不过现在她的情况稍微好一些了。

我并不准备把声明交给托尔斯泰，我和他说起高尔基以及科学院的时候，他只回答了一句："我不觉得自己是院士。"说完他

就回到了书的世界里。我把声明交给了高尔基，也把您的来信读给他听了。我有种预感，5月25日的科学院应该开不了会，因为月初所有的院士就会陆续离开。而且我觉得下一次应该不会选高尔基，应该会反对他，给他投黑球。我迫切地想要和您面谈，您可以到雅尔塔来吗？5月15日之前我都会在这里，本来我也可以去波尔塔瓦找您，但是我爱人最近身体不是很好，可能还得休养三周，不然我们5月15日之后在莫斯科会面，在伏尔加河上或者在国外，都可以见面，您觉得怎么样？期待您的回信。

握手，紧紧地握手，祝您一切顺遂，身体健康。

我爱人向您问好。

致康·德·巴尔蒙特[①]

1902年5月7日，雅尔塔

亲爱的康斯坦丁·德米特里耶维奇，您给我写的信真是太愉快了，愿上帝保佑您。我依然活着，身体还算健康，而且还待在雅尔塔，并且会继续待上很长一段时间，因为我的爱人病倒了。我已经收到了《燃烧的大厦》和卡利杰隆作品第二卷，衷心表示感谢。我非常欣赏您的才华，这个您自然是知晓的，您的每个作

---

① 俄国翻译家、象征主义诗人。

品都能给我带来很多乐趣以及激动，可能跟我是个保守的人有关吧！

您夫人翻译的剧本我也都收到了，很早之前就收到了，我本人非常喜欢。我已经把剧本转寄给了艺术剧院。这个剧本顺应时势，但是有些刻意的严峻，可能相关机构不会允许出版。

真是太羡慕您了，您在有趣的牛津多住上一段日子吧，在那里工作，享受生活。偶尔也要想一想我们，想想我们还过着这样了无生气、枯燥乏味的生活。

祝您身体安康，愿天使护佑您，请您给我写信呀，哪怕只有一行字也是好的。

致阿·马·彼什科夫（马·高尔基）
1902 年 6 月 2 日，莫斯科

亲爱的阿历克塞·马克西莫维奇，我在莫斯科收到了您的来信。这是我到达这里的第六天。我是无论如何都去不了阿尔扎马的，因为我的妻子奥尔加得了很重的病，昨天整晚都很痛苦，她周围的人也痛苦了一夜。明天我会把她送到什特拉乌赫医生的医院，然后去弗拉采斯巴特疗养。

亲爱的，要给我写信，哪怕只有几句。地址是莫斯科，聂格

林大街，戈坦茨大楼。前几天我认识了一个普列维①的熟人，他跟我说您很快就会被解除监视，我不知道这消息是否属实，但是我觉得如果阿尔扎马那里有河流和花园，也是可以住一住的。

向叶卡捷琳娜·巴甫洛芙娜、玛克辛姆卡致意。紧紧握住您的手，拥抱您。有一个民间歌手昨天来我这儿了，今天还会来吃午饭，他是一个既有才气又有情趣的好人。

柯罗连科在我离开雅尔塔之前来探望我，我们进行了商谈，几天后就会向彼得堡递交辞呈。

致阿·马·彼什科夫（马·高尔基）
1902 年 7 月 29 日，留比莫夫卡

亲爱的阿历克塞·马克西莫维奇，您的剧本我已经读完了，真是一部非常棒的作品。第二幕可以说是最优秀、最能彰显功力的一幕，我读到这一幕，特别是快到结尾的时候，激动得都要跳起来了。整个剧本的风格比较沉重，情绪很沉郁，观众可能会因为接受不了而从剧院离开。但是对您来说，您可能要跟乐观主义者的名声说再见了，我的爱人准备扮演瓦西丽莎，那个浪荡又凶悍的女人。维什涅夫斯基在房间模仿那个鞑靼人的样子走来走去——他坚信这个角色就是他的。还有鲁卡那个角色，希望您千

---

① 当时的沙俄内政部长。

万不要让阿尔乔姆来演绎啊，如果是他的话，肯定还会按照老一套来表演，这样会令人厌倦的。但是如果是巡警那个角色，我相信他一定会表演得很好的，这才是属于他的角色。姘妇这个角色就交给萨玛罗娃吧！每个角色您都塑造得非常成功，这么棒的角色应该留给很有经验的实力派演员，就算是交给斯坦尼斯拉夫斯基也行。男爵的角色会由卡恰洛夫扮演。

几个最有意思的角色都被您从第四幕中引走了，当然不包括演员，最好不要因为这个出什么问题，这一点您还是注意一下。可能会有些人觉得第四幕既乏味又无用，况且您还把那几个非常有意思的角色引走，台上就只剩下几个水平一般的演员，而且演员的死也写得有些潦草，观众就好像吃了一记哑巴亏，事先也没有准备，突然就要看到这样的剧情，男爵怎么就来到了小客栈？为什么男爵会是他？这些问题都没有交代清楚。

8月10日我会独自前往雅尔塔，在月底之前重返莫斯科并且在那里一直待到12月份。不出意外的话，我会看到《小市民》，并且会观看新剧本的排练。不知道您能不能抽空来一趟莫斯科呢？即使只逗留一个礼拜也是好的。有消息说您会来莫斯科，有人在帮您安排这件事情。莫斯科正在打算把利阿诺佐夫斯基剧院改造成艺术剧院，工程一直在推进，本来预计在10月15日前竣工，但是连日来的暴雨耽误了工程的进度，11月底甚至12月都未必能够开始演戏，说起来那真是非常猛烈的大雨呢！

我现在住在阿里克赛耶夫位于留比莫夫卡的别墅里，整日都在钓鱼，这里有一条非常美丽的河，河水很深，水里有很多鱼。我现在整个人懒得连我自己都讨厌。

奥尔加的身体好多了，她向您问好，并致以最诚挚的敬意。请您代我向叶卡捷林娜·巴普洛芙娜、马克西姆卡和女儿问好。

列·安德烈耶夫的《思想》晦涩难懂，通篇都是矫揉造作的无用之词，不过他很有才气倒是真的。安德烈耶夫的才华就好像人造夜莺的鸣叫声，向来学不会朴素。但是斯基塔列茨就像一只麻雀，还是叽叽喳喳特别活泼的那种真麻雀。

反正，我们8月底应该会见面的。

衷心祝愿您身体健康。心情愉快。阿列克辛到我家来过，他对您的印象好极了。

烦请您给我回几句话，告诉我您已经收回了剧本。我的地址是涅格林内胡同，戈涅茨卡娅家。

您不用着急定下名字，您有充分的时间好好想一想名字。

致奥·列·克尼佩尔
1902年8月17日，雅尔塔

亲爱的，我终于顺利地回到了家，虽然风尘仆仆。我在轮船上遇到了很多熟人，海上风平浪静。对于我的归来，家里人都很高兴，他们还问起了你，因为我没带你回来而责怪我。我把你写的信给了玛莎，她读完之后一言不发，母亲也很不高兴……今天她们把信给了我，读完之后，我觉得十分窘迫。你为什么要骂玛莎呢？我可以向你保证，如果是母亲和玛莎向我发出回雅尔塔的邀请，一定是邀请你跟我一起回来，你的信很不讲理，但是用笔写下的东西，就算用斧头也无法砍掉……

虽然这里很好，但我也不想久留，我很快就会回莫斯科。

［……］

致奥·列·克尼佩尔
1902 年 9 月 18 日，雅尔塔

我最爱的夫人，这里夜里下了一场雨，早上我去花园散步的时候，到处都变得干燥而且沾满了尘土，就好像没有下过雨一样，但是我夜里还听见了雨滴的声音。天气不那么冷了，已经渐渐变得暖和。我的身体也有所好转，咳嗽少了很多。这里的乳脂伤胃而且饱腹感很强，我都没有吃过。总归，不用担心我，即便情况不是很好，但是也不可能更糟了。

今天我的心情一点儿也不好，因为左拉去世了。这真是太意外了，但是好像也特别不适时。虽然作为作家我并不喜欢他，但是作为人我还是很尊重他的，特别是最近几年我们经常一起讨论德莱福斯案件。

这样说起来，我们应该很快就会见面了，亲爱的小宝宝，我

要去你身边，我要一直住下去，我要住到你撵我走为止。毫无疑问，你肯定会嫌我烦的。如果你和奈焦诺夫①聊起剧本的话，你告诉他，我不给他回信是因为我们马上就要见面了，就这样告诉他。

我在信中对你说的话也和莫罗佐夫②说了一遍，说我现在很穷，没有钱投资，所以也不当股东了。因为有一笔本来可以收到的债款现在收不到了。

不要生气，这可不是你的风格，你要开开心心的，我心爱的夫人。吻你的额头、双手、脸庞、肩膀……

考季克在哪里？

母亲向你问好，她一直向我抱怨说你都不给她写信。

致奥·列·克尼佩尔

1902 年 9 月 20 日，雅尔塔

亲爱的，你好，你最近写的几封信都十分忧郁，就像修女一样，我真是迫不及待想要见你，我很快就回来。我重复一遍，我会一直待到你向外驱赶我，哪怕是住到 1 月份。母亲昨天告诉

---

① 俄国剧作家。
② 和契诃夫同为莫斯科艺术剧院的股东之一。

我，她将于 10 月 3 日离开雅尔塔……

明天阿尔特舒利尔大夫要来给我听诊，这是秋天以来的第一次，之前我总是拒绝他，现在有些不好意思拒绝了。他总是拿向你告状威胁我（天知道为什么这里的人总觉得你十分严厉，把我掌控在股掌之中）。……

致亚·伊·库普林

1902 年 11 月 1 日，莫斯科

亲爱的亚历山大·伊万诺维奇，我已经收到了《闲居》，而且已经读完了一遍，再次对您致以谢意。这真是一部优秀的作品，就跟《在杂技团里》一样优秀，我不带停顿直接读完了，而且觉得非常有趣。但是您让我提不足的地方，这可真是为难我了，因为这部中篇小说根本没有缺点。如果非要说的话，那也只是这部作品的一些特点。比如说，您处理人物——演员的手法还是老样子，就好像这百年来对演员的描写那样，并没有什么创新。其次，第一章里面您对人物外表的描写也沿用了老的一套，这样的描写其实没有也可以。五个特定人物外表的描绘会使人审美疲劳，而且也会使自身的光芒变得暗淡，演员们刮了胡子后都一个样子，就好像天主教的僧侣们都很相像一样，不管您用什么样的辞藻去描绘他们，他们还是相像的。最后一点意见，作品整体风格有些粗野，描述醉汉的时候没什么节制……

我能想出来的不足都已经说了，别的我再也想不到了。

　　请您转告您的妻子，请她放心，事情都会很顺利的，分娩会持续二十多个小时，但是之后就是幸福的巅峰，到时她应该会笑的，而您应该会激动得想哭。一般初次分娩的时间就是 20 个小时。

　　就到这里，先生，祝您身体健康。紧紧握住您的手。我这里有太多人来拜访了，我最近都有点昏头了，连写信都有些困难。艺术剧院是一个相当不错的剧院，虽然不是特别豪华，但是舒适度还是蛮好的。

致奥·列·克尼佩尔

1902 年 11 月 30 日，雅尔塔

　　我亲爱的开心果，我于昨天晚上抵达了雅尔塔。旅程十分顺利，车厢里一共才四个人。我喝了茶，喝了菜汤，还吃了你叮嘱我在路上吃的食物。越往南温度越低，到达塞瓦瓦斯托波尔时，我们遭遇了严寒和风雪……现在我正坐在桌子后面，给你，我的独一无二的妻子写信，感觉雅尔塔比莫斯科的温度还低。从明天开始，我就盼望着你的回信。求求你一定要给我写信，否则我会在这个寒冷的冬天感到寂寞……

致奥·列·克尼佩尔

1902 年 12 月 14 日，雅尔塔

我亲爱的，虚弱瘦小的小可怜，我的小狗儿，你一定会有孩子的，这可是医生说的，只要你把力量聚集在一起，儿子肯定会有的，他会把家里的碗盏都破坏掉，会紧紧拽着你的小狗儿尾巴，但是你看向他的目光却是满满的慰藉。

我昨天洗头发的时候有些着凉，今天头好痛，工作没有继续。我昨天第一次进城，一点儿都不觉得有趣，街上也没有美女，个个面容都不尽如人意，就连衣着都难以令人满意。

等我坐下来写《樱桃园》的时候，一定会写信告诉你的，我的小狗儿。我最近在写一个短篇小说，一个非常无聊的小说，我已经写腻了，反正对我来说它是非常乏味的。

雅尔塔的地面上已经长出了嫩嫩的绿草，没有雪的时候，满眼的绿色看着还挺顺眼的。

埃夫罗斯①给我寄来了信，让我写写对涅克拉索夫的看法，说是要刊登在什么报纸上面，真是令人心烦。但我还是得完成这个任务，其实我还挺喜欢涅克拉索夫的，有些莫名其妙的是，对于其他的诗人，我很乐于原谅他们的错误，但是对于涅克拉索夫

---

① 俄国记者、戏剧批评家。

我就做不到，我也是这么告诉埃夫罗斯的。

外面的风好大啊！

福姆卡要是现在来雅尔塔的话会被冻死的，不过可以把它放在车厢里面带过来，也许狗室里面很温暖呢！如果玛莎没有带它来，说不定维诺库罗夫·奇戈林会带它来吧，他是古尔祖地方的一位老师，今天才起身去莫斯科的。

你送我的小猪有只耳朵上面的颜色掉了。

我的爱人，愿上帝保佑你，你是最聪明的，就别使小性子了，也不要郁闷，你就经常想想你的丈夫我。你看看嘛，这世上还有谁像我这样爱你，而且你就只剩下我一个亲人了。这些你可别忘了，要时常记着。

抱你，吻你，吻你一千次。

亲爱的，你能不能写封详细点儿的信给我。

致奥·列·克尼佩尔
1902 年 12 月 24 日，雅尔塔

亲爱的老太婆……库尔金给我写来了一封信，内容是高尔基的戏，信的内容很好，我想把它誊抄一份寄给高尔基。在所有评论高尔基戏剧的文章里，我觉得这一篇写得最好，评价最高，其中还包含了很多有趣的意见。报纸上的剧评对你大加赞扬，说明

你演得正是火候。……

致奥·列·克尼佩尔

1903 年 2 月 7 日

我最爱的小狗儿，东西已经全部收到，除了你在信中提到的茶碗。还有丘明娜的诗我也还没收到。符·符·契诃夫是我父亲的堂兄弟——享有盛名的精神病医生的儿子，他自己也是一位精神病医生。我自己也对戈尔采夫纪念日的活动不满意，第一，活动没有把受庆祝的人选为俄国语言文学爱好者协会的名誉会员；第二，也没有以他名字命名的助学金……你知道吗？鲁扎附近的那些阅览室真是一塌糊涂，那里既没有看书的人，也没有可看的书，所有的事情都被禁止了。

奥·米·索洛维约娃给我送来了 19 条青鱼和 1 罐头的果酱，你见到她的时候，转达我对她的谢意，就说你很感动，青鱼也很好吃。你对玛莎说，我们这里昨天早上是 -6℃，今天早上也是一样，就只能待在火炉边，什么也做不了，这感觉太不好了。我今天没有收到你的信件，天气也不好，到处都是阴冷阴冷的，我身体没什么问题，我不会抱怨的。

苏沃林的《问题》在彼得堡反响不错，人们觉得里面的俏皮话就是来逗笑他们的，换句话说，这个老头儿最近行了大运。报纸上说你们剧院要准备复活节的第一个星期的演出，而且为了这事也派人去彼得堡忙活了，真是这样吗？你们真的能表演《在底层》吗？我认为书报检查机构现在在跟高尔基进行一场激烈的交锋，而且完全就是因为对高尔基的嫉妒和憎恨。本来书报检查机关的头目兹维列夫已经认为要失败了，他自己跟涅米罗维奇也说过这一点，但是现在突然引起了热度很高的讨论。

时间过得实在是太快了，我的胡须都变白了，我现在什么事都不想做，生活有时候是令人开心的，有时候是令人伤心的，最好到这里就结束吧，不能再继续想了。你送给我的小猪玩具就在我面前摆着，天天都是这样。不管发生了什么，我亲爱的夫人，你要给我写信啊，告诉我艺术剧院到底去不去彼得堡，去的话要去多久？我想知道这些是因为我准备先把剧本交给艺术剧院，之后再交给科米萨尔热夫斯卡娅，这个我之前还没告诉你呢！她想要在秋季或是冬季拿到一个剧本，所以我想知道在下个戏剧演出季的时候我能不能给她一个剧本，就算是在圣诞节后面也可以。

我的小狗儿，我让你心烦了，我知道的，你就原谅我吧，我马上就说完了。最后，让我吻吻你的小手，抱抱你，真是太冷了！

科米萨尔热夫斯卡娅那件事你跟涅米罗维奇说一下，怎么说也得给她一个答复啊！

致亚·伊·孙巴托夫-尤仁

1903 年 2 月 26 日，雅尔塔

亲爱的亚历山大·伊万诺维奇，很感谢您给我写信。就像您说的，评论高尔基是一件非常困难的事情，我也这么觉得，毕竟要做这件事的话，还得分析大量有关他的文章和谈话才可以。我并没有看过他的剧本《在底层》，也不是很了解。但是《我的旅伴》和《切尔卡什》都是非常优秀的短篇小说，从这两部作品就可以看出高尔基并非凡人。《福玛·高尔杰耶夫》和《三人》都不是什么上乘之作，我都读不下去。我认为《小市民》也不过是中学生的水准。但是高尔基的优秀之处不在于他的作品有多么受人喜欢，而是在整个俄国甚至在世界上，他是第一个用厌恶嫌弃的口吻描述小市民习气的人，并且是在社会都已经对这种抗议做好了准备的情况下开始讲的。不管是从基督教的角度还是经济学的角度，或者是任何其他的什么角度，小市民习气都是丑恶的，就好像河上的堤坝一样，它的存在就是为了停滞。流浪汉虽然爱酗酒，不文雅，但他们至少是可靠的，所以就算堤坝此时还没有被冲破，也已经出现了一个很严重的问题。我也不知道我表达得是否清楚。我觉得千年之后人们肯定不会记得高尔基的作品，但是他这个人应该不会被遗忘的。这是我个人的想法，或者说给我的感觉就是这样的，不过我也不一定就是正确的。

您在莫斯科吗？去尼斯和蒙特·卡洛了吗？我时常想起我们年轻的时候，那时候我们坐在一起玩儿轮盘赌。还有波塔片科，说到这儿我今天还收到了他的信，这个奇怪的人好像想要自己做杂志。

紧紧握住您的手，祝您身体健康，事事顺利。

致奥·列·克尼佩尔
1903 年 3 月 5—6 日，雅尔塔

亲爱的妻子，女演员，复活节的时候你能来雅尔塔一趟吗？我们可以共度良宵，给你好吃的好喝的，给你朗读《樱桃园》，再一起回莫斯科……亲爱的，你来吧，剧院一定会给你假期，要是你请不下来假，就让我来帮你请假。[……]

致奥·列·克尼佩尔
1903 年 3 月 19 日，雅尔塔

亲爱的女演员，你好，请原谅，我们的长期分居已经造成了一定的后果：我给普希卡列娃写了信，不知道这些信会造成怎样的后果，但你应该先祝贺我：她说会把她的剧本寄给我，早在 19 世纪 80 年代我就读过她的剧本，我给她回信说，让她直接把信寄给聂米洛维奇，不要寄给我。

我的身体还不错，只是有些不严重的咳嗽。我的精力旺盛，在花园或者书房工作。我很想你，想我们一起去瑞士和意大利旅游。去了国外之后，我们不但要尝遍美食，还要喝很多啤酒。一整个冬天我都没喝多少酒。

致奥·列·克尼佩尔

1903 年 3 月 23 日

亲爱的姑奶奶，我知道你因为地址的事情和我置气，你想让我相信你给我写过信，而且不止一封。你等我把你写给我的信带给你，到时候你自己就知道了，我们现在都别争论了，地址的事先不谈了，我已经冷静下来。信里还提到一件事，你说我又问你关于屠格涅夫剧本的事情了，还说这件事你都已经写信告诉了我，是我自己忘记了。我想说的是，我根本不可能忘记，你写给我的信，我每一封都看好多遍，问题的关键是我写信给你到你回信，来回最少要十天。屠格涅夫的剧本我就快读完了，我之前写信告诉过你，《乡村一月》这个剧本我并不是很喜欢，但是你们马上要表演的《食客》我还蛮喜欢的，这个作品完成得不错。……

一整个冬天我的痔疮都没有复发，现在的我就是一个正儿八经的九级文官。最近的天气真是太好了，繁花似锦，到处都是暖洋洋的，而且最近一直没有雨水，不知道植物们该怎么过。你在信上说，你要把我抱在怀里整整三天三夜，那我们要怎么吃饭喝茶呢？

我已经收到了涅米罗维奇的信，十分感谢他，但是我前不久才给他寄去了一封信，所以现在就不给他写信了。

就到这里吧，祝我的小狗儿身体健康，高尔基的事情我在信里和你说过了：他来过我这里，我也去过他那儿。他最近身体还挺好的。《未婚妻》那个短篇小说我手上也没有，所以没法寄给你，不过《大众杂志》上马上就会刊登的，你到时候就能读到了。其实这种小说我也写过，而且写过不少，你读着应该也没什么新的感觉。

可不可以把你倒立起来，然后抖几下，最后抱抱你，咬咬你的耳朵？可以吗，亲爱的？你快点儿写信告诉我，不然我要改叫你小坏蛋了。

致玛·契诃娃

1903 年 6 月 15 日，莫斯科

亲爱的玛莎，我终于在长途跋涉后回到了莫斯科，现在给你写信。我去了兹维尼哥洛特，那里很不错，教堂发出嘹亮的钟声，从高处远眺，波波夫卡视线不错，只是天气炎热，还有很多灰尘，这是我之前很少见到的景象。

齐娜依达·莫洛佐娃家在罗勃佐夫的旧庄园里，我在那里借住了两天两夜。

[......]

向母亲、老大娘、波尔和阿尔谢尼问好［……]

致谢·巴·嘉吉列夫①

1903 年 7 月 12 日，雅尔塔

　　我最敬爱的谢尔盖·巴普洛维奇，回信迟了点，因为我是在雅尔塔收到您的信的，并不是在纳罗福明斯克。前几天我刚刚到雅尔塔，应该会在这里待到秋天。读罢您的信我思考了很久，虽然您的邀请或者说是建议非常吸引我，但我还是不能给到您想要的答案。

　　恕我不能担任《艺术世界》的编辑，因为我没有办法一直住在彼得堡，杂志社也不可能因为我就搬到莫斯科，但是编辑这项工作也不能通过邮局或是电报来完成。如果只是做一个挂名的编辑，那又有什么意义呢？再者，就好比一幅画只能由一位画家完成，一个演讲只能由一位演讲家完成一样，我觉得一本杂志也只能由一个人编辑。我也不是什么评论家，杂志的评论版块恐怕也不能胜任。还有一个很重要的原因，我似乎没有办法和德·谢·梅列日科夫斯基共处一室。我们是两路人，他有着明确坚定的信仰，甚至到了要教训人的那种程度，但是我呢，早就没有信仰

---

　　①　俄国艺术学家。

了，对于那些有信仰的知识分子，我向来看不太明白。我很尊重德·谢·梅列日科夫斯基，他这样的人和文学家谁不尊重呢？如果让我和他同时拉一辆车的话，我们应该会朝着不同的方向用力。总之，可能我对事业的看法有偏差，但是我还是认为编辑只能有一位，确切地说，我认为《艺术世界》的编辑就只能是您，当然这都是我个人的想法，但是我应该不会改变想法的。

亲爱的谢尔盖·巴普洛维奇，您可千万不要生我的气，如果您再给《艺术世界》当上五年的编辑，您应该会同意我的想法的。一本杂志就好比一幅画或是一首长诗一样，应该只有一副面孔，人们应该感受到一个意志。一直到现在，《艺术世界》给我的感觉都是这样的，我觉得这样很好，应该一直保持。

紧紧握住您的手，祝您事事顺利。雅尔塔最近很凉快，天气并不热，我心情很好。

鞠躬，向您问好。

致符·伊·涅米罗维奇－丹钦科

1903 年 9 月 2 日，雅尔塔

亲爱的弗拉基米尔·伊万诺维奇，感谢您给我回信。遗憾的是我们对奈焦诺夫剧本的看法并不一样，第二幕中有些地方和《孤独的人》太过相似了。库波罗索夫这个角色塑造得也不是很匀称，但是这些都不重要。最重要的是剧本，剧本应该让人透过

它感受到它的作者。但是现在很多的作品都做不到这一点，这些作品就好像是工厂的机器制作出来的一样，但是在奈焦诺夫的作品中，我是可以感受到作者的。

您在信中说要转到小剧院去，我劝您还是放弃这个想法，您已经不习惯雷巴科夫和列什科夫斯卡娅了，不管他们怎么表演，您都觉得极不协调也不流畅。还是别去了，您就待在自己的剧院里面吧！

我的剧本（如果我还能像今天这样一直写下去的话）应该很快就可以完成了。您就放心吧，第二幕虽然有些难，但是写出来还是挺不错的，我这个剧本是喜剧。

我身体状况还行，没什么抱怨的。我希望冬天快些到来，到时候我会在莫斯科住一阵子。

祝您身体安康，万事顺遂。我的剧本里面，奥尔加将会扮演母亲的角色，还有一个十七八岁女儿的角色该由谁来扮演呢？我也拿不准，到时候应该就知道了。

躬身，问候您，拥抱您。

致斯坦尼斯拉夫斯基夫人

1903 年 9 月 15 日，雅尔塔

［……］我写给你的角色不是一个"卑鄙的伪君子"，而是一个非常好的姑娘，我希望你会对此感到满意。我差不多完成了这

出戏，但是八天或十天前我生病了，咳嗽和虚弱——事实上，去年的事情又发生了。现在——也就是今天——天气暖和了，我感觉好多了，但我还是不能写字，因为我的头很痛。奥尔加不会把这出戏搬上舞台，我会尽快把这四幕一起送去，这样我就可以安排一整天的工作了。这不是一部戏剧，而是一部喜剧，实际上是一部闹剧……

我不能参加你们的开幕式了，我必须在雅尔塔待到 11 月。奥尔加在夏天变得更胖更强壮了，她可能会在周日来到莫斯科。[……]作为一个作家，我必须观察女人，研究她们，因此，我遗憾地说，我不能成为一个忠诚的丈夫。我观察女人主要是为了我的戏剧，我认为艺术剧院应该增加我妻子的工资或者给她一笔养老金。[……]

致奥·列·克尼佩尔

1903 年 10 月 19 日，雅尔塔

亲爱的小马儿，我的宝贝，你好！我昨天一直在紧张地等着电报，所以没来得及给你写信。深夜的时候我才收到你的电报，今天早上又收到了符·伊①的电报，电文有 180 个字，真是谢谢了！我心里一直忐忑害怕，主要是怕第二幕的活动少，而且大学

---

① 符·伊·涅米罗维奇-丹钦科。

生特罗菲莫夫那一部分写得不是太明朗。特罗菲莫夫经常被流放，还被大学校方撵出去好几次，这要我怎么写得清楚啊！

亲爱的你帮我转告一声，我这儿没有上演的剧目，请他们寄一份给我。如果有计划之外的事情，那就不用寄了，请给我寄一刀手纸、一包牙粉、一叠信笺（不用太贵的），再寄点儿别的什么呢？我最近生活还不错，饮食也很好，昨晚上还吃了鲟鱼和炸牛肉，这些都不在玛莎的菜单上。我告诉玛莎，我的胃在渐渐变好，妈妈这几天自我感觉很好，最近天气也特别好，比之前的都要好。

我的剧本会上演吗？上演的话，具体什么时候呢？

我收到了康·谢①寄来的信，信的内容很坦率也很诚恳。《社会支柱》②会不会在这个季度上演呢？其实这个戏我还没有看过，不出意外我会在11月初抵达莫斯科。我的剧本会在高尔基的文集里发表，但是我现在还没想好该怎样避开德国人马科斯③。

有些敖德萨的报纸转述了我这个剧本的一些内容，但是全是胡说八道。

亲爱的小马儿，如果能洗个澡，花1000卢布我也愿意，我实

---

① 康·谢·斯坦尼斯拉夫斯基。
② 作者是挪威剧作家易卜生。
③ 德国书商马科斯，曾经收购了契诃夫所有作品的出版权。

在太想念澡堂了，我感觉我身上都要长蘑菇和蕨子了。

你找一个能帮我做皮大衣的裁缝吧！然后再买一个轻点儿的大衣皮筒。还有，我去莫斯科到底要带些什么，你单独找张纸写下来给我吧。你还得在信里告诉我谁会扮演夏洛达，难不成真的是拉耶夫斯卡娅①来扮演吗？如果真是她的话，那么这个角色将变成一个既古板又自命不凡的叶芙道克西娅，就不再是夏洛达了。

刚才我在《新时报》上面看到了演员罗索夫②对尤利·恺撒的评论，说他非常欣赏卡恰洛夫和维什涅夫斯基。真是奇怪，去年罗索夫还对艺术剧院嗤之以鼻。

米哈伊罗夫斯基和科斯佳来了，他们就在我这里。

致奥·列·克尼佩尔

1903 年 10 月 21 日，雅尔塔

最爱的小马儿，我有没有在信里告诉你我的失败：布罗卡洛夫粉打不出泡沫，我可是完全按照包装上面的说明来做的，但还是失败了。一开始我们以为是水多了，后来我们也不知道原因到底是什么。求求你教教我们吧，我实在不知道该怎么办了。

---

① 俄国女演员。
② 俄国演员。

莫罗佐夫人很好，但是也不用让他了解事实的本质。他只要站在观众的角度来评论剧本和演员就好了，主人或是导演的角度不太适合他。

今天我收到了阿历克塞耶夫①的电报，他夸我的剧本是天才之作，这可真是过誉了，而且也夺走了它可能会获得的一大半成功（一切顺利的话）。涅米洛维奇还没有把出演这个剧本的演员名单给我，我心里实在有些担忧。他之前发电报对我说：安尼雅跟伊丽娜②十分相像，我看他是想把安尼雅的角色交给玛丽娅·费奥多罗芙娜。但是安尼雅跟伊丽娜这么像，就好比我跟布尔贾洛夫③一样。安尼雅就是一个孩子，一个非常天真快乐的孩子，她并不了解生活，她只在第二幕中哭过，而且也只是眼含泪水。玛丽娅·费奥多罗芙娜会直接把安尼雅演成一个令人沮丧的角色的，再说她都已经老了。夏洛达又是谁来扮演呢？

我最近感觉还行，虽然一直都咳嗽，但是去年的这个时候咳嗽可比现在要严重得多。

11 月初我会到莫斯科，母亲随后也会到那里，她在这里寂寞得很。

亚历山大·普列谢耶夫会在彼得堡出版一个新的杂志，跟

---

① 康·谢·斯坦尼斯拉夫斯基。
② 两者分别是《樱桃园》和《三姐妹》中的人物。
③ 莫斯科艺术剧院的一名演员。

《戏剧和艺术》差不多类型的。这个人应该会比库格尔更加优秀。我预计在1月份的时候寄一部歌喜剧给他，让他发表，我本身也打算写一部荒诞的歌喜剧。

亲爱的，你能不能告诉我什么时候会排演我的剧本？快告诉我吧，别再折磨我了。你发来的电报好短啊，现在请写得详细一点吧。你应该知道的，我在这里就好像被流放一样。

我总是会回想起在亚昆奇科娃的白房子里过的那段日子，那真是一段惬意优哉但是又乏味无聊的生活呀，这样不成体统的日子可能以后都不会有了吧！那些人的生活纯粹就是为了享受：在家里跟加东将军见面，跟部长助理奥博连斯基公爵一起散个步。维什涅夫斯基不可能不明白这一点，他看这些人就好像看上帝一样。那里只有两个人令人尊敬：娜塔莉亚·雅克夫列芙娜和马克西姆。至于其他人……算了，我们不说这个了。

娜塔莉亚·雅克夫列芙娜说过给我盖一个小城的，但是她好像忘了这个承诺。

博尼耶夫人之前说要来莫斯科，她还为此专门定制了一套白色的裙装，准备留着去艺术剧院看戏的时候穿。

我什么时候能收到你寄来的信啊，我非常想知道我那个剧本的情况。如果你跟我一样住在这么暖的西伯利亚的话，应该就能明白我的心情了。但我现在对雅尔塔的生活也习惯了，在这里工作也得心应手了。

就说到这儿吧，我亲爱的小马儿，我可爱的匈牙利人，抱抱你，吻吻你。不要忘记了我可是你的丈夫，我可以打你、捶你的哦。

致符·伊·涅米罗维奇 – 丹钦科

1903 年 10 月 23 日，雅尔塔

亲爱的弗拉基米尔·伊万诺维奇，给你们剧院的是《三姐妹》，但是后来《每日新闻》上面又刊登了一篇短评，这件事让我和你都很郁闷。埃夫罗斯和我谈过这件事情，他和我保证不会再发生这样的事情。但是我又在报纸上面读到：朗涅夫斯卡娅和安尼雅在国外和一个法国人在一起生活。第三幕的剧情发生在一个旅馆里面，陆伯兴就是个有钱的坏蛋，诸如此类。你说我该怎么想，我可不可以怀疑你参与了进来？电报里我指的就是埃夫罗斯，本来我认为这件事就是埃夫罗斯一个人的责任。但是后来你在电报中把这件事全揽在自己身上，我就很疑惑，都不敢相信这是我看到的电报内容。你站在我的角度为我着想，我很难过，但是我更难过的是我们之间竟然会有这样的误会。现在最好的就是大家赶紧把这件事情忘掉。你帮我转告埃夫罗斯，我要和他绝交，还有，我在此请求你的原谅，我在电报里说的话有些过分了——事情到此就打住好吗！

今天我收到了我夫人寄来的信，是关于剧本的事情，热切地盼望着你的回信。唉！一封信竟要在路上耽搁四五天，真是太折

磨人了！

　　胃病折磨了我很久，而且我还咳嗽。最近我的肠胃好像在好转，但是咳嗽倒是没什么变化。我也不知道该做什么，到底要不要去莫斯科，其实我心里还挺想去看一下剧本的排练的。有些让我一直担心的：安尼雅可千万不要带着哭腔啊！（我也不知道你为什么觉得她像伊丽娜）也不要找太老的演员来扮演安尼雅啊！安尼雅在我的剧本里面一次都没有哭过，不管在哪里，她说话的时候都不会带着哭腔的。虽然第二幕的时候她眼睛里含着泪水，但是她说话的时候还是活泼欢乐的。你在电报里说剧本里有很多人在哭，在哪里哭？你为什么这么说？整个剧本只有华丽雅在哭，但是她本来就爱哭，她哭的话并不会让观众觉得沮丧。虽然"眼含泪水"这样的字眼儿经常出现在我的剧本里面，但是我只是用它来表达人物的情绪，并不是说真的在哭。第二幕里也没有出现墓地。

　　我的生活太寂寞了，听医生的话吃饭、咳嗽，有时候还会闹脾气，书也不想读了。我的生活就是这么孤独。

　　《社会支柱》我还没看，《在底层》和《尤利·恺撒》我都还没看。如果现在动身前往莫斯科的话，我还有整整一个礼拜的时间可以享受。

　　这边天气开始转冷了，好，祝你身体健康、心情愉快。别生气了。盼望你的回信，不是一封信，而是很多很多的信。

附笔：显而易见，剧本会发表在高尔基编的文集里面。

致奥·列·克尼佩尔

1903 年 10 月 25 日，雅尔塔

亲爱的小马儿，今天《克里米亚信使报》和《敖德萨新闻报》都转载了《每日新闻》上面的文章，估计今后还会有更多的报纸转载。如果我一开始就能预料到埃夫罗斯的荒诞行径会对我造成这么恶劣的影响，我肯定不会把剧本交给艺术剧院的。我现在感觉就好像有人往我嘴巴里灌污水，而且还往我身上浇。

涅米罗维奇答应给我寄的信我到现在都还没有收到，但是我现在也不期待了。可恶的埃夫罗斯做的事情完全破坏了我的心情，现在我整个人都笼罩在阴郁的情绪里，唯一的感觉就是情绪很不好，再也没有其他的感觉了。

叶卡捷琳娜·巴普洛夫娜和斯列金娜昨天来看我，米哈伊罗夫斯基也来过了。我之前给你写信的时候狠狠地批评了奇里科夫的剧本，但是现在看来我的评论说得太早了，这都要怪阿历克辛，是他先在电话里跟我说这个剧本不好的。我昨晚读了《犹太人》；其实剧本还算可以，没有特别之处但是觉得不算太差，应该可以打"3 +"。

不对，不管什么时候我都不想让朗涅夫斯卡娅成为一个平和的女人，她只有死去的时候才会平静。可能我没有明白你到底想

说什么。其实朗涅夫斯卡娅并不难扮演，只要在一开始的时候就把握住她的表演风格就可以了，得想象出她微笑和大笑时候的样子，还要会设计。好啦，你什么都会，只要你想，只要你身体条件允许。

我真的要和埃夫罗斯绝交了。

我最近的胃口还不错，你转告玛莎：阿尔谢尼的弟弟（厨房的人都叫他彼东卡）回来了，他暂时住在家里的厨房里。他真是一个很不错的园丁，亲戚朋友中有需要像他这样技艺高超的园丁的人吗？你对齐·格·莫罗佐娃说，他是训练班毕业的，而且是个不喝酒、很正派的年轻人，可以打理出一个非常棒的花园（应该是果园，不是花园）。问问她想不想要一个占地 20～30 俄亩的园子。我是说真的，你和她聊一聊。我敢保证，在这件事情上我还是比较在行的，这么好的机会让他们千万要抓住。

马科斯给我发了电报，让我不要发表《樱桃园》。

最近天上都被云遮住了，天气也开始变凉了。

斯列金排泄了不少蛋白质，这可不妙。之前对我做过检查，我倒没有这个问题。年年都要检查，但是今天似乎咳嗽更加频繁也更加严重了。

叶子还都安好地待在树上，还没有落下来。我买了鱼子、鲱鱼、鲳鱼，但是忘记买欧洲鳗鱼了。如果玛莎给奶奶寄皮鞭的话，请她一道寄些欧洲鳗鱼来。算了，不用不用，我就随口一说，欧洲鳗鱼我可以在屈勃的铺子里买一些。

好的，我的小马儿，爱你，吻你，拥抱你，多给我写信。

致奥·列·克尼佩尔
1903 年 10 月 30 日，雅尔塔

亲爱的小马儿，你快看我给你写信的纸是什么纸。我被选进了文学爱好者协会，这事让我有点迷糊。若是让我当主席，但怎么会是个临时主席呢？如果是临时的，期限到底是多久？还有一个最关键的问题，我都不知道这件事该谢谢谁，我应该给谁写感谢信。几天前我收到一个通知，信上的字写得不怎么样，落款是一个叫卡拉什的人，也不知道这个通知是不是在印好的表上写的，但反正不太正式。而且这位卡拉什的名字、父名我都不知道，我也不知道他的地址。什么都不了解，所以这封感谢信我也没法下笔。

如果由斯坦尼斯拉夫斯基来演戛耶夫也挺好的，但是真是这样的话，陆伯兴怎么办，谁来扮演呢？要知道陆伯兴可是一个很重要的人物，如果这个角色塑造得不好，那整个剧可能就毁了。也不是说陆伯兴就一定得演成商人。他本性是温和的，比起陆伯兴，布宁更适合皮希克那个角色。上帝与你们同在，千万不要让维什涅夫斯基演皮希克，如果他不想演戛耶夫的话，那么这个剧本里就没有别的适合他的角色了，你可以直接和他这么说。不然也可以这样：问问他愿不愿意试下陆伯兴？我可以写信跟康斯坦

丁·谢尔盖耶维奇交流一下，我昨天收到了他寄来的信。

《公民报》最近在批判艺术剧院，为了《尤利·恺撒》。

我非常乐意见到莫斯克温出演叶比霍多夫。但是卢日斯基演什么呢？

我应该好好想一下要不要去一趟莫斯科，不然涅米罗维奇可能会把角色交给安德烈耶娃或奥·阿历克谢耶娃，我知道他这么做都是出于政治考量。

最近真是好无聊啊，无心工作。天气多云阴冷，房间里有个火炉就好了。

现在看来，我这么快完成这个剧本毫无意义，我本来可以再多琢磨一个月的。

剪右手的指甲真不是一件简单的事情，妻子不在身边的日子真的好难熬啊！

你送给我的那件长褂我已经穿得顺手了，但是雅尔塔我还是有些不能接受。天气晴朗的时候倒还好，我现在已经明白了：这跟家里不一样。我现在仿佛就住在比尔斯克，你还记得吗？就是我们在别拉亚河上航行的时候路过的那个比尔斯克。

收到菊花了吗？还完整无损吗？要是坏了的话，我再托人给你带一些过去。

吻吻我的小虫子，希望你快乐。

致康·谢·阿历克塞耶夫（斯坦尼斯拉夫斯基）

1903 年 10 月 30 日，雅尔塔

　　亲爱的康斯坦丁·谢尔盖耶维奇，首先谢谢您给我写信，然后再谢谢您发来的电报。因为现在能收到信对我来说可真是太重要了。首先，我现在孤身一人；其次，三个星期之前我就已经把剧本寄出去了，但昨天才收到您的信，如果不是我爱人寄信给我的话，我真是一点儿消息都没有，我会在脑袋里想象各种各样的场景。我创造陆伯兴这个人物的时候，脑袋里想的就是您，我觉得您非常适合演陆伯兴。但是如果您不喜欢陆伯兴的话，那戛耶夫这个角色呢？陆伯兴虽然是个商人，却是一个非常正派的人，举止也很体面，是一个不庸俗也没有怪癖的知识分子一样的角色。而且我觉得作为剧本的中心角色，由您来扮演真是再合适不过了。如果您更喜欢戛耶夫这个角色的话，那么由维什涅夫斯基来扮演陆伯兴也可以。这样的陆伯兴可能没什么艺术鉴赏能力，但是也不至于沦为庸俗的角色。如果是卢日斯基演的话，应该会变成一个冷漠的外乡人，如果是列昂尼多夫演的话，应该会变成一个小富农。在选择陆伯兴扮演者的时候请不要忘了：陆伯兴可是庄重并且信仰上帝的，而且是华丽雅深爱着的人啊，华丽雅是不会爱上一个富农的。

　　我内心十分盼望去一趟莫斯科，但是我也不知道该怎么离开

这里。天气越来越冷，我都很少出门，感觉自己已经好久没有呼吸到新鲜空气了。我一直在咳嗽，让我感到惶恐的并不是莫斯科，而是漫长的旅途，在萨瓦斯托波尔开始，我害怕从 2 点坐到 8 点，更害怕这样的旅途是和一群无聊的人度过。

请您给我回信，告诉我您将扮演什么角色。我爱人在信中告诉我，莫斯克温想要出演叶比霍多夫，这还挺好的，对这个戏剧大有裨益。

帮我向玛丽娅·彼得罗芙娜转达我的问候，向她表达我的祝愿，祝您身体健康，心情愉快。

我到现在还没有看《在底层》《社会支柱》《尤利·恺撒》，我真的想读一读。

我现在不知道您的住址，所以信就寄到剧院了。

致奥·列·克尼佩尔
1903 年 11 月 1 日，雅尔塔

亲爱的小马，请原谅我有时候表现出的坏脾气。据说每个丈夫都会有坏脾气，我也不例外 [……] 请快点儿让我去莫斯科吧，这里的气候不错，但是我根本体会不到这里的美好，现在我最迫切需要的是莫斯科雨季带来的泥泞和恶劣的天气，我不能脱离戏剧和文学而生活。另外，我是个丈夫，必须见到我

的妻子 ［……］

现在的天气很像夏天。没有什么新闻。我现在什么都不写，就是在等你通知我，然后收拾去莫斯科的行李，去莫斯科，去莫斯科……这是"一个丈夫"的心声，而不是《三姐妹》在说。

［……］

致符·伊·涅米罗维奇－丹钦科
1903 年 11 月 2 日，雅尔塔

亲爱的弗拉基米尔·伊万诺维奇，今天收到了两封您寄来的信，真是太感谢您了！我已经很久没有喝啤酒了，上次喝还是在 7 月份的时候，蜂蜜我就更不能吃了，我一吃蜂蜜就会肚子疼。我们来聊聊剧本的事情吧！

（1）安尼雅的扮演者找谁都可以，就算不是有名气的大腕也没什么的，只要演员年轻有朝气，像一个女孩子，说话的时候声音洪亮又青春就可以了，这个角色并不是那么举足轻重。

（2）华丽雅的角色相对要正经一些，如果玛丽娅·彼得罗芙娜扮演这个角色的话就太棒了。如果不是她来扮演的话，这个角色的表现可能就有些平淡，也会让人觉得有些粗鲁。那样的话我可能得稍微修改一下剧本，让华丽雅再温柔一点。玛丽娅·彼得罗芙娜的表演不是重复老一套的，至于原因嘛，第一，她非常有

才华；第二，她和索尼雅①、娜塔莎②都不一样，这个人总是穿着黑色的衣裙，打扮得像个修女，有些傻气，还总会哭，还有很多原因。

（3）让康斯坦丁·谢尔盖耶维奇在戛耶夫和陆伯兴这两个角色里面选一个吧，就让他试一下。如果选定陆伯兴，并且演得很好的话，这出戏也就成功了。如果扮演陆伯兴的演员庸庸碌碌，表演空洞无力的话，这出戏也就算是毁了。

（4）皮希克最好能由格里布宁扮演。希望上帝听到我的声音，一定不要让维什涅夫斯基拿到这个角色。

（5）夏洛达挺重要的，这个角色不能给波米亚洛娃。也许穆拉托娃可以演好，但是应该不会太搞笑。这是留给克尼佩尔夫人的角色。

（6）如果莫斯克温愿意表演叶比霍多夫，那也可以。应该会呈现一个非常有趣的叶比霍多夫的。我一开始是想把这个角色交给卢日斯基的。

（7）阿尔乔姆扮演费尔思。

（8）哈柳京娜扮演杜尼雅莎。

（9）您在信中说你们那儿的导演助理亚历山德罗夫要扮演雅沙，如果他愿意的话那就让他来吧！如果莫斯克温来扮演的话应

---

① 《万尼亚舅舅》里的人物。
② 《三姐妹》里的人物。

该很不错，列昂尼多夫演的话我也不反对。

（10）格罗莫夫演过路人。

（11）火车站站长让一位男低音演员来演，在第三幕里他要读"满身罪恶的女人"。

[……]

为了写《樱桃园》，我筹备了三年，而且跟你们念叨了三年让你们邀请一位女演员来扮演柳波芙·安德烈耶芙娜的角色。你们现在摆纸牌卦吧，但是肯定算不出来。

[……]

我真是太想去艾尔米塔什饭馆吃顿饭了，一点儿鲟鱼再加上一瓶葡萄酒。我之前自己一个人喝过一瓶香槟也没喝醉，后来也试过白兰地，还是没有醉。

我现在躬身向您表达我的谢意，之后还要给您写信的。我在报纸上看到卢日斯基的父亲去世了，这是真的吗？

玛丽娅·彼得罗芙娜为什么一定要演安尼雅呢？还有玛丽娅·费奥多洛芙娜为什么觉得自己演华丽雅就更加高贵呢？她不是在《在底层》中也有份出演吗？算了，上帝会保佑他们的！拥抱您，祝您身体安康。

致康·谢·阿历克塞耶夫（斯坦尼斯拉夫斯基）

1903 年 11 月 10 日，雅尔塔

亲爱的康斯坦丁·谢尔盖耶维奇，第三幕和第四幕当然可以都使用带前室和楼梯的那个布景。总而言之，布景的事情我肯定听您的，这个您不用客气。每每坐在您的剧院里面，我总是非常惊讶，这真没什么好讨论的，随便您怎么做，结果总是好的，反正比我能想出来的东西好上百倍。

陆伯兴在台上的时候，杜尼雅和叶比霍多夫不会坐着，都是站着的。陆伯兴这个人有些散漫，就好像老爷一样，他跟用人讲话的时候都是说"你"，用人同他说话的时候用的都是"您"。

谢尔盖·萨维奇去日本了……因为《俄罗斯小报》的事情去的吗？如果想要寻找《俄罗斯小报》的读者，他可能得去月球上面找，因为在地球上不可能找到这样的读者。您读过他的剧本吗？如果说这次的日本之行是为了创作并出版一个关于日本的作品，这倒是不错，应该能丰富一下他的生活。

我到现在都还没有去莫斯科，说起来都是奥尔加的错，我都跟她说好了，她不来信让我过去，我是不会启程的。

握紧您的手，真的非常感谢您给我写信。

致符·留·基根－杰德洛夫[1]

1903 年 11 月 10 日，雅尔塔

给我最尊敬的弗拉基米尔·留德尔维戈维奇，收到您寄来的信和两本书，真是太让我意外了，十分感谢，文字都不足以表达我最诚挚的感谢。我打开《只是一些短篇小说》这本书之后就没停过，几乎是一口气读完了这本书。这本书里面有很多过去的故事，但是也有很多新鲜的事物，给人焕然一新的感觉，这种感觉非常好。今天我准备开始读《抒情短篇小说》。

我最近身体状况一直不好，正在慢慢老去，而且雅尔塔这个地方让我感到孤独郁闷，我觉得生活的热情一点一点从我身边流逝，但是作为一个文学家，我却看不到一点本应看到的东西。我明白：不管是生活还是人们，都在慢慢变好，变得更加聪明，更加正直，这才是关键，至于那些不那么重要的，在我的眼里都失去了鲜艳的色彩，只是一片灰扑扑单调的景象，这都是因为看得没有从前那样清楚的原因。

我读过纳克罗兴的《散文田园诗》，他确实很有才华，但是他停在了屋子旁边的小花坛和花园，没有勇气走进屋子里。还有您在信中提到的别热茨基，人们已经遗忘了他，这很正常。人们

---

① 俄国政论家、批评家、小说家。

也一并把伊·谢格洛夫（军事短篇小说作家）遗忘了。

希望您身体健康，心情愉快，您还是没有走进婚姻的殿堂？原因是什么呢？希望您不要介意我提出这样的问题，两三年前我结了婚，很开心，而且我觉得生活在向更加美好的方向发展。一般写夫妻生活的东西全都是胡说八道。

紧紧握住您的手。

再一次向您表达我的谢意!!

致康·谢·阿历克塞耶夫（斯坦尼斯拉夫斯基）
1903 年 11 月 23 日，雅尔塔

亲爱的康斯坦丁·谢尔盖耶维奇，一般割草都是在 6 月20—25 日完成的，这会儿秧鸡也不闹腾，青蛙也噤声了，但是黄莺还在歌唱。很早之前有墓园，现在都没有了。就是那种胡乱地立着几块墓碑的墓园，整个墓地就只有这些。桥，如果能加上一座桥肯定很好。火车，如果能够展示一下火车，同时还没有轰隆声或是别的噪声，能做到的话那您就去做吧！对于第三幕和第四幕使用同一个布景的事情我并没有意见，只要不影响第四幕上下场就好了。

我无时无刻不在期待我的爱人允许我前往莫斯科，但是我现在有些怀疑我的妻子在跟我耍滑头。

这里最近天气晴朗宁静，出乎意料的好。但是我只要想到莫斯科，想到桑杜诺夫澡堂，这里美好的一切似乎都变得单调之味，毫无用处了。

我现在坐在书房里守着电话机，这边都是用电话机转述电报内容的，我每分每秒都在等着让我前往莫斯科的消息。

紧紧握住您的手，躬身向您表达我的谢意，谢谢您给我写信，祝您身体健康，万事顺遂。

致亚·伊·库普林

1903 年 12 月 31 日，莫斯科

亲爱的亚历山大·伊凡诺维奇，祝您新年快乐。我听说您最近不幸感染了伤寒，请告诉我您的近况。

问候您的妻子和女儿，祝她们新年快乐。

紧握您的手，祝您健康。

致奥·列·克尼佩尔

1904 年 3 月 18 日，雅尔塔

可爱的小狗儿，你现在就告诉我：你何时出发去彼得堡，还得告诉我你出发之后的那几天我要把信寄到彼得堡的什么地址。说得对，你是不会给我发电报的，你舍得给所有的亲戚发电报，

但是对你的丈夫，法律认可的伴侣，你竟然舍不得20戈比，我看是我对你太好，都没有打你了。

奥斯特洛夫斯基不是我们的亲戚，他是我中学数学老师的儿子。他曾经向我借过15戈比，但是至今都没有还，从那时候他就开始来找我了，就连在彼尔姆的时候他也来过，但是我没有招待他，他一直声称自己是一个演员。

奥尔列涅夫①有份出演易卜生的《赎罪》，但是这个剧本不好，演员也不好，整个演出都糟透了，像是骗人的一样。伊万寄来的信我今天收到了，他在信中提到了察里津，看得出来他很喜欢这个地方。

你们那里温暖舒适，但是我们这儿冷得不像话，寒风刺骨。买床的事情你等等我，等我到了莫斯科我们一起去挑。

还有你的小狗露露，我一点消息都没有。你转告涅米罗维奇，《樱桃园》第二幕和第四幕的响声还应该更短，要比现在短得多，得让观众觉得这响声是从远处传过来的。什么大不了的事情，连这么点小事都弄不明白，我的剧本里明明就写得很清楚。

有萨沙舅舅的消息吗？他给我的地址是"满洲里军""寄满洲里军"，后面还有团的名字和军衔，给他寄信不贴邮票也可以。

你最近过得怎么样，我的小狗儿，你都没有想我吗？这到底

---

① 俄国知名演员。

算什么生活。算了，我祝福你，吻你，抱你，上帝保佑你。

皮靴挺好的，但是左脚莫名其妙有点儿紧。走路的时候皮靴总是笃笃地响。这皮靴让我觉得自己不像文化人，但是皮靴还是很好看的。

我是穿着礼服去戏院的。

致奥·列·克尼佩尔
1904 年 3 月 29 日，雅尔塔

［……］亲爱的，你说我在生你的气，可我为什么生气呢？你可以生我的气，我却不可以生你的气。愿上帝保佑你。

3 月份的时候，鲁鲁和克·拉去看了《樱桃园》，两个人一致认为在第四幕中，斯坦尼斯拉夫斯基表现得并不好，十分拖沓。这真是太可怕了！这一幕充其量只有 12 分钟，你们演出来的却有 40 分钟。说斯坦尼斯拉夫斯基毁掉了我的戏也不为过。

致亚·瓦·阿姆菲捷阿特罗夫
1904 年 4 月 13 日，雅尔塔

亲爱的亚历山大·瓦连京诺维奇，在此向您叩首，表达对您的感谢之情，谢谢您给我写信，还有两篇评论文章。这两篇文章我都非常满意，不瞒您说我读了两遍。这两篇文章唤醒了我心里尘封许久，久到快被我忘掉的一些东西，感觉您就像我的亲人或老乡，我的记忆里生动地浮现出《闹钟》纪念活动的场景，那次活动中我和您一起站在库列平和基切耶夫①的旁边，帕谢克②把电话筒放在耳边。感觉好像这场活动距今已经 100 年甚至200 年了……还有一件事。我把《闹钟》纪念活动出的专刊保存在我的档案室里，如果您到雅尔塔的话，我肯定把这个找出来给您看。

如果您来雅尔塔的话，请务必一到这里就给我打电话告诉我，请让我享受这样的乐趣。我再说一遍，我真的很想和您见面，您千万不要忘了。如果您在 5 月 1 日之后从彼得堡离开去莫斯科并且在那里逗留一两天的话，我们就在莫斯科找个饭店见面谈一谈。

我近来不常写作，大多都是在读，经常读的就是我订阅的《罗斯报》。今天读了"知识"出版社出版的《文集》，还读了高尔基撰写的《人》，我个人认为这跟青年神甫的说教非常像。这个神甫没有蓄须，声线低沉，还带有浓重的乡音。我还读了布宁的《黑土》，这是一篇非常优秀的短篇小说，有的部分相当出彩，建议您能留意一下这个作品。

---

① 俄国新闻记者，也是撰稿人。
② 《闹钟》杂志的一名撰稿人。

昨天，一位热爱生活的青年作家从符拉迪沃斯托克给我寄来了一封信，在去符拉迪沃斯克的路上他一直都很兴奋，但是之后他被突然袭来的绝望彻底包围了。

　　对您和伊拉莉·符拉其米罗芙娜致以最诚挚的问候，再一次向您表达我的谢意。握紧您的手。

致鲍·阿·萨多夫斯基
1904 年 5 月 28 日，莫斯科

最尊敬的鲍里斯·亚历山大洛维奇：

　　现在把您的长诗寄还给您。在我个人看来，从形式的角度来看，这篇长诗很好，可是您知道的，我并不太擅长长诗，不太懂这个。

　　至于诗的内容，诗中没太大说服力。就像您的麻风病人说：打扮时尚的我站在一边，不敢望向窗外。

　　我不明白，麻风病人为什么要穿着时尚的衣服？为什么他不敢望向窗外？

　　总体来说，在您的主人公的举动中时常没有逻辑性可言，而在艺术中，也正如同生活中一样，都是必然的东西。

　　祝您一切都好。

致玛·契诃娃

1904 年 6 月 6 日，星期日，柏林

我在柏林给你写信，我已经在这里待了 24 小时了。你走了以后，莫斯科变得非常冷；我们这里下雪了，很可能是因为下雪，我才感冒的。我的胳膊和腿开始出现风湿性疼痛，晚上睡不着觉。我瘦了很多，注射了吗啡，吃了成千上万种药，除了阿尔特舒勒曾经给我开过的海洛因以外，没有一种值得我满怀感激。

星期四，我出发去外国。我们旅途愉快。在柏林，我们在最好的酒店里订了一间舒适的房间。我很喜欢待在这里，已经很久没有这么好地吃东西，也没有这么好的胃口了。这里的面包很棒，我吃得太多了。咖啡好极了，晚餐无法形容。没有出过国的人都不知道好面包是什么意思。这里没有像样的茶（我们自己带了），没有开胃小吃，但其他的都很棒，而且比我们这里便宜。感觉我已经好多了，今天我甚至在蒂尔加滕开了很长时间的车，虽然感觉有点儿冷。请告诉妈妈和所有对我感兴趣的人，我正在好转，或者确实已经好转了；我的腿不再疼痛，我没有腹泻，我开始变胖，我整天站着，而不是躺着……

致玛·契诃娃

1904 年 6 月 12 日, 巴登威勒

我已经在这里定居三天了,这是我的地址——德国,巴登威勒,弗雷德里克别墅。像这里所有的房子和别墅一样,弗雷德里克别墅坐落在阳光普照的繁茂花园里,阳光照耀着我们,温暖着我们,直到晚上 7 点钟(之后我才进屋)。我们在这所房子里住宿,每天的费用是 14~16 马克,我们住的是一间充满阳光的双人房,里面有洗衣架、床架等,还有一张写字台,最棒的是,里面还有像苏打水一样好喝的水。总的印象是:一个大花园,花园对面的山上是一个森林,人很少,街道上几乎没有动静。花园和花得到了极好的照料。但是今天已经开始下雨了;我坐在我们的房间里,开始觉得,再过两三天,我就要想办法逃走了。

我仍然吃大量的黄油,但没有任何效果。我不能喝牛奶。这里的医生施沃勒娶了一个莫斯科女人,结果证明她人很好。

我们也许可以从的里雅斯特或其他港口经海路返回雅尔塔。……不管怎样,我在这里学会了如何进食。咖啡对我来说是绝对禁止的,我开始逐渐吃鸡蛋。哦,德国女人的穿着真糟糕!

我住在一楼。要是你知道这里的太阳是怎么样的就好了!它不会灼伤我,而是爱抚。我有一把舒适的矮椅子,可以坐或躺。

我一定会买这块表的，我没有忘记。妈妈怎么样了？她心情好吗？给我写信。代我向她问好。奥尔加要去看牙医。

致玛·契诃娃

1904 年 6 月 16 日

我住在德国人中间，已经习惯了自己的房间，但永远无法适应德国的和平与安宁。房子里外一点声音都没有，只有早上 7 点钟和中午的时候，花园里才有一支乐队在演奏。……

我的健康状况有所改善。我现在几乎想不起来我生病了，我的哮喘好多了，没有什么疼痛。我的病留下的唯一痕迹是极度消瘦，我的腿从来没有这么瘦过。德国医生改变了我的一生。早上 7 点钟，我在床上喝茶——不知为什么，一定是在床上；7 点半，一个德国按摩师来给我做全身按摩，这看起来一点儿也不糟。然后我不得不躺一会儿，8 点钟起床，喝橡子可可，吃大量的黄油。10 点钟喝燕麦粥，味道很好，不像我们俄罗斯的。这里空气新鲜，阳光明媚，我会读一会儿报纸。根据德国医生的处方，在一点钟吃饭时，我不能品尝任何东西，只能吃奥尔加为我选择的东西。4 点钟，又是可可饮料。7 点钟吃晚饭。睡前喝一杯草莓茶——这是安眠药。这里有很多江湖骗术，但也有很多真正好用的东西——比如粥。我要从这里带些燕麦片过来。

致玛·契诃娃

1904 年 6 月 28 日

　　这里开始变得非常热。酷热让我措手不及，因为我这里只有冬装。我喘不过气，梦想着离开这里。但是去哪里呢？我想去意大利的科莫湖，但是那里的每个人也都在逃避炎热。欧洲南部各地都很热。我想从的里雅斯特坐轮船去敖德萨，但我不知道 6 月和 7 月能否实现这个梦想……即使天气很热也没关系，我可以穿法兰绒西装。我得承认，我有点儿害怕火车旅行了。现在火车上闷得要命，特别是我有哮喘病，一点儿小事都会加重病情。此外，从维也纳到敖德萨也没有卧铺车厢，那会很不舒服……天太热了，我不想穿衣服，不知道该怎么办。奥尔加去弗列堡给我订了一套法兰绒西装，巴登威勒这里既没有裁缝也没有鞋匠。她把杜沙尔裁缝给我做的衣服拿去当作样板了。

　　我非常喜欢这里的食物，但它似乎不适合我，我的胃经常不舒服。我不能吃这里的油。显然我的消化系统完全坏了。除了禁食——也就是什么都不吃——几乎不可能通过任何方法治愈这种病。治疗哮喘的唯一方法就是静止不动。

　　没有一个穿着得体的德国女人。缺乏品位使人沮丧。

　　祝你健康和快乐。代我向妈妈、万尼亚、舒尔仁、老大娘和其他所有人问好。写信给我。

　　我亲吻你，紧握你的手。

契诃夫简介

1841 年，一个俄罗斯贵族的农奴按每个人 700 卢布的价格，一共用 3500 卢布换取了他和家人的自由，而他的一个女儿亚历山德拉免费。这个农奴的孙子是作家契诃夫，贵族的儿子是托尔斯泰的朋友切尔特科夫。

对于一个俄罗斯人来说，这没有什么值得注意的，但是对于一个英国学生来说，这就足够重要了，原因有几个。它说明了革命前俄罗斯受过教育的中产阶级是如何成长的，也许更重要的是它表明了俄罗斯人民的同质性，以及他们完全改变整个生活方式的能力。

契诃夫的父亲帕维尔·耶戈罗维奇一开始是个农奴，但他对艺术更敏感，比农奴主的儿子更文明，更热爱心灵的东西。帕维尔·耶戈罗维奇热爱音乐和歌唱；当他还是一个农奴的时候，就学会了拉小提琴。在他获得自由几年后，他定居在塔甘罗格的一个小镇，在那里开了一家"殖民地商店"。

在通往弗拉季高加索①的铁路建设之前，商店一直运营良好，而这条铁路大大削弱了塔甘罗格作为港口和贸易中心的重要性。但是帕维尔·耶戈罗维奇其实并不在意他的生意，他积极参与镇

---

① 俄罗斯的城市。

上的一切事务，致力于教堂歌唱，指挥唱诗班，演奏小提琴和绘画。

1854 年，帕维尔·耶戈罗维奇与叶夫根尼亚·雅科夫列夫娜·莫罗佐夫结婚。莫罗佐夫是一位受过良好教育的布料商人的女儿，这位商人在经商期间游历了俄罗斯一段时间后，定居在塔甘罗格。

帕维尔·耶戈罗维奇一共有六个孩子，其中五个是男孩，安东是家里的第三个儿子。这个家庭是当时常见的那种普通的父权制家庭。这位父亲非常严厉，在一些特殊情况下甚至惩罚他的孩子，但他们都生活在温暖和深情的环境中。每个人都起得很早，男孩们要去高中，回家后还要学习。他们都有自己的爱好。大哥亚历山大·巴甫洛维奇会制造电池，二哥尼古拉会画画，弟弟伊万会装订书籍，而安东则总是写故事。晚上，当他们的父亲从商店回家时，他们会有合唱或二重唱。

帕维尔·耶戈罗维奇把他的孩子们训练成一个正规的合唱团，教他们即兴演唱音乐，拉小提琴，同时，他们有一个钢琴音乐老师。还有一位法国家庭教师来教孩子们学习语言。每个星期六，全家人都去参加晚祷，回来的时候唱赞美诗，烧香。星期天早上，他们很早就去做弥撒，之后他们在家里合唱赞美诗。安东必须背诵整个教堂礼拜仪式，并与他的兄弟们一起唱。

契诃夫一家与其邻居的主要区别在于他们在家里唱歌和举行宗教仪式的习惯。

虽然孩子们常常代替父亲在店里工作，但他们有足够的空闲来享受生活。他们有时整天出海钓鱼、打俄罗斯网球、到乡下的祖父家去远足。安东是一个健壮、活泼的男孩，极其聪明，仿佛有讲不完的笑话。他总是表演和模仿。还是孩子的时候，他就和兄弟开始表演果戈理的《监察长》，其中安东扮演了剧中的戈罗德尼奇。安东最喜欢的即兴表演有一个这样的场景：镇长参加了一个节日的教堂游行，站在教堂的中央，周围是外国领事。在表演时，安东身穿高中制服，肩上扛着祖父的旧军刀——他过去常常扮演总督的角色，并对想象出来的哥萨克人进行审查。孩子们常常聚在母亲或老保姆身边听故事。

契诃夫的小说《幸福》是在他的一个护士的故事的影响下写成的，这些故事总是神秘的、非凡的、诗意的。

另外，他们的母亲给孩子们讲述了现实生活中的故事，描述了她小时候如何游历俄罗斯各地，盟军在克里米亚战争期间如何轰炸塔甘罗格，以及农奴制时期农民的生活是多么艰难。她向她的孩子们灌输了对残忍的仇恨和对所有处于劣势的人、鸟和动物的尊重。

契诃夫在晚年常说："我们的天赋来自父亲，但我们的灵魂来自母亲。"

1875年，年长的两个儿子去了莫斯科。他们离开后，商店的生意每况愈下，全家的生活陷入了困境。

1876年，帕维尔·耶戈罗维奇关闭了他的商店，前往莫斯科与他的儿子们团聚。此时这两个儿子一个是大学的学生，另一个是雕塑和绘画学院的学生。家中的房子被拍卖了，一个债权人拿走了所有的家具，契诃夫的母亲一无所有。几个月后，她带着年幼的孩子去莫斯科与丈夫团聚，而当时16岁的安东在塔甘罗格孤独地生活了整整三年，自食其力，并支付他的高中学费。

他父亲的房子被一个叫谢利万诺夫的债主买了下来，安东还住在这所房子里，给谢利万诺夫的侄子，一个哥萨克人上课。他和他的学生去了后者在乡下的家，并学会了骑马和射击。在这两年里，他非常喜欢和高中女生交往，并且常常告诉他的兄弟们，他曾经有过非常愉快的和女性接触的经历。

与此同时，他经常去剧院，并且非常喜欢法国的情景剧，所以他并没有因为早期的生存压力而崩溃。1879年，他带着两个寄宿在他家的校友去莫斯科上大学。此时他的父亲刚刚因为工作而离家，所以从他到达的第一天起，他就成了一家之主，每个家庭成员都必须为他们共同的生计而工作。甚至小小的米哈伊尔也曾经为学生抄写讲稿，因此赚了一点钱。赚钱来支付他在大学的学费和维持家庭生活成了燃眉之急，这让安东走上了写作道路。那年冬天，他写了第一篇出版的小说《给一个学识渊博的邻居的信》。

这个家庭的所有成员都紧紧围绕着一个共同的中心——安东。"安东会怎么说？"每次都是他们最关心的事情。

伊万很快成了莫斯科省小镇沃斯克列先斯克教区学校的校

长。那里的生活成本很低，所以家里的其他成员都在那里度过了夏天；安东拿到学位后，也加入了他们的行列。契诃夫一家很快就在附近有了一大群朋友。每天，这家人都会聚集在一起，散步、玩儿棒球、讨论政治、大声朗读。在这里契诃夫获得了对军事社会的深入了解，后来他在戏剧《三姐妹》中对此进行了描述。

一天，一个名叫乌斯彭斯基的年轻医生从 14 英里外的小镇兹韦尼哥罗德来到这里。他对契诃夫说："我要去度假，但是找不到人代替我的位置……你接受了这份工作，我的佩拉盖娅会为你做饭，那里还有一把吉他……"

沃斯克列先斯克和兹韦尼哥罗德在契诃夫的作家生涯中扮演了重要的角色，他的一系列故事都是建立在他在那里的经历之上的，除此之外，这也是他第一次踏入文学和艺术界。离沃斯克列先斯克三四英里的地方是一个地主基塞约夫的庄园，而基塞约夫的妻子又是莫斯科帝国剧院的导演贝格契夫的女儿。契诃夫一家结识了基塞约夫一家之后，接连三个夏天都是在他们的庄园巴基诺度过的。

基塞约夫一家是有音乐修养的人，是达戈米日斯基、作曲家柴可夫斯基和意大利演员萨尔维尼的密友。基塞约夫夫人非常喜欢钓鱼，每次都会和安东在河边坐上几个小时，一边钓鱼一边谈论文学。她自己就是一名作家。契诃夫总是和基塞约夫的孩子们一起玩耍，和他们一起在老公园里跑来跑去。他遇到的人，猎人、园丁、木匠、来找他治病的妇女，还有这个地方本身，河流、森林、夜莺——所有这些都为契诃夫提供了可以写作的题材，并使他有了写作的心情。他总是早早起床，早上7点钟就开始写作。午饭后，全体人员出发去树林里寻找蘑菇。安东喜欢寻找蘑菇，他说蘑菇激发了他的想象力。

画家列维坦住在附近，契诃夫和他打扮起来，把脸涂黑，戴上头巾。接着，列维坦骑着驴子穿过田野，安东突然拿着枪从灌木丛中跳出来，开始向他开空弹。

1886年，契诃夫第二次吐血。毫无疑问，他的肺结核正在日益严重，但显然他自己不相信这一点。他仍然像以前一样快乐，尽管他睡眠不好，经常做噩梦。正是其中的一个梦暗示了他的故事《黑衣教士》的主题。

那一年，他开始为《新时报》写作，他的作品成为一个特色。在第一个欣赏契诃夫才华的人——格里戈罗维奇的信件的影响下，契诃夫开始更加认真地对待他的写作。

1887年，他访问了俄罗斯南部，并留在圣山，这给了他两个故事的主题，"复活节前夕"和"在黄昏中"。那一年的秋天，一位剧院经理科尔什——他知道契诃夫是一位幽默作家——请他为剧院写点儿东西。契诃夫坐下来，在两个星期内写出了《伊万诺夫》，每一幕都在排练结束后上演。

到这时，他已经赢得了一定程度的认可，每个人都在谈论他，因此对他的新剧有很大的好奇心。然而，演出只取得了部分成功：观众分成两派，有人发出喝倒彩的嘶嘶声，有人发出响亮的鼓掌声。此后的很长一段时间里，报纸上充斥着对主人公性格和个性的讨论，而戏剧手法的新奇引起了人们极大的关注。

1889年1月，该剧在彼得堡的亚历山大林斯基剧院上演，争议再次爆发。

《伊万诺夫》是契诃夫心理发展和文学生涯的转折点，此后，他坚定地走上了作家的道路。在写完《伊万诺夫》之后不久，他写了一部名为《熊》的独幕剧。随后，在《熊》中扮演主要角色的索洛夫采夫在莫斯科开了一家自己的剧院，但一开始并不成功。他请求契诃夫为圣诞节写一部戏剧来拯救他，那时离圣诞节只有十天了。契诃夫开始工作，每天都写一部戏。最后这个剧本按时完成了，但是作者从来没有满意过，经过一段短暂的、非常成功的演出之后，它就离开了舞台。几年后，他彻底改造了这个剧本，并在莫斯科艺术剧院将其制作成《万尼亚舅舅》。这时，他正在写一部长篇小说，他常常梦见自己的小说，并且喜欢谈论它。他花了好几年时间写这部小说，但最终毁掉了它，因为在他死后它就无迹可寻了。他希望它能体现他的人生观，他在一封写给普列谢耶夫的信中这样写道："我不是自由派，也不是保守派……我本来希望成为一名自由的艺术家，仅此而已——但很遗憾，上帝没有给我成为自由艺术家的力量。我讨厌一切形式的谎言和暴力——最绝对的自由、不受暴力和欺骗的自由，无论后两种表现形式是什么，如果我是一个伟大的艺术家，我会坚持这个方案。"

在这个时候，他总是快乐的，并坚持在工作时让人们围着他转。他在莫斯科的小房子"看起来像一个五斗橱"，是人们，尤其是年轻人成群结队前往的中心。他们在楼上弹一架租来的钢琴，而他一直坐在楼下写着。"我绝对不能没有访客，"他在给苏沃林的信中写道，"当我独自一人时，出于某种原因，我感到害怕。"这种似乎充满希望的快乐生活，却被一阵阵剧烈的咳嗽打断了。他试图说服其他人，也许包括他自己，他的病情并不严重，他不愿意接受检查。他有时因为大出血而虚弱得看不见任何人，但是一旦病魔的攻击结束，他的情绪就改变了，门被打开了，客人们来了，音乐再次响起，契诃夫又一次狂野起来。

1888 年和 1889 年这两年的夏天，他和家人在哈尔科夫省的卢卡避暑别墅度过。他对那宽阔的、满是鱼和小龙虾的深河，满是鲤鱼的池塘，树林和老花园，还有许许多多的年轻姑娘心醉神迷。他的期望在每一个细节上都得到了满足，他拥有了他所能期望的钓鱼和音乐社会。他到达后不久，普列谢耶夫来和他一起住了一个月。

普列谢耶夫是一个身体虚弱的老人，但对每个人都很有吸引力。尤其是年轻的女士们，更是立刻被他迷住了。他常常大声创作作品，有时会高声喊叫，这样契诃夫就会跑进来问他是否需要什么。然后老人会露出一个甜蜜而内疚的微笑，继续他的工作。契诃夫总是担心老人的健康，因为他非常喜欢蛋糕和糕点，契诃夫的母亲常常用这些东西来款待他，以至于安东不得不经常给他吃药。后来，《新时报》的编辑苏沃林来到这里。契诃夫和他常常划着用树干做成的独木舟来到一个古老的磨坊，在那里他们会花上几个小时的时间去钓鱼和谈论文学。

契诃夫和苏沃林都是农奴的孙子，都是既有教养又有才华，他们都被对方吸引住了。他们的友谊持续了几年，由于苏沃林的保守观点，契诃夫在俄罗斯受到了大量的批评。在德莱福斯①案发生时，契诃夫对苏沃林的感情开始发生变化，但他从未彻底与苏沃林决裂。苏沃林对契诃夫的感情没有改变。

1889 年春天，契诃夫的艺术家哥哥尼古拉得了肺病，这对他造成了很大的打击，完全阻碍了他的工作。那年夏天，尼古拉去世了，契诃夫正是在这种巨大的悲痛的影响下写下了《枯燥乏味的故事》。在他哥哥死后的几个月里，他极度不安和沮丧。

1890 年，他的弟弟米哈伊尔正在莫斯科攻读法律学位，学习有关监狱管理的论文。契诃夫由此对监狱产生了浓厚的兴趣，并决定参观萨哈林的刑事定居点。他如此出人意料地决定去远东，以至于他的家人很难相信他是认真的。

---

① 法国陆军参谋部犹太籍的上尉军官，他被诬陷叛国，被革职流放。

他担心，在凯南揭露了西伯利亚的刑罚制度之后，作为一名作家，他会被拒绝访问萨哈林的监狱，因此试图从监狱管理部门负责人高尔金－弗拉斯克那里获得自由通行证。1890 年 4 月，当事实证明他的努力毫无结果时，他出发了，身上除了他的记者证外，没有任何证件。

当时西伯利亚还没有铁路，在经历了巨大的困难，以及被洪水和无法通行的道路阻塞之后，契诃夫在 7 月 11 日成功到达了萨哈林，行程近 3000 英里。他在岛上待了三个月，从北到南走了一遍，做了一次人口普查，和一万名罪犯中的每个人都进行了谈话，仔细研究了罪犯制度。显然，造成这一切的主要原因是人们意识到"我们已经摧毁了数百万监狱里的人……应该受到责备的不是监狱长，而是我们所有人"。在俄罗斯，不可能有一个"自由的艺术家，仅此而已"。

契诃夫于 10 月离开萨哈林，经由印度和苏伊士运河返回欧洲。他想去访问日本，但是由于霍乱，轮船不允许停靠在港口。

在印度洋上，他常常在轮船全速前进时从前甲板上跳下来，抓住一根从船尾放下的绳子来洗澡。有一次，他正在这样做的时候，看到了一条鲨鱼和一群领航鱼在水中靠近他。

这次旅行的成果是发表了一系列关于萨哈林的文章，以及两篇短篇小说。他写的关于萨哈林的文章在彼得堡颇受好评。如果不是因为这些文章的影响，也许随之而来的关于劳役和流放的改革就不会发生。

在莫斯科待了大约一个月后，契诃夫去彼得堡看望苏沃林。他在彼得堡的大多数朋友和崇拜者都怀着嫉妒和恶意与他会面。人们为他举行晚宴，把他捧上天，与此同时，他们却准备"把他撕成碎片"。即使在莫斯科，他们也不给他工作或休息的时间。他被周围的敌意压垮了，因此接受了苏沃林的邀请，和他一起出国。契诃夫完成了为萨哈林学校配备必要书籍的任务后，就和苏沃林动身前往欧洲南部。维也纳使他高兴，威尼斯也超出了他的所有期望，使他陷入了孩子般的狂喜状态。

一切都使他着迷——然后天气变了，不停地下着倾盆大雨。契诃夫的精神萎靡不振。威尼斯很潮湿，看起来很可怕，他渴望逃离这里。

他刚刚还对新加坡感兴趣，现在心情就发生了这么大的变化，这让他痛苦得想哭。

在威尼斯之后，契诃夫没有从任何意大利城镇中得到他所期望的快乐。佛罗伦萨没有吸引他，太阳也没有照耀着他。罗马给他的印象是一个偏僻的城镇。他感到筋疲力尽，更让他忧心的是他已经负债累累，很可能要度过一个没有钱的夏天。

和苏沃林一起旅行时，苏沃林毫不吝啬，花得比契诃夫预想的要多。在蒙特·卡洛，契诃夫在轮盘赌中输了 900 卢布，这让他欠苏沃林的钱更多了。但是这次失败对他来说是一件幸事，因为出于某种原因，它使他对自己感到满意。1891 年 4 月底，在巴黎停留了一段时间后，契诃夫回到了莫斯科。除了在维也纳和在威尼斯的头几天，整个时间都在下雨。回国后，他不得不非常努力地工作，以支付两次旅行的费用。他的弟弟米哈伊尔当时在亚历克西诺做税务督察，契诃夫和他的家人在离卡卢加省不远的地方度过了夏天，以便离他近一些。他们买了一栋凯瑟琳时代的房子。契诃夫的母亲穿过大厅的时候不得不坐下来休息，因为房间太大了。他喜欢这个地方，因为那里有一望无际的菩提树树林和富有诗意的河流，钓鱼和采蘑菇使他感到舒服，使他有了工作的心情。在这里，他继续着他在出国之前就开始写的一个故事。透过窗户可以看到契诃夫在一本小说中描述的一座老房子，他非常想买下它。事实上，从那时起，他就开始考虑在俄罗斯中部而不是在小俄罗斯买一个属于自己的乡间别墅。在他看来，彼得堡越来越懒散，越来越冷漠，越来越自私，他对彼得堡的熟人也失去了所有的信任。另外，在他看来，莫斯科不再像以前那样"像一个厨师"，他逐渐喜欢上了这里。他越来越喜欢这里的气候、人民和钟声。他总是喜欢听钟声。在早期，他有时会召集一群朋友，和他们一起去卡门尼桥听复活节钟声。在热切地听完他们的话之后，他就从一个教堂走到另一个教堂，只有当复活节的夜晚过后，他才会拖着疲惫不堪的双腿回家。与此同时，他喜欢等礼拜结束的父亲从教区教堂回来，所有的兄弟们齐声唱着"基督复活"，然后他们都坐下来开始斋戒。契诃夫从未在床上度过一个复活节之夜。

在 1892 年的春天，人们开始担心庄稼的收成。这些担心很快就变成了现实。一个不幸的夏天之后是一个艰难的秋天和冬天，许多地区遭受饥荒。在政府救济饥饿人口的同时，还广泛开展了组织救济的运动，各种社团和个人都参加了这一运动。契诃夫自然被这一运动所吸引。尼日尼－诺沃戈罗德省和沃罗涅日省情况最为严峻。契诃夫在沃斯克列先斯克时的老朋友叶戈罗夫是一名地区队长。契诃夫写信给他，通过他在熟人中筹集了一笔认购基金，最后出发前往尼日尼－诺沃戈罗德省。由于饥饿的农民们几乎免费出售他们的马匹和牲畜，甚至宰杀它们作为食物，人们担心春天来临时将没有牲畜耕种，因此来年也有可能发生饥荒。

契诃夫用救济基金买下马匹，并饲养它们到来年春天，然后，一旦有可能进行田间劳动，就把它们分配给没有马匹的农民。

契诃夫在访问了尼日尼－诺沃戈罗德省之后，和苏沃林一起去了沃罗涅日省。但是这次探险并不成功。当全省都在遭受饥荒的时候，他却作为一个作家受到隆重的欢迎，这让他对隆重的晚宴十分反感。此外，与苏沃林一起旅行束缚了他，阻碍了他的独立行动。契诃夫非常渴望个人活动，就像他后来在抗击霍乱运动中所表现的那样。

同年冬天，他的凤愿实现了：他给自己买了一处房产。它位于莫斯科省，靠近梅利霍沃村。作为一个庄园，它没有什么值得推荐的，除了一个破旧的、布局不好的宅基地、荒芜的土地，和一片被砍伐的森林外就没什么了。它是在契诃夫一时冲动之下被买下的，只是因为它碰巧出现了。契诃夫在买下它之前从未去过这个地方，只是在所有手续都办妥之后才去参观。因为那里有许多栏杆和栅栏，人们几乎不能在房子附近盘桓。此外，契诃夫一家是在冬天下雪的时候搬进来的，那时所有的边界都被抹去了，很难分辨什么是他们的，什么不是。但是尽管如此，契诃夫对这里的第一印象还是很好的，而且他从来没有表现出失望的迹象。他为春天的来临和融雪不断释放的新鲜惊喜而高兴。突然间，一整堆原本被认为属于邻居的干草似乎是他的，然后一条以前因为被雪覆盖而没有被他们认出来的酸橙树大道出现了。这个地方的一切不对劲的地方，一切他不喜欢的东西，都立刻被拆除或改变了。但是，尽管房子及其周围环境存在种种缺陷，离车站的距离（近九英里）令人震惊，而且房间不多，还是有那么多的游客来到这里，以至于没有地方招待他们，有时候不得不在走廊里铺床。当时契诃夫的家庭成员包括他的父亲和母亲，他的妹妹和他的弟弟米哈伊尔。他们都是梅利霍沃的永久囚犯。

雪一融化，房子里和土地上的各种工作就被分配好了：契诃夫的妹妹负责花坛和菜园，他的弟弟负责田间工作。契诃夫亲自种植树木并照料它们。他的父亲从早干到晚，给花园里的小径除草，修新的小径。

所有的一切都吸引了这个新的土地所有者：种植鳞茎植物，看着白嘴鸦和椋鸟飞翔，播种三叶草，看着鹅孵出小鹅。凌晨4点钟的时候，契诃夫已经起床走动了。喝完咖啡后，他会到花园里去，花很长时间仔细观察每一棵果树和每一棵玫瑰树，砍下一根树枝，或者蹲在树桩旁盯着地上的什么东西。事实证明，土地比他们需要的多（639英亩），他们自己耕种，没有法警或管家，只有两个劳工弗罗尔和伊万协助。

上午11点钟，契诃夫完成了大量的写作，就会走进餐厅，认真地看着时钟。他的母亲会从缝纫机前的座位上跳起来，开始忙碌，叫道："哦，天哪！安东要吃晚饭了！"

摆桌子的时候，有那么多他母亲亲手做的和其他美味的食物，以至于桌子上几乎没有地方放。餐桌旁也没有座位。除了家里的五个常住成员外，还总是有外人。晚饭后，契诃夫常常去卧室，把自己锁在里面"看书"。在饭后小睡和下午茶之间的时间，他又开始写作了。从喝茶到吃晚饭（晚上7点）之间的时间用于散步和户外工作，10点钟他们上床睡觉。灯光熄灭了，屋子里一片寂静；唯一的声音是柔和的歌唱和单调的朗诵。这是帕维尔·耶戈罗维奇在自己的房间里重复晚礼拜：他是个虔诚的教徒，喜欢大声祈祷。

从契诃夫搬到梅利霍沃的第一天起，患者们就从20英里外蜂拥而至。他们要么步行来，要么坐马车来，而且经常把他带到远处的患者那里。有时从一大早，农民、妇女和儿童就站在他门前等待。他会出去，听他们说话，如果他不给出建议和药物，就不会让他们离开。他在药品上的花费相当大，因为他必须定期储存药品。有一次，一些旅行者给契诃夫带来了一个他们半夜在路边捡到的农民，这个人被干草叉刺伤了腹部。这个农民被带到他的书房，放在地板中央，契诃夫花了很长时间照顾他，检查并包扎他的伤口。但是对契诃夫来说最难的是去患者家里看望他们：有时候要花好几个小时，这样写作所必需的时间就被吞食了。

契诃夫来到梅利霍沃的第一个冬天很冷，它一直持续了很久，食物也很短缺。复活节都是在雪中来临的。在梅利霍沃有一个教堂，每年只在复活节举行一次宗教仪式。来自莫斯科的游客和契诃夫住在一起。全家人组成了一个唱诗班，唱起了弥撒曲。帕维尔·耶戈罗维奇像往常一样指挥。这是非同寻常的，令人感动的。农民们很高兴，这使他们觉得新邻居很温暖。

然后，冰雪融化了。道路变得泥泞不堪。庄园里只有三匹瘦马，一点干草也没有。这些马必须吃用斧头砍碎并撒上面粉的黑麦草。其中一匹马很凶恶，无法赶出院子。还有一匹在田野里被偷走了，一匹老马留在原地。因此，很长一段时间里，只有一只可怜的、无精打采的野兽能够驾驭，它的绰号是安娜·彼得罗夫娜。安娜·彼得罗夫娜努力小跑到车站，带契诃夫去看他的患者，拖运原木，除了撒了面粉的黑麦草什么也不吃。但契诃夫和他的家人并没有灰心。他总是深情、快乐和勇敢，他为其他人欢呼，工作继续进行，不到三个月的时间，这里的一切都变了：房子里摆满了陶器；斧子环绕在一起；买了六匹马，按照农业科学的规则，春天所有的田地工作都按时完成了。他们根本没有任何经验，但买了大量关于土地管理的书籍，每一个问题，无论多么小，都要进行争论。

他们的首个成功使契诃夫感到高兴。他有 30 俄亩黑麦地、30 俄亩燕麦地，以及整整 30 俄亩干草地。菜园里正在上演奇迹：西红柿和朝鲜蓟在户外长势良好。干燥的春季和夏季毁掉了燕麦和黑麦；农民收割干草以换取一半的收成，只有在厨房和花园里的事情进展顺利。

梅利霍沃在公路上的位置，以及作家契诃夫定居于此的消息，不可避免地带来了新朋友。医生和当地地方自治组织的成员开始拜访契诃夫；与该地区的官员结识之后，契诃夫当选为谢尔普霍夫卫生理事会成员。

当时，霍乱正在俄罗斯南部肆虐。它每天都离莫斯科越来越近，人们因为秋冬饥荒而日渐衰弱成了它蔓延的有利条件。必须立即采取措施应对霍乱，为此，谢尔普霍夫地区的地方政府尽了最大努力。作为一名医生和卫生理事会成员，契诃夫被要求负责一个部门。他立即无偿提供服务。他不得不在该地区的制造商中四处奔走，劝说他们采取适当的措施来抗击霍乱。由于他的努力，包含 25 个村庄和小村庄的整个区域都覆盖了一个必要的机构网络。几个月来，契诃夫几乎没有离开过他的马车。在那段时间里，他不得不乘车走遍他所在的区域，在家里接待患者，并完成他的文学作品。他回到家时筋疲力尽，但总是表现得好像他在做一些琐碎的事情；他像以前一样讲一些小笑话，让每个人大笑，和他的猎犬奎宁谈论他所谓的痛苦。

到了初秋，这个地方已经变得焕然一新。外屋已经重建，不必要的栅栏已经拆除，玫瑰树已经种植，花坛已经布置好；契诃夫计划在大门前的田野里挖一个新的大池塘，他每天都怀着极大的热情来推进他的工作！他在池塘周围种了树，把他从莫斯科用罐子装来的小鲤鱼和鲈鱼放进去。这个池塘后来变得更像一个鱼类站而不是一个池塘，因为这个地方本来没有除了梭子鱼外的任何鱼类，而契诃夫没有在这个池塘里放梭子鱼。他喜欢坐在池塘边的大坝上，欣喜地看着一群群小鱼突然浮出水面，之后又藏在水的深处。在此之前，梅利霍沃曾挖过一口极好的井。契诃夫非常希望它是小俄罗斯风格的，带有起重机。但是这个地方达不到这样的条件，它是由一个像俄罗斯火车站的水井一样涂上黄色的大轮子制成的。契诃夫非常感兴趣的问题是在哪里挖这口井，井里的水好不好。他希望得到准确的信息和基于充分理由的理论，因为俄罗斯十分之九的地方用的是井水，而且自古以来就是这样做的；但是，每当他询问挖井人的时候，总是得到同样含糊的答复："谁能说得准呢？它由上帝掌握。你能事先知道水是什么样子的吗？"

但是这口井非常成功，水也非常好。

他开始认真地计划建造新房子和农场建筑物。创造性活动是他的激情所在。他从来不满足于现成的东西，而是渴望创造新的东西。他种植小树，种下松树和冷杉树的幼苗，把它们当作自己的孩子看待，就像《三姐妹》中的弗希宁上校一样，一边看着它们一边梦想着三四百年后的样子。

　　1893年的冬天天气严寒，大雪纷飞。窗户下的雪是如此之高，以至于跑进花园的野兔都能用它们的后腿站立着看着契诃夫书房的窗户。花园里蜿蜒的小路像深深的壕沟。那时契诃夫已经完成了与霍乱有关的工作，开始过隐士的生活。他的妹妹在莫斯科找到了工作，只有父亲和母亲留在家里陪着他。时间似乎变得漫长，他们上床睡觉的时间甚至比夏天还要早，但契诃夫会在凌晨一点钟醒来，坐下来开始工作，然后回到床上再次入睡。早上6点钟，全家人都会起床。契诃夫在那个冬天写了很多东西。但是一旦游客到来，生活就完全改变了。有人在唱歌，有人在弹钢琴，有人在笑。契诃夫的母亲尽了自己最大努力在桌子上摆满美味佳肴；他的父亲会神秘地从某个隐蔽的空间里拿出各种特制的甜酒和利口酒；然后，梅利霍沃似乎有了自己独特的东西，这在其他乡村庄园里是找不到的。契诃夫对米兹诺夫小姐和波塔片科的来访总是特别高兴。他特别喜欢他们，全家人都为他们的到来而欢欣鼓舞。在这样的日子里，他们会在午夜之后很久还不睡，契诃夫只是断断续续地写作。每次他写个五六行，就会再次站起来，回到他的访客身边。

　　"我写了价值60戈比的东西。"他微笑着说。

　　当时流行的是布拉加的《小夜曲》，契诃夫喜欢听波塔片科用小提琴演奏，而米兹诺夫小姐则负责演唱。

　　作为莫斯科大学的一名学生，契诃夫喜欢庆祝圣塔吉亚娜节。他住在莫斯科时，从来没有错过这个假期。那年冬天，他第一次碰巧在 1 月 12 日来到彼得堡。他没有忘记"圣塔吉亚娜"，并在那一天把他认识的所有文友聚集在彼得堡的一家餐馆里。他们发表演讲，继续过节。由他发起的这次节日活动非常成功，以至于后来作者们会定期会面。

虽然契诃夫把梅利霍沃当作他永久的家，但他也经常访问莫斯科和彼得堡。他经常住在旅馆里，在那里，他有时会因为护照问题而遇到麻烦。作为一个土地所有者，他不需要谢尔普霍夫地区警察的证明，他觉得自己的大学文凭就足够了。在彼得堡和莫斯科，根据有关护照规定，他们因为他长期居住在外省而不给他护照。误会出现之后，很有可能发展成令人不快的事件，迫使契诃夫提前回家。有人向契诃夫建议，他应该进入政府部门并立即退休，因为退休官员当时可以从他们所服务的部门领取永久护照。契诃夫向医学部提交了一份请愿书，要求给他分配一个职位，并在该部门得到了一个额外的初级医务人员的任命，不久之后他递交了辞呈，之后他再也没有遇到任何麻烦。

1893 年的整个春天，契诃夫都在梅利霍沃度过，种植玫瑰、照料果树，并热衷于乡村生活。那年夏天，梅利霍沃挤满了游客。契诃夫不仅被他的朋友拜访，而且还被那些他既不寻求也不想结识的人拜访。人们睡在沙发上，几个人睡在一个房间里，有些人甚至在走廊里过夜。年轻的女士、作家、当地的医生、地区的成员以及他们儿子的远房亲戚——所有这些人都在梅利霍沃转来转去。每个人都是快乐的；来访者的涌入和契诃夫母亲随时准备用食物和饮料款待他们，似乎是过去乡村生活美好旧时光的回归。契诃夫是所有注意力的中心。每个人都在寻找他，记住他说的每一个字。当他和朋友在一起时，他喜欢散步或到邻近的修道院探险。马车和赛马都被拖了出来。契诃夫穿上他的白色束腰外衣，系上皮带，登上赛马。一位年轻的女士会侧身坐在他身后，紧紧抓住他的皮带。契诃夫的白色束腰外衣和皮带使他自称为"轻骑兵"。一行人出发了，由"轻骑兵"带路，然后是满载游客的大车和马车。

大量客人的来访导致需要更多的建筑物，因为现有的房子无法容纳他们所有人。靠近房子的新建筑开始动工，一些农场建筑被拆除，而另一些是按照契诃夫自己的计划建造的。一个新的畜牧场出现了，旁边是一间小屋，有一口井和一道小俄罗斯风格的栅栏，还有一个澡堂、一个谷仓，最后是契诃夫梦寐以求的一所小屋。这是一所小房子，有三个小房间，其中一间勉强能放上一张床架，另一间放了一张写字台。起初这所小屋只是为游客准备的，但后来契诃夫搬进去，在那里写下了《海鸥》。这所小屋建在果树丛中，必须穿过果园才能过去。春天，当苹果和樱桃开花的时候，住在这个小屋里是令人愉快的，但是在冬天，它被埋在雪中，必须穿过像人一样高的积雪才能过去。

这段时间契诃夫咳嗽得很厉害，尤其是早上，咳嗽对他造成了很大的困扰。但他对此并不在意，只是害怕让家人担心。他的弟弟有一次看见他的手帕上沾满了血，就问他那是什么。契诃夫似乎有些不安，他说："哦，没什么，没什么……不要告诉玛莎和妈妈。"

咳嗽是契诃夫在1894年前往克里米亚的原因。他留在了雅尔塔，尽管他显然不喜欢那里，渴望回家。

契诃夫在抗击霍乱运动中的贡献使他当选为地区议会议员。他对即将修建的新公路，以及计划开办的新医院和学校的一切事情都非常感兴趣。除了这项公共工程之外，他还修建了一条从洛帕斯尼亚到梅利霍沃的公路，并在塔列兹、诺沃塞尔卡和梅利霍沃修建了学校。他亲自为这些学校制订计划，购买材料，并监督建造这些学校。当他谈到它们的时候，他的眼睛亮了起来，很明显，如果他有足够的财力，他会建立起不是三所，而是一大批学校。

在诺沃塞尔卡学校的开学典礼上，农民们给他带来了圣像，还给了他面包和盐。契诃夫在回应他们的感激时非常尴尬，但他的表情和亮闪闪的眼睛表明他很高兴。除了学校之外，他还为村子里建了一个消防站，为教堂建了一个钟楼，并为教堂的圆顶建了一个用镜子做的十字架，在八英里以外的阳光下或月光下都能看到它的闪光。

契诃夫在梅利霍沃度过了1894年，开始写作《海鸥》，并做了大量的工作。他在亚斯纳亚波利亚纳拜访了托尔斯泰，回来时对这位老人和他的家人着了迷。契诃夫也有了很大变化，他看起来憔悴、苍老、面黄肌瘦。他咳嗽，还被肠道问题折磨着。显然，他现在已经意识到了自己病情的严重性，但是，和以前一样，他没有抱怨，并且尽量不让别人知道。

1896 年，《海鸥》在彼得堡的亚历山大林斯基剧院上演。这是一次惨败。演员们不知道他们的角色是什么，在剧院里有一种"无聊和困惑的紧张状态"。新闻界对此的报道是充满偏见和愚蠢的。契诃夫不想见任何人，演出结束后就躲到了人们的视线之外。第二天早上，他坐上了回梅利霍沃的火车。演员们理解了《海鸥》，之后的演出也很成功。

契诃夫收集了大量的书籍，1896 年，他决定将这些书籍送给他的家乡塔甘罗格的公共图书馆。塔甘罗格市的市长伊奥尔达诺夫把所需书籍的清单寄给了他，然后他从彼得堡和莫斯科寄来了成捆的书。与此同时，在契诃夫的建议下，塔甘罗格图书馆建立了类似信息局的机构，包括所有重要的商业公司的目录，所有现行的规章制度和政府颁布的关于当前问题的法令，事实上，这一切都可以立即为遇到实际困难的读者服务。塔甘罗格的图书馆现在已经发展成为一所优秀的教育机构，并坐落在专门为它设计和配备的建筑里，专门用来纪念契诃夫。

契诃夫对 1896 年的人口普查非常感兴趣。人们不会忘记，1890 年，他主动并自掏腰包，对萨哈林岛上的所有囚犯进行了人口普查。现在他又参加了一次人口普查。他研究农民生活的方方面面；他和他的农民邻居们关系亲密，作为医生和朋友，他现在对他们来说是不可或缺的，他随时准备给他们提供好的建议。

就在人口普查结束之前，契诃夫患了流感，但这并没有妨碍他履行职责。尽管头痛，他还是挨家挨户地走，然后努力整理材料。他在工作中总是孤身一人。政府主要依靠泽姆斯基·纳查尔尼克家族进行人口普查，他们十分懒惰，大部分工作由私人完成。

1897年2月，契诃夫全神贯注于在莫斯科建造"人民宫殿"的工程。"人民宫殿"里面有图书馆、阅览室、演讲室、博物馆和剧院。有人提议由一家拥有50万卢布资本的股东公司来经营它。由于与契诃夫毫无关系的各种原因，这个计划落空了。

同年3月，他去了莫斯科，苏沃林正在那里等他。他刚在冬宫饭店坐下来吃饭，肺部突然出血。他被送到一家私人医院，在那里一直待到4月10日。他的妹妹对他的病情一无所知，当她抵达莫斯科时，她的哥哥伊万迎接了她，并给了她一张入院卡，让她去医院看望患者。卡片上写着："请不要告诉父亲母亲。"他妹妹去了医院，漫不经心地瞥了一眼小桌子，看到上面有一张肺的示意图，其中左肺的上部用红铅笔做了标记。她立刻猜想这就是契诃夫的情况。这一点，再加上她哥哥的出现，都把她吓了一跳。契诃夫一直是个快乐的人，精神饱满，充满活力，现在看上去病得很厉害；他被禁止行动或说话，而且几乎没有力气做任何事。

他被宣布患有肺结核，必须不惜一切代价设法抵御这种疾病，并逃离不健康的北方春天。他认识到这是至关重要的。

离开医院后，他回到梅利霍沃，准备出国。他先去了比亚里茨，但在那里遭遇了恶劣的天气。时髦而奢侈的生活方式并不适合他的口味，尽管他很喜欢大海和海滩上的生活（尤其是孩子们），但他很快就搬到了尼斯。在这里，他在古诺德街的拉斯酒店住了相当长的一段时间。他似乎对那里的生活很满意。他喜欢这里的温暖和他遇到的人，比如科瓦列夫斯基、索博尔斯基、涅米罗维奇丹奇科、雅可比和布塔彭科。苏巴托夫王子也来到了尼斯，契诃夫有时会陪他去蒙特·卡洛玩轮盘赌。

契诃夫全神贯注地关注着他留在俄罗斯的一切：他对他不止一次从废墟中拯救出来的《外科杂志》感到焦虑，为梅利霍沃做了安排，等等。

他在尼斯度过了秋天和冬天，1898 年 2 月，他打算去非洲。他想去阿尔及尔和突尼斯，但是科瓦列夫斯基生病了，他不得不放弃这个计划。他曾经考虑去科西嘉岛旅游，但也没有实施这个计划，因为他自己也病得很重。因为一个可恶的牙医用被污染的镊子为契诃夫拔牙，让他受到了恶性骨膜炎的侵害。用他自己的话说，"他疼得爬上了墙"。

春天一到，他就对俄罗斯产生了不可抗拒的渴望。他厌倦了被迫的无所事事；他想念大雪和俄罗斯的乡村，同时，尽管气候宜人，营养丰富，而且无所事事，他却因为体重没有增加而感到沮丧。

他在尼斯的时候，法国正处于德莱福斯事件的阵痛之中。契诃夫开始通过速记笔记来研究德莱福斯和左拉的案子，并确信两人都是无辜的，他给苏沃林写了一封措辞激烈的信，两人之间因此变得冷淡起来。

1898 年 3 月，他在巴黎度过，并把 319 卷法国文学作品从巴黎寄到塔甘罗格的公共图书馆。

俄罗斯春天的迟到迫使契诃夫留在巴黎，直到 5 月份才返回梅利霍沃。他一到达梅利霍沃就变得欢快活泼。客人们又开始来了，他还是像以前一样热情好客，但是他变得更加安静，不再像以前那样开玩笑了，也许是因为他生病了，他很少说话。但是他仍然喜欢他的玫瑰花。

在一个相对较好的夏天过后，连续下了几天的雨。9 月 14日，契诃夫去了雅尔塔。他必须在尼斯和雅尔塔之间做出选择。他不想出国，而更喜欢去克里米亚，还觉得能抓住机会短暂访问一下莫斯科，因为他的戏剧将在莫斯科艺术剧院上演。他的选择没有让他失望。那年秋天的雅尔塔非常美好，他在那里感觉良好，随后，病情的发展使他永久定居在雅尔塔。

契诃夫在雅尔塔获得了一块土地，同年秋天开始建造房屋。他花了整整一年时间监督这座建筑物的修建。他带来了石头和灰泥，土耳其人和鞑靼人挖掘土地并奠基，而他则种植小树，以慈父般的焦虑注视着每一棵新生的树苗。那里的每一块石头，每一棵树都有力地证明了契诃夫的创造力。同年秋天，他买下了库奇卡的一小块地产。这里离雅尔塔有 24 英里远，它的野性和原始的美景吸引了他。为了到达那里，人们不得不在令人眩晕的高度沿着马路行驶。他又开始做梦和制订计划了。对他来说，未来有很多种可能，他已经梦想着从梅利霍沃搬来，像在乡下一样在那里务农、种花和生活。他想要母鸡、母牛、马和驴子，当然，如果他没有慢慢死去，这一切都是完全可能实现的。可惜他的梦想仍然是梦想，库奇卡直到今天仍然无人居住。

1898 年的冬天，克里米亚半岛极其寒冷。寒冷、大雪、波涛汹涌的大海、精神上完全缺乏与他相似的人和"有趣的女人"使契诃夫感到厌倦；他开始感到沮丧。他不可抗拒地被吸引到北方，并开始幻想如果他冬天搬到莫斯科，在那里他的戏剧表演如此成功，那里的一切对他来说都是如此有趣，这对他的健康不会比留在雅尔塔更糟糕，他开始梦想在莫斯科买一所房子。他一度想在库尔斯克车站附近买些小巧舒适的东西，在那里他可以舒舒服服地度过三个月的冬季；但是当他发现这样的房子时，他的心情却发生了变化，于是他决定在雅尔塔过自己的生活。

1899 年 1 月和 2 月对契诃夫来说尤其令人厌烦：他患有肠道疾病，这危害了他的健康。此外，来自俄罗斯各地的肺病患者开始为了寻求他的帮助，而来到雅尔塔。这些残疾人几乎都是穷人，到达雅尔塔后，他们大多在悲惨的条件下，怀着回到家乡的渴望结束了自己的生命。契诃夫竭尽全力地在报纸上刊登倡议书，筹集资金，并尽最大努力改善他们的处境。

艰难地度过了冬天，契诃夫迎来了一个温暖的春天。4月12日，契诃夫来到了莫斯科，5月，他回到了梅利霍沃。去年（1898年）10月，他的父亲去世了，这切断了他和这个地方的联系。早秋时节，契诃夫意识到自己不得不离开这里，于是决定卖掉这个地方的房子。

8月25日，他回到了自己在雅尔塔的别墅，不久之后，梅利霍沃被卖掉了，他的母亲和妹妹来到雅尔塔跟他团聚。在契诃夫生命的最后四年半时间里，他的健康状况急剧恶化。他的主要兴趣集中在莫斯科艺术剧院，他的戏剧作品的大部分是在这一时期完成的。

契诃夫在1900年的整个冬天都在生病，只有到了春天才感觉好些。在那个漫长的冬季，他写下了《在峡谷中》。那年令人讨厌的春天更影响了他的心情和健康。3月5日下了雪，这对他造成了毁灭性的影响。到了4月，他又病得很厉害。肠道疾病的发作使他无法进食、饮酒或工作。思念北方的他启程前往莫斯科，但在那里遇到了恶劣的天气。8月回到雅尔塔后，他写了《三姐妹》。

他在莫斯科度过了秋天，12月初去了法国的里维埃拉，在尼斯定居下来，再次梦想着去非洲旅游，却去了罗马。在这里，像往常一样，他遇到了恶劣的天气。2月初，他回到了雅尔塔。那一年的春天天气暖和、阳光明媚。契诃夫整天都在户外做他最喜欢的事：他种植和修剪树木，照看他的花园，订购各种种子，并看着它们发芽。与此同时，他还为前来雅尔塔寻求帮助的残疾人服务，还在塔甘罗格建成了一座图书馆，并计划在那里开一家画廊。

1901年5月，契诃夫去了莫斯科，接受了医生的彻底检查，医生劝他马上去瑞士，或者采用饮酒疗法。契诃夫更喜欢后者。

5月25日，他与艺术剧院的女主角之一奥尔加·克尼佩尔结婚，并与她一起前往乌法省进行酸马奶酒疗法。在途中，他们不得不在非常不愉快的环境中，在维亚特卡省一个叫皮尼·博尔（"醉酒市场"）的地方等了24个小时的轮船。

1901年秋天，托尔斯泰因为健康问题留在了加斯普拉。契诃夫非常喜欢他，经常去拜访他。总而言之，那个秋天对他来说是多事之秋：库普林、布宁和高尔基访问了克里米亚；作家埃尔帕特耶夫斯基也在那里定居，契诃夫感觉相当好。托尔斯泰的病是人们普遍关注的焦点，契诃夫为他感到不安。

1902年，他的病情突然恶化：大出血使他精疲力竭，直到2月初；他在书房里待了一个多月。正是在这个时候，高尔基当选并随后被学院开除的事件促使契诃夫写信给学院的皇家院长，要求将他自己的名字从学院院士名单上删除。

契诃夫还没有恢复过来，他的妻子就已经病入膏肓。当她稍微好一点儿的时候，他参观了伏尔加河和卡马河，最远到了彼尔姆。回国后，他和妻子在离莫斯科不远的避暑别墅安顿下来，在那里度过了7月，8月，回到了雅尔塔的家中。但是对运动和文化生活的渴望，对更接近剧院的渴望，把他再次吸引到了北方，

9 月份他回到了莫斯科。在这里，他一刻也不得安宁；成群的游客从早到晚络绎不绝，熙熙攘攘。这样的生活使他筋疲力尽，他在 12 月逃离这里去了雅尔塔。他的咳嗽更厉害了，每天都发高烧，之后，他的胸膜炎发作了。整个圣诞节期间，他都没有起床；他仍然忍受着痛苦的咳嗽的折磨，正是在这种被迫的无所事事的状态下，他构思出了剧本《樱桃园》。

如果契诃夫照顾好自己，他的病情很有可能不会发展得这么快，也不会致命。他那狂热的性情，以及对活动的渴望，驱使他不顾自己的健康和气候从南到北，四处奔波。他应该继续住在同一个地方，尼斯或者雅尔塔，直到他好转，但是他生活得完全就像自己的健康状况良好一样。当他到达北方的时候，他总是兴奋不已，全神贯注于正在发生的事情，这种兴奋让他误以为自己的健康状况有所改善；但是他只要回到雅尔塔就会有所反应，他立刻觉得他的情况是没有希望的，克里米亚对他的肺结核没有任何有益的影响，而且气候恶劣。

1903 年的春天过得相当顺利。他恢复得很好，足以去莫斯科，甚至去彼得堡。从彼得堡回来后，他开始准备去瑞士。但他的健康状况如此糟糕，以至于他在莫斯科的医生建议他放弃去瑞士甚至雅尔塔的想法，留在离莫斯科不远的地方。他听从了这个建议，在那儿定居下来。既然有人建议他在北方过冬，他在雅尔塔创造的一切——他的房子和花园似乎都没有必要，也没有目的。最后，他回到雅尔塔，开始创作《樱桃园》。

1903 年 10 月，这部戏完成了，他开始在莫斯科亲自制作。他在艺术剧院花了好几天的时间，创作他的《樱桃园》，并顺便监督其他作家剧本的写作和表演。他兴奋又热情地给出了建议和批评。

1904 年 1 月 17 日，《樱桃园》问世。第一次演出是在庆祝契诃夫文学活动 25 周年之际。契诃夫多次被叫到幕布前，这使他精疲力竭，以至于演出结束的第二天，他带着如释重负的心情回到雅尔塔，在那里度过了第二年的春天。

他的健康完全崩溃了，每个看到他的人都暗自以为他的末日已经不远了；但是契诃夫离末日越近，他似乎越没有意识到这一点。尽管他病了，5 月初他还动身去了莫斯科。一路上病得很厉害，一到家就立刻上床睡觉了。他一直卧床到 6 月。

6 月 3 日，他和妻子出发去黑森林治病，在一个叫巴登威勒的小温泉疗养地安顿下来。尽管他给每个人都写信说他已经差不多痊愈了，但是真实情况是他快死了。虽然他快要死了，却把时间都花在了梦想着去意大利的湖边上，他想从里雅斯特乘船回到雅尔塔，并且已经开始询问轮船的情况以及它们在敖德萨停靠的时间。

7 月 2 日，契诃夫去世。

他的遗体被运到莫斯科，葬在新圣女公墓，在他父亲的墓旁边。